고전문학 교육의 방법과 실천

고전문학 교육의 방법과 실천

고전문학 교육의 방법과 실천

최 광 석

역락

머리말

　필자가 학생들에게 문학을 가르친 햇수가 춘향의 나이쯤 된다. 그만한 세월이면 문학을 어떻게 가르칠까에 대한 그림을 그렸을 법하다. 그러나 필자에게 있어 문학을 가르치는 일은 여전히 오리무중이다. 여기에 내놓는 글은 안개 속에서 길을 더듬은 흔적들이다.

　학생들에게 문학을 가르치면서 그들의 번득이는 재치와 기발한 착상에 놀라움을 경험한다. 그러나 한편으로는 문학에 접근하는 방법에 문제가 있음을 발견한다. 그것은 문학 텍스트와 맥락의 관련에 있다. 많은 학생들이 문학 작품 자체의 내적 논리를 가볍게 여기고, 문학 텍스트를 둘러싼 작가 맥락이나 사회·문화 맥락으로 텍스트를 성급하게 재단하려는 경향을 보인다.

　더욱이 학생들은 고전문학에 별다른 흥미를 느끼지 못한다. 그것은 고전문학의 낯섦 때문이다. 학생들은 고전문학 텍스트를 읽고 난 후 '무슨 말인지 모르겠다', '화자나 인물의 마음이나 행위를 이해할 수 없다', '그것이 나와 무슨 관련이 있는가' 하는 반응을 보이곤 한다. 이러한 반응은 '어떻게'에 대한 성찰을 요구한다. 왜냐하면 이것은 어떻게 가르치면 언어 장벽을 넘어서서 화자와 인물을 이해하고 자기 삶을 되돌아보게 할 수 있을까의 문제로 귀결되기 때문이다.

　이 책에 담긴 글들은 이런 물음을 던지는 학생들을 어떻게 가르칠까에 대해 필자 나름으로 내놓는 대답이다. 알찬 물음과 달리 대답은 성글기만 하다. 그럼에도 용어를 통일하고 부분적 수정을 거쳐 '고전문학 교육의 방법과 실천'이라는 과분한 제목을 붙였다. 책을 기획하고 쓴 글들은 아니지만, 뒤늦게 합리화한다.

　제1부는 방법론에 무게중심이 있는 글을, 제2부에는 그 실천에 무게중심이 있는 글을 실었다. 제1부에서는 학습자 인식을 통해 고전소설 교육의 방향을 설정하는 것에서 출발하여 고전문학 교육의 방법론적 설계도를 그렸다. 텍스트와 맥락의 관련짓기를 따로 주목한 것은 학생들의 문학에 대한 접근 방법 교정이 필요하다는 생각 때문이다. 판소리 문학은 몇 가지 고려해야 할 점이 더 있어서 별도로 살폈다. 제2부에서 앞의 두 논문은 수용·이해 교육에 관한 것이고, 뒤의 세 논문은 생산·표현 교육에 관한 것이다. 첫째 글에는 교과서 검정 제도 도입이라는 변화된 교육 환경을 어떻게 활용할 것인가에 대한 고민을 담았다. 둘째 글에서는 재담을 통해 고전문학의 현대적 계승 문제를 생각해 보았다. 셋째 글부터 다섯째 글은 쓰기 교육과 관련하여 고전문학 텍스트의 현대적·주체적 활용 문제에 대한 실천적 방안이 담겨 있다.

　여기 수록한 글들은 최대 10년의 시차가 있다. 논의 대상으로 삼은 교육과정과 그에 따른 교과서가 제6차에서 2007년 개정까지 걸쳐 있다. 글을 쓸 당시의 교육과정과 교과서를 자료나 예증으로 삼아 고전문학 교육 방법론을 모색했기 때문이다. 그러나 교육과정과 교과서가 바뀌더라도 문학능력의 신장을 통한 인간다움의 실현이라는 문학교육의 본질은 바뀌지 않으리라 믿는다.

　끝으로 도서출판 역락의 이대현 사장님, 편집부 권분옥 팀장님을 비롯하여 이 책이 빛을 볼 수 있게 한 모든 분께 감사의 말씀을 전한다.

2010년 9월

최 광 석

차례

제 1 부 고전문학 교육의 방법

제2부 고전문학 교육의 실천

제1부
고전문학 교육의 방법

제1장

학습자 인식을 통한 고전소설 교육 방향의 모색

1. 어떻게 접근할 것인가

이 장은 학교 현장에서 이루어진 교육의 결과로 나타난 고전소설에 대한 학습자 인식의 문제점과 교육과정 및 교과서상의 문제점을 검토하여 처방적 관점에서 바람직한 고전소설 교육 방향을 모색하는 것을 목적으로 한다. 그러나 이 글에서 학교 교육 현장의 실태를 통계적으로 분석하는 접근방법을 사용하려 하지는 않는다. 그보다는 초·중등 교육을 받은 학생들이 우리 고전소설을 어떻게 인식하고 있는가를 파악할 수 있는 설문을 제시하고 이에 답하게 함으로써 그 결과를 분석하는 방법으로 문제에 접근하고자 한다. 여기서 논의한 결과는 고전문학 교육의 방법적 설계를 위한 지침이 될 것이다.

이를 위해 초·중등 교육을 받고 현재 대학에 재학중인 학생들[1]을 대상으로 설문을 제시하였다. 이들 대학생들은 국문학 또는 국어교육을 전공하는 학생들이 아니다. 비전공자일 뿐만 아니라 매우 거리가 먼 학문 분야를 전공하는 학생들이어서[2] 이들은 고등교육과정에 들어와서는 고전소설에 대한 독서 체험이 거의 전무한 상황이다. 이들을 대상으로 함으로써 그들이 갖고 있는 고전소설에 대한 인식이 대학 교육을 통해 형성된 것이 아니라 초·중등학교에서의 고전소설 교육의 결과로 추정하는 데 타당성을 확보할 수 있다는 장점이 있다. 현재 시점과 가장 가까운 고등학교 교육과정이 고전소설 작품에 관한 인식에 가장 큰 영향을 미쳤을 것으로 생각되지만, 어떤 대상에 대한 인식이 비교적 오랜 시간에 걸쳐 이루어진다는 점을 고려한다면 초·중·고의 모든 학교급에서 이루어진 교육의 총체적 결과로 받아들일 수 있을 것이다. 고전소설의 경우 초등학교에서는 구전설화의 형태로 교육되었으며 중학교와 고등학교를 거치는 과정에서 고전소설의 형태로 심화·확대되어 나가도록 했다는 점에서 이런 판단이 가능하다.

학생들에게 제시한 과제는 "외국인이 우리가 초·중·고등학교 시절에 배운 고전소설 읽었을 때 물어올 수 있는 질문을 제시하고 그 질문에 스스로 답하는 글을 써 보자."는 것이었다. 그러면서 서구소설 또는 현대소설과 구별되는 고전소설의 특수성은 판소리계 소설에서 가장 뚜

---

1) 대상 학생들은 대체로 6차 교육과정에 따른 고등학교 교육을, 5, 6차 교육과정에 따른 초등학교와 중학교 교육을 받았다. 이 범위에 벗어나는 학생들도 그들이 교육과정에 의거하여 배운 고전소설 작품이 거의 일치한다는 점에서 함께 다루어도 문제가 없을 것이다. 실제로 학생들이 거론한 작품은 6차 교육과정 수록 작품 내에 모두 포함되어 있는 것이었다. 초등학교의 경우 6차 교육과정에서 구전문학에 대한 교육이 크게 강화된 차이점이 있으나 고전소설을 구전문학으로 가르치고 있는 점에서는 그 이전과 동일하다.
2) 이 설문은 2000학년도 2학기 필자의 교양강좌를 수강한 학생들을 대상으로 제시하였다. 이들은 모두 공학 계열을 전공하는 학생들로서 실업계 및 예체능계 고등학생을 포함했을 때 대략 평균치 학력 수준의 학생들이다.

렷하게 드러날 것이라는 판단에 따라 판소리계 소설을 중심으로 생각해 볼 것을 권유하였으나 굳이 제한하지는 않았다. 설문 대상자의 기억을 환기시키기 위해 6차 교육과정에 따른 교과서[3]에 수록된 고전소설 작품을 제시하였는데, 응답을 검토해 본 결과 이 범위에서 벗어나지 않았다.

이 논의가 성립하기 위해서는, 외국인이 제기할 수 있는 의문이란 실상 학생 자신의 의문으로 간주할 수 있으며, 이에 대한 대답도 학생 자신의 인식을 드러낸 것으로 파악할 수 있다는 전제를 타당한 것으로 받아들일 수 있어야 할 것이다. 스스로 제기한 의문에 대해 설명하려는 과정에서 고전소설 작품에 대한 인식과 이에 접근하는 방식이 드러날 터이다. 여기에 나타난 문제점을 분석하고 교육 방향을 모색하는 것이 핵심적 과제라 할 수 있다.

위의 과제에 응답한 학생 가운데 고전소설에 대한 학습자의 인식을 살피는 데 유의미한 60여 명 100여 문답을 중심으로 논의하기로 한다.[4] 개별적 사실에 국한된 오류보다는 고전소설 및 그 주변에 대한 전반적 인식과 관련된 문제를 중심으로 논의한다.

2. 고전소설에 대한 학습자 인식의 문제점

학생들이 제출한 과제물을 분석한 결과 고전소설에 관한 문답의 빈도

---

3) 교과서는 초·중·고등학교 제6차 교육과정의 1종 『국어』를 대상으로 한다. 고등학교의 경우 검정 교과서인 『문학』이 있기는 하지만 인문계 고등학교를 중심으로 교육이 이루어진다는 점에서 제외한다.
4) 학생 자신의 생각이 아니라 참고문헌의 내용을 그대로 가져온 것임을 밝혔거나 참고문헌에서 가져온 것이 명백한 경우는 논의 자료에서 배제하였다.

는 인물, 사건, 주제의 순으로 나타났다. 인물에 관한 문답으로는 인물의 성격, 인물의 행위의 이유, 인물의 행위의 합리성, 인물의 신분 설정에 관한 것이, 사건에 관한 문답으로 사건 전개의 비합리성 또는 비현실성, 사건 설정의 이유, 행복한 결말에 관한 것이, 주제에 관한 문답으로 주제가 무엇인가, 주제의 양면성 등에 관한 것이 많았다. 이 가운데서도 인물에 관한 질의·응답이 가장 큰 비중을 차지하는 것은 고전소설 작품의 인물의 행동과 성격 등의 전형성 때문이 아닌가 생각된다.

이상의 질의·응답에 나타난 학습자의 인식을 분석하여 다음과 같은 결과를 얻을 수 있었다.

첫째, 작품 내적 질서나 논리 속에서 작품 해석의 길을 찾으려 하지 않고 고전소설이 배경으로 하고 있는 시대나 사회 일반의 것으로 환원해서 이해하려는 경향을 나타내고 있다. 바꿔 말하면, 문학 외적 사실로 문학 텍스트의 내적 현상을 설명하려는 접근 방법을 보이고 있다는 것이다.

예컨대, <심청전>에서 심청이 심봉사를 위해 자신의 몸을 팔아 공양미 삼백 석을 구하는 것은 유교적 효 사상이 지배하는 사회였기 때문이라거나, <춘향전>에서 춘향이 죽음으로써 변학도에게 항거하는 이유가 정절을 목숨처럼 중시하는 사회였기 때문이라거나, <흥부전>에서 흥부가 놀부에게 의지하려는 것을 가부장적 대가족 제도 또는 장자 승계 제도에서 찾으려는 것이 그것이다.[5] 사실상의 오류는 없다 하더라도 문학 작품 밖의 사회·문화적 맥락에 대한 일반론적 이해를 문학 텍스트 안으로 무리하게 적용시켜 사건이나 인물 행위와 직접 대응시키려는 접근

---

5) <춘향전>, <토끼전>, <심청전>, <흥부전> 등은 창본과 소설본을 함께 포괄하는 작품명이다. 창본을 지칭할 때는 <춘향가>, <수궁가>, <심청가>, <흥보가> 등으로 명명하며, 소설본만 지칭할 때는 '소설'이란 말을 작품명 앞에 붙이기로 한다.

방법에서 근본적인 문제를 안고 있다.

물론, 궁극적인 의미 해석은 사회·문화적 맥락과 관련지어 이루어져야 할 것이지만 작품 그 자체의 내적 질서나 논리에 대한 분석적 이해가 선행되어야 한다. 이렇게 하지 않을 경우 당대 이념이나 통념에 벗어나는 인물의 행동이나 사건 전개가 갖는 의미는 놓쳐버리거나 불합리한 것으로 처리하게 되며, 문학작품을 기존의 사상이나 이념을 재확인하는 도구로 여기는 잘못을 범하게 된다. 문학작품의 가치는 그 속에 반영하고 있는 문학작품 밖의 사상이나 이념이 무엇인가에 따라 결정되는 것이 아니다. 오히려 그 시대 잘못 굳어진 사상에 대한 반론이나 그 문학작품에서 담아내고 있는 새롭고 진보적인 사상이나 이념이 무엇인가가 더 중요하기 때문이다. 더욱이 문학의 현실과 역사 또는 사회의 현실이 관련을 맺고 있는 것은 사실이지만, 문학은 역사적·사회적 현실을 형상화 과정을 통해 구체화하기 때문에 역사 또는 사회의 현실과 문학의 현실이 곧바로 일대일로 대응되는 것은 아니다.

둘째, 고전소설의 특수성에 대한 이해 부족을 드러내고 있다. 이것은 '고전'이라는 특수성을 고려하지 않고 '소설'이라는 보편성만 고려함으로써 생기는 문제이다.

> [질문] 판소리계 소설을 읽어보면, 앞뒤가 맞지 않는 모순점이 왜 발견되는가?
>
> [대답] 현대소설을 보면 보통 이야기 전개가 필연적으로 이루어지는데, 판소리 소설을 비롯해서 여러 옛소설은 필연적이기보다는 우연적으로 전개되기 때문에 어쩔 수 없는 모순점이 생기기 마련이다. 또 양반들보다는 서민들이 글을 썼기 때문에 당연히 약간의 모순된 이야기 전개로 이루어질 수밖에 없다.

판소리계 소설에 있어서 발견되는 전후 모순의 문제를 제기하고 그에 대한 대답을 한 것이다. 이것은 문학 텍스트의 형식적 정합성에 기반을 둔 질의·응답이라 할 수 있겠는데, 고선소설과 현대소설을 사건 전개의 필연성이라는 동일한 잣대로 접근하려 한다는 점에서 보편성의 기반 위에서 대상에 접근하는 태도를 보이고 있다.

문답에서 드러나듯이 서구소설이나 현대소설은 필연성을 바탕으로 하고 고전소설은 우연성을 바탕으로 한다는 인식을 내보이고 있다. 학생들의 이러한 인식은 중·고등학교 고전소설 교육의 결과로 보인다.

고전소설을 보편성의 잣대로만 평가하면 위의 문답처럼 고전소설은 형식적 정합성이 부족하다는 평가를 하게 되고 이것은 고전소설에 대한 부정적 평가로 귀착되며, 이러한 부정적 인식은 고전소설의 특수성을 고려하지 않음으로써 나타난 결과이다. 고전소설의 특수성은 고전소설의 생성 기반과 관련하여 접근해야 정당한 평가를 내릴 수 있다.

셋째, 문학작품의 현상에 대한 설명적 이해 능력이 부족하고 그마저도 개연성이 부족하다.

[질문] <홍부전>에서 홍부는 어째서 그렇게 많은 자식을 거느리고 있는가?

[대답] 옛날에는 각종 전염병 등으로 인하여 대부분의 어린 아이들이 유아기를 넘기지 못하는 경우가 많았다. 또한 옛날에는 농경문화였으므로 많은 인력을 필요로 하였으므로 집안에 일손이 많아야 했다. 그래서 옛날 사람들은 많은 아이를 낳았으며 오래 살라는 뜻에서 개똥이 같은 이름을 지어주기도 했다.

위의 답변이 틀린 것은 아니다. 그러나 <홍부전>의 서사맥락에서 예각화하여 이해하지 못하고 당대 사회의 일반적 경향을 기준으로 <홍부전>을 일방적으로 재단하려는 경향을 보이면서 지극히 상식적이고 개연성이 부족한 답변을 내놓고 있다. 홍부에게 자식이 많은 이유를 농업시대에 노동 인력 확보를 위한 것이라는 설명이나,6) 상부상조의 전통을 들어 설명하려는 것7)도 마찬가지이다.8) 홍부의 자식이 많은 것을 그렇게 설명한다면 놀부는 왜 자식이 한 명도 드러나지 않는 점은 어떻게 설명할 것인가 물었을 때 대답이 궁색해진다.

넷째, 해석의 다양한 관점 부재이다. <심청전>에서 심청의 인당수 투신, <춘향전>에서 춘향의 변학도 수청 거부 행위 등을 열(烈)을 강조하는 유교적 사상으로 이해하려는 단순한 사고방식을 보여주고 있다. 표면적 주제와 이면적 주제라는 틀로 주제의 이원성을 인식하는 사례도 있으나 더 이상의 진전된 생각을 보여주지 못하고 있다. <춘향전>의 춘향의 행위만 하더라도 그 속에 담긴 다층적이고 심층적인 의미나 열(烈)과 다른 시각이나 방향에서 사고하지 못하고 있는 것이다.9) 그러므

---

6) [질문] 홍부는 경제적인 힘도 없는데 자식들은 왜 그리 많을까?
　　[대답] 그건 그 글이 쓰인 시대가 농업시대이고 자식이 한 사람이라도 더 있다면 농사짓는 데 도움이 되기 때문입니다.
7) [대답] 우리나라는 예로부터 서로 상부상조하며 살아왔습니다. 모심기나 추수를 할 때나, 김장을 할 때 경조사가 생겼을 때 '이웃사촌'이란 말이 있듯이 모두가 자기 일같이 도와주었습니다. 그리고 조그만 음식도 서로 나눠먹고 더불어 사는 공동체 의식이 매우 강하였습니다. 홍부는 가족인 형에게서 이러한 정을 바라지 않았을까요.
8) 어느 학생은 이와 같은 생각을 공유하면서 "이야기의 구조상 좀 더 홍부와 놀부의 삶의 상황을 과장되게 대비할 필요성이 있었기 때문에 필요한 장치이다."고 하여 <홍부전>의 서사맥락에서 이해하려는 시각을 보여주고 있다. 이 정도의 생각을 하고 있는 학생은 이 학생이 유일하다.
9) <춘향전>에 관해 "춘향이는 바보인가요? 죽음이 눈앞에 있는데도 정절을 지키다니……" 하고 질문을 제기하고 그에 대한 대답으로 "춘향이가 변사또의 수청을 들어버리면 그건 소설로서의 가치도 없을 뿐더러 얘기도 되지 않는 것입니다. 그렇게 생

로 학생들의 열린 생각을 유도할 수 있는 교수·학습 방법의 개발이 절실하게 요청된다. 이것은 학습자 중심의 수용론적 관점에서 생각해야 할 문제이다.

3. 교육과정에 설정된 고전소설 교육

교과서 차원에서는 '단원의 길잡이'나 '학습활동' 등을 통해 고전소설의 특성에 관한 설명이나 질문이 제시되고는 있기는 하나, 교육과정에서는 고전소설 및 고전문학 교육을 현대소설 및 현대문학 교육과 분리하여 설정하지 않았다. 이것은 교육과정 차원에서 고전문학과 현대문학을 문학교육이라는 보편성의 맥락에서 교육하라는 것을 의미한다.

물론 고전소설 교육은 상위개념인 소설교육 및 문학교육이라는 보편성의 기반 위에서 교육되어야 하겠지만, 이들에 대한 하위개념으로서의 고전소설 교육의 특수성 또한 도외시할 수 없는 문제이다. 어떤 사물이든 그 사물은 다른 사물과 견주어 보편성과 특수성을 함께 갖고 있다. 보편성이 있음으로 말미암아 개체를 넘어선 동질성을 확인할 수 있고 특수성으로 말미암아 다른 개체와 구별되는 그 개체만의 독자성을 확보할 수 있는 것이다. 대상에 따라 보편성보다 특수성이 강할 수도 있고, 특수성보다 보편성이 강할 수도 있으나, 보편성만을 갖거나 특수성만을 갖는 사물은 존재하지 않는다고 할 수 있다. 고전소설도 보편성과 함께 특수성을 갖고 있으나, 현대소설에 비해 상대적으로 한국문학으로서의

각할 수는 있지만 그건 당치도 않은 것이라 생각합니다."고 한 것이 좋은 사례이다.

특수성이 강한 문학이라고 할 수 있다. 고전소설의 이런 점을 확대하거나 왜곡하여 보편성을 상실한 것으로 속단하는 것은 대상의 본질을 그릇되게 파악한 것이 되듯이, 고전문학의 보편성만을 강조할 경우 특수성을 부정적인 것으로 왜곡할 우려가 있으며, 실제로 그러한 결과가 앞서 살핀 학습자 인식 검토에서 나타나고 있음을 확인하였다.

초등학교의 경우 고전소설을 구전설화의 차원으로 교과서에 수용하여 가르치고 있다.[10] 6차 교육과정에 설화 또는 동화의 형태로 수용된 고전소설로는 <춘향전>, <토끼전>, <심청전>, <흥부전>, <장끼전> 등이 있다. 읽기 교과서와 말하기 교과서 여러 곳에 분산 수용되어 있는데 몇 가지 특징을 발견할 수 있다. 저학년일수록 설화적 차원으로 환원하여 가르치는 경우가 많다는 것, 6학년에서는 고전소설로도 수용하여 가르치고 있다는 것, 저학년에서는 읽기가 아닌 말하기 / 듣기의 재료로 활용되는 경향이 강하다는 것이다. 그리고 소설을 극본화하기도 하는 등 다양한 형태로 활용하고 있다는 점도 눈에 띈다.

중학교 국어교과서의 경우 『국어 1-2』(1995)에 <공양미삼백석>(<심청전>), 『국어 2-2』(1996)에 <토끼전>, 『국어 3-1』(1997)에 <홍길동전>이 수록되어 있다. <심청전>은 <완판71장본> 계열[11]에서 심청이 공양미 삼백 석에 팔려 인당수 제수로 가는 부분을 수록한 것이다. <토끼전>은 <신명균본토끼전>[12]에서 용왕 앞으로 끌려가는 부분부터 결말 부

---

10) 제6차 초등 교과서에 수용된 동화의 목록은 다음 논문에 정리되어 있어 참고할 수 있다.
　　두옥신, 「동화의 교재수용 양상 연구」, 연세대학교 교육대학원 석사학위논문, 1999, 90～103면.
11) 김동욱 편, 『고소설판각본전집』 2, 경인문화사, 1971.
12) 신명균·김태준 교열, 『조선문학전집』 6, 중앙인서관, 1937.

분까지 실었으며, <홍길동전>은 <경판24장본> 계열13)에서 길동의 8세 때부터 길동이 집을 떠나는 부분까지 실었다.

고등학교 국어 교과서의 경우 『국어(상)』(1996)에 <구운몽>(국문본 장회체), <춘향전>(<완판열녀춘향수절가>), <허생전>이, 『국어(하)』(1996)에 <흥보가>(<박봉술창본>)가 실려 있다. <구운몽>은 마지막 회인 '양승상등고망원 진상인반본환원(梁丞相登高望遠　眞上人返本還元)' 부분이, <춘향전>은 변사또 생일잔치 장면에서 끝까지, <흥보가>는 흥보박사설 대목이 실려 있다.

위에서 보다시피 교과서에 수록된 텍스트 중 판소리 문학이 가장 큰 비중을 차지한다. 초등학교의 경우 고전소설과 관련된 모든 설화가 판소리 문학과 관련되어 있다. 중학교의 경우에 3작품 중 2작품이, 고등학교의 경우 4작품 중 2작품이 판소리 문학이다. 텍스트가 판소리 문학으로 편중되어 있는 점은 있지만, 고전소설에서 판소리 문학의 위상이 크다는 점을 감안하면 적절한 선택으로 보인다. 그러나 교과서의 고전소설 텍스트 수용은 몇 가지 문제점을 안고 있다.

첫째, 이본 선정의 적절성에 문제가 있다. 해당 작품의 이본 가운데 작품적 가치가 큰 것을 선정하지 못한 점이 우선 문제이다. 중학교 과정에 수록된 <신명균본토끼전>은 1937년에 활자본으로 출판된 것이다. 고전소설의 이본이 19세기에 집중적으로 생성, 유통되었음에도 20세기 중반에 활자본으로 출판된 이본을 고전소설 텍스트로 실어놓고 있는 것은 문제가 아닐 수 없다. 더욱이 <신명균본토끼전>은 <토끼전> 이본 가운데 고전소설 시대의 사회상이나 문제의식을 제대로 담아내지 못한

---

13) 김동욱 편, 『고소설판각본전집』 3, 경인문화사, 1971.

독서물적 성격의 이본이다.14) 여타 이본들도 각 작품에서 어떤 위상을 차지하는지 충분한 검토가 이루어졌는지 의문이다.

이와 관련하여 판소리계 소설을 판소리 창본에 앞서 가르친다는 점도 문제이다. 판소리계 소설은 소설 이전에 구비문학이었다는 점에서 그 이전의 존재 양태인 판소리 사설과 분리하여 생각하기 어려우며, 초등학교에서는 구비문학을 그토록 강조하면서도 중·고등학교에서는 현저히 축소된 사실15)도 이해하기 어렵다.

그럼에도 기록문학이자 소설본인 <심청전>, <토끼전>, <춘향전>을 먼저 가르치고, 고등학교『국어(하)』에 가서야 <흥보가>를 통해 판소리 사설을 가르치게 한 것은 선후가 뒤바뀐 것이 아닌가 한다. 중학교『국어 2-2』의 <토끼전>(<신명균본토끼전>)은 판소리 연행에 쓰이던 노랫말이 소설화된 것임을 이해시켜야 하는데, 창본에 대한 경험이 없는 학생들에게 이를 납득시키기 어려울 것으로 생각된다. 결국 보조자료를 활용할 수밖에 없는데, 그럴 바에야 판소리적 특성을 파악할 수 있는 이본을 저학교급, 저학년급에서 먼저 수용하고 독서물을 보조자료로 활용하는 것이 더 적합할 것이다.

둘째, 부분 수록의 문제이다. 교과서 분량이 제한될 수밖에 없다는 현실과 주교재인 교과서로만 교육이 이루어지도록 한 현실을 함께 고려할 필요가 있다. 학교 현장에서 부교재를 채택할 수 없도록 한 교육법령을 준수할 수밖에 없었다는 점16)과 한정된 시간에 여러 영역을 가르쳐야

---

14) <신명균본토끼전>은 <가람본토끼전>(서울대 가람문고 소장 필사본 44장)과 <유일본불로초>(유일서관 발행, 1912, 구활자본)의 영향을 받은 이본이다. <가람본토끼전>과 견주어 볼 때 문제의식이 현저히 둔화된 이본이다.

15) 장석규,「구비문학 교육 현실의 진단과 처방(1)」,『문학과 언어』21, 문학과언어연구회, 1999, 166면.

한다는 제약을 함께 고려하여 교육부 또는 지역 교육청 차원에서 교과서에 수록된 글과 관련하여 풍부한 읽을거리를 제공해 주어야 할 것이다. 『문학』의 '방법' (카) 항에서 "작품을 다루는 데에는 작품의 한 부분이 인용되지 않아야 하며, 작품 전체가 제시되는 것이 바람직하다."[17]고 하면서도 교과서 지면의 한계 때문에 "중편이나 장편 작품의 경우에는 작품의 전체 요약이 제시되도록 한다."는 소극적 차원의 대안을 제시하고 있다. 고등학교 『국어』 교과서에도 이런 방식이 적용되었으나 중학교 교과서에는 이런 원칙마저 적용되지 않았다.

이와 관련하여 부분 수록된 부분 가운데 상당 부분이 삭제되어 있으며 삭제된 부분이 있다는 사실조차 밝히지 않고 있다는 점이 지적되어야 한다.[18] 이런 수용 방식이 고전소설에 대한 부정적 인식을 더욱 심화시키거나 정당한 인식을 방해할 것이다. 한편, 부분 수록을 한다면 어느 부분을 수록할 것인가에 대한 충분하고 신중한 검토가 필요하다.

셋째, 학습자 발달 수준을 고려한 제재 선택이 이루어졌는가의 문제이다. <심청전>이 중학교 1학년 교과서에 실려 있는데 학생의 수준에 맞게 언어를 고친다 하더라도 아버지 눈을 뜨게 하기 위해, 풍성한 어획을 위해 사람을 사고판다는 것과 산 사람을 제물로 바친다는 기본 구도는 그대로 가져갈 수밖에 없다. 따라서 중학교 1학년 학생이 인신매매(人身賣買)와 인신공희(人身供犧) 부분을 제대로 납득할 수 있을지 의문이

---

16) 부교재 채택 금지는 2001년에 들어서서 해제되었으므로 설문 대상 학생들은 철저히 금지된 시기에 교육을 받았다.
17) 교육부, 『고등학교 교육과정(Ⅰ)』, 대한교과서주식회사, 1992, 73면.
18) 예컨대, <홍길동전>의 경우 곡산모 초란의 흉계 부분을 삭제하면서 삭제 표시조차 하지 않아 길동이 초란의 흉계를 물리치는 장면과 구성상의 합리성을 결여한 것처럼 보이고 있다.

다.19) 오히려 고등학교 『국어(하)』에 실려 있는 <흥부가>를 중학교 1학년 수준에 맞게 싣는 것이 더 적합할 것으로 생각된다.

넷째, 도덕주의적 관점에의 지나친 경도이다. 저학교급, 저학년급으로 갈수록 이런 관점이 강화되어야 하겠지만 고학교급, 고학년급으로 갈수록 대상을 올바르게 인식하고 판단하는 능력을 기르는 바탕이라 할 수 있는 비판적 관점이 강화되어야 할 것이다.20) 학생들은 권선징악(勸善懲惡)이 고전소설의 주제라고 한다. 판소리 문학의 경우 표면적 주제와 이면적 주제의 틀로 설명하는 경우가 다소 전전된 해석의 관점으로 볼 수 있는 정도이다. 학생들이 파악한 권선징악은 충(忠)·효(孝)·열(烈)·우애(友愛) 등 유교적 이념에 부합하는 것들이었다. 교육적 차원에서 작품의 주제를 이런 것으로 파악하게 하는 것이 반드시 잘못 되었다고는 할 수 없지만 문제가 없는 것은 아니다. 학생들을 획일적 사고로 몰고 갈 뿐만

---

19) 대학생조차도 이 문제에 대해 문답을 만든 것을 보면 중학교 1학년 학생에게 얼마나 이해될 수 있을지 의문이 아닐 수 없다. 다음과 같은 예가 그것이다.

　　[질문] <심청전>에서 중국으로 가는 상인들이 인당수 용왕에게 제물로 드릴 어린 처녀를 공개적으로 사러 다니는 장면이 있는데 조선에서는 이런 일이 가능했습니까?

　　[대답] 저 또한 이 장면을 보면서 많은 궁금증들을 가지게 되었습니다. 과연 이런 일이 일어날 수 있었을까? 아무리 신분사회라고 하지만 공개적으로 제물로 드릴 사람을 사고판다는 것이 도무지 이해가 되지 않았습니다. 저 또한 의문이 되는 부분입니다. 사건의 원만한 진행을 위해 임의로 그렇게 꾸며진 이야기인지……. 저도 이 부분은 확실히 말씀드리진 못할 것 같네요. 하지만 한 가지 분명한 사실은 그 당시 조선사회는 엄격한 신분제도를 가지고 있었고 사람을 어떤 목적으로 부리기 위해 종으로 사고팔았던 사회였다는 것을 말씀드립니다.

20) 비판이라고 하면 대상을 부정하는 것으로 오해하는 학생들이 많다. 물론 비판은 근본적으로 부정의 정신이라 할 수 있다. 그러나 부정을 통해 대상의 본질을 통찰하려는 데 비판의 근본 목적이 있다. 학교 교육 현장에서의 비판정신의 부재는 정당한 비판마저 자신에 대한 공격으로 받아들이는 결과로 나타나며, 토론 문화를 형성하는 데 장애가 되고 있는 현실적 문제점을 낳고 있다.

아니라 무엇이 선이고 무엇이 악인가에 대한 보다 진전된 생각조차 하지 못하는 결과로 나타나고 있는 것이다.

충, 효, 열, 우애가 선(善)이고 불충(不忠), 불효(不孝), 불열(不烈), 형제불화(兄弟不和)가 악(惡)이라고 판단하는 셈인데, 세상의 모든 일이 반드시 그런 것인가에 대한 의문을 갖지 않는 것이다. <춘향전>의 경우 춘향의 정절 행위와 이에 대한 보상을 권선(勸善)으로, 변학도가 징치되는 것을 징악(懲惡)으로 파악한다 하더라도 이것은 당대의 관점에서 보면 결코 단순한 문제가 아니다. 왜냐하면, 변학도의 수청을 거부한 춘향의 행위는 당대 사회의 질서를 부정하는 행위이며, 이런 행위를 한 춘향에게 정렬부인(貞烈夫人)을 봉하는 것은 심대한 문제의식을 내포하고 있기 때문이다. <토끼전>에서 자라의 행위를 충(忠)으로 파악하며, 따라서 충신인 자라의 행위를 선(善)으로 파악한다. 그러나 꼭 그렇게만 생각할 일은 아니다. 자라가 충을 다하려는 대상인 용왕은 과연 통치자로서의 정당성을 갖고 있는 인물인가를 생각한다면 자라의 충성 행위가 결코 긍정적이라고만 할 수 없으며, 따라서 자라의 행위를 선(善)이라 규정하기도 어렵다. 여기서 누구의 관점에서 본 선악(善惡)인가 하는 문제가 더욱 중요하게 작용해야 마땅하다. 도덕주의적 관점에 매몰될 때 이러한 다층적이고 심층적 의미는 놓쳐 버리게 된다.

4. 고전소설 교육 방향의 모색

제7차 교육과정에도 앞서 제시한 문제점은 극복하지 못한 것으로 보인다. 제7차 교육과정의 문학 영역에서 가장 큰 특징은 창작 교육을 포

함시켰다는 점 정도일 것이다.[21)]

중학교와 고등학교 문학 영역에서 문학의 본질 항목에 '한국문학의 특질'과 '한국문학의 사적 전개'가 설정되어 있다.[22)] 이것은 제6차 교육과정에는 명기되지 않았으나 실제 교과서에서는 단원으로 설정하여 가르치고 있다는 점에서 근본적인 차이가 없다. 다만 제7차에서 고전문학의 특수성에 대한 인식을 보다 강조한 것으로 받아들일 수 있다. 학년별 내용을 보면 문학 영역에 7학년과 8학년에 고전소설과 관련된 항목이 없으며, 9학년에 문학의 본질에서 설정한 '한국문학의 개념과 특질', '한국문학의 역사적 전개 과정'에 대한 교육이 이루어지도록 하고 있다.[23)] 전자는 문학비평이고 후자는 문학사 교육이라 할 수 있으므로, 둘 다 메타 문학적 텍스트를 교육의 제재로 사용하고 있다는 점에서 같다. 고등학교의 경우 문학의 본질 항목은 중학교와 동일하게 설정되어 있다.

요컨대, 제7차 교육과정에서 고전문학의 특수성 교육을 강조한 점 이외에는 고전소설과 관련한 특기할 만한 사항은 보이지 않는다. 그러면 지금까지 교육과정 및 학습자 인식 검토를 통해 드러난 문제점을 극복할 수 있는 바람직한 고전소설 교육 방향을, 고전소설 작품 교육에 초점을 두어야 한다는 기본 전제 아래 다음과 같이 설정하고자 한다.

첫째, 작품 내적 논리와 질서에서 작품 밖의 역사와 사회로 그 이해

---

21) 창작교육은 고전소설과는 일정한 거리가 있는 것처럼 보이지만, 개작(改作)이나 모작(模作) 수준에서는 오히려 손쉽게 접근할 수 있는 길이 된다. 왜냐하면, 현대소설에 비해 고전소설은 상대적으로 단순한 세계상을 담지하고 있기 때문이다. 오늘날의 사회와 고전소설 시대 사회의 차별성에 대한 이해가 선행되거나 인간 사회의 보편적 문제를 제재로 한다면 고전소설을 통한 창작교육은 얼마든지 가능할 것이다.

22) 교육부, 『중학교 교육과정』(대한교과서주식회사, 1998, 31면) 및 교육부, 『고등학교 교육과정』(대한교과서주식회사, 1998, 31면) 참고.

23) 교육부, 『중학교 교육과정』, 55면.

방향을 수정할 필요가 있다. 예컨대, <춘향전>에서 춘향이라는 인물의 개성과 욕망이 당대 사회와 어떻게 맞서거나 어울리면서 전개되는가, 그리고 춘향의 그런 행동이 갖는 사회적 의미가 무엇인가를 문학작품 내적 논리에서 출발하여 확산적으로 이해할 수 있도록 방향 설정을 해야 할 것이다.

이러한 이해 방향은 궁극적으로 작품 읽기에서 사회·문화 읽기로의 확산적 구조가 되어야 한다. 학생들의 고전소설 인식 문제를 살피는 과정에서 드러났듯이, 학생들은 문학작품 밖의 역사적 현실로 문학 텍스트 안의 현상을 일방적으로 재단하려는 문제를 안고 있었다. 이것은 문학 텍스트에 접근하는 방식에 관한 근본적인 문제가 아닐 수 없다.

이와 관련하여 문학사 교육의 문제를 짚고 넘어가야 할 것 같다. 문학교육의 일부로서 문학사 교육을 지금까지 해 오고 있지만, 어디까지나 문학 텍스트의 수용 교육이 문학교육의 핵심이 되어야 할 것이다. "문학사적 지식은 문제 해결을 위한 지식이 되어야 한다."[24]는 명제를 타당한 것으로 받아들이더라도 현실적으로 문학사 교육은 문학의 역사에 관한 지식을 주입하는 피상적 교육이 될 가능성이 크다.[25] 그러므로 문학사 교육도 문학작품을 통한 확산적 접근이 이루어져야 한다.

둘째, 학습자 중심의 텍스트 이해의 길을 열어주는 방법론이 필요하다. 고전소설의 경우 이론상 m개의 이본(Text)과 mn개의 작품(Werk)이 존재한다. 독서행위를 통해 하나의 텍스트가 n개의 작품으로 구체화될

---

24) 구인환 외, 『문학교육론』, 삼지원, 1988, 360면.
25) 제6차 『국어 2-2』 7단원 '국문학의 세계'에 실린 '국문학 이야기'는 갈래의 발생 시기 순서에 따라 형식과 내용상의 특징과 대표 작가와 작품을 나열하고 있으며, 『교사용 지도서』(교육부, 1996, 108면)에서는 이를 4차시에 걸쳐 가르치도록 예시하고 있다. 이렇게 되면 결국 문학의 역사에 대한 지식 전달 교육이 될 가능성이 크다.

뿐만 아니라 독서행위 이전에 m개의 텍스트가 존재한다는 것이다. 그러나 현실적으로 m개의 텍스트 중 어느 하나를 선택하여 교과서에 수록할 수밖에 없다. 따라서 그 선택적 수록의 과정에서 무엇보다 신중함이 요구된다. 6차 교육과정에 따른 교과서에서 보듯이, 이본의 작품적 가치가 낮은 것을 수록하는 잘못은 범하지 않아야 할 것이다. 나아가 학습자 스스로 작품적 가치가 큰 텍스트를 선택할 수 있는 능력을 키울 수 있는 길도 열어둘 필요가 있다.

셋째, 고전소설의 구조적 특성을 정당하게 이해하기 위해 문학사회학의 관점에서 접근할 필요가 있다. 고전소설을 잘못된 무엇으로 속단하지 않고 그 특성을 고전소설의 생산, 유통, 소비의 맥락 위에서 이해하는 관점에 설 때 정당한 평가가 가능하리라 본다. <홍길동전>, <허생전> 등을 통해 소설의 생산, 유통, 소비에서 나타나는 소설의 사회학으로 학습을 심화시킬 수 있다.

<허생전>을 예로 들어 보자. 박지원(朴趾源)이 우리 고전소설의 우뚝한 봉우리인 <허생전>을 만들어 낸 밑바탕에는 야담과 구전설화 같은 서사적 기반이 있었음을 간과해서는 안 된다. 문학사회학적 관점으로 <허생전>에 접근함으로써 학습자는 문학작품의 생산이 무(無)에서 유(有)를 창조하는 것이 아님을 알 수 있다. 물론 박지원의 <허생전>이 구전설화나 한문단편(漢文短篇)과는 주제의식 등 여러 면에서 현격한 수준 차이가 있는 문제작임을 부정할 수는 없다. 그러나 <허생전> 생성의 서사적 기반에 대한 이해는 개인의 뛰어난 작품도 민중적 기반 위에서 나올 수 있는 것이라는 역사인식까지 새롭게 할 수 있다. 문학 작품에 대한 접근 방법을 이해 관점을 문학의 사회적 소통구조를 생각해야 작품에 대한 정확한 이해가 가능하다는 점을 고려하여 설정할 필요가 있

다. 나아가 학생에게 관련된 자료를 제공함으로써 그 자료를 바탕으로 스스로 분석, 종합, 판단, 평가할 수 있는 능력을 길러줄 필요가 있다.

이처럼 고전소설은 이본의 문제를 포함한 생산과 유통에 관한 고려가 필수적이다. <춘향전>의 경우 춘향의 신분을 기생으로 설정한 이본과 대비속신(代婢贖身)한 양반의 서녀(庶女)로 설정한 경우가 갖는 의미가 다를 수밖에 없다. 또 '기생 춘향'보다 '열녀 춘향'의 측면을 강화하려는 이본이 후대에 생겨났으므로 인물의 행동과 성격에서도 얼마간 차이를 보인다. 그러므로 학습자는 춘향을 기생으로만 여기는 생각에서 벗어나 춘향의 신분에 변화가 있으며 이 변화는 판소리의 역사적 전개와 맞물리면서 양반 사대부 지향성을 드러냄과 함께 사건 전개의 현실성을 부여하기 위한 장치였다는 것을 간과해서는 안 될 것이다. <장끼전>의 경우 재가형(再嫁型)과 수절형(守節型)의 차이가 있으며, <토끼전>의 경우 그 진폭은 더욱 커서 용왕과 자라의 죽음과 이들에 대한 풍자와 희화가 극대화된 이본[26]과 용왕이 소생하고 자라가 충신화되며 풍자와 희화가 대부분 삭제됨으로써 해학성을 지향하는 이본[27] 가운데 어느 것을 텍스트로 하는가에 따라 주제적 의미의 변이가 나타날 수밖에 없을 것이다. 이런 문제에서 자유로운 현대소설과 달리 고전소설 텍스트에 접근할 때 이점을 반드시 고려해야 한다.

고전소설, 특히 판소리문학의 이러한 변이가 잘못된 무엇이 아니라 창작과 수용의 현장에서 이루어질 수 있는 구비문학적 특성을 갖고 있

---

26) <가람본별토가>(서울대 가람문고 소장 44장본, 김진영 외 편저, 『토끼전 전집』 2, 박이정, 1998) 계열과 그 독서물인 <중산망월전>(하버드대 연경도서관 소장 40장본. 이상택 편, 『해외수일본한국고소설총서』 1, 태학사, 1998) 계열이 그 예이다.
27) <박봉술창본>(판소리학회, 『판소리 다섯마당』, 한국브리태니커사, 1992) 등 현행 <수궁가> 계열이 그 예이다.

으며 끊임없이 변모 발전할 수 있는 살아 있는 문학임을 인식시킬 수 있을 것이다. 텍스트 선택의 여지를 갖고 있다는 것은, 작품의 기대지평과 독자의 기대지평이 만나서 지평융합을 이루는 과정을 이미 보여주고 있다는 점에서 각색과 재창작 교육에도 유리하다.

끝으로 고전소설의 특수성과 보편성을 함께 인식시키는 교육 방향의 모색이 필요하다. 고전소설의 특수성을 부정적인 것으로 교육하는 현실을 시정하고 정당한 비판 위에서 인식되도록 해야 할 것이다. 어떤 문학 텍스트이든 인간과 사회의 관계를 문제 삼는다는 보편성과 사회와 역사가 다름으로 인해서 드러나는 특수성을 함께 고려해야 한다. 고전소설도 이런 관점에서 접근해야 그 참모습과 진정한 가치를 발견할 수 있을 것이다. 고전소설이 형상화하고 있는 세계와 인간에 대한 이해와 이것을 오늘날 자신이 살고 있는 세계와 인간과 관련 짓는 것이 가장 중요할 것이다. 고전소설 교육의 방향도 이에 따라 모색되어야 할 것이다.

고전소설의 특수성과 보편성은 학습자 상호간의 소통구조 개발을 통해 더욱 진전된 성과에 이를 수 있을 것으로 판단된다. 교실 공간에서의 토론뿐만 아니라 인터넷 등의 가상공간에서 펼쳐지는 토론을 통해 고전소설에 대한 인식은 더욱 심화될 수 있으리라 기대된다.[28] 이런 학습은 고전소설의 주제를 권선징악으로 파악하며 인물의 성격, 갈등 관계 등을 이와 연결시키는 등, 경직되고 편협한 사고를 극복할 수 있는 길이 된다. 사실 어느 교육과정기, 어느 학교급을 막론하고 고전서사문학의 주제를 권선징악으로 재단하는 편협한 관점, 고정 관념은 학습자 상호

---

28) 제7차 『중학교 교육과정』(대한교과서주식회사, 1998) '국어'과 '성격'에서 "문학 작품을 스스로 찾아 읽고 토론하는 학습 활동을 중시"(29면)한 것은 적절한 방향 설정이라 할 수 있을 것이다.

간의 소통이라는 열린 마당을 통해 극복될 수 있을 것이다.

이상의 극복 방안을 통해 학습자의 발달 수준을 고려한다는 전제 아래 다음과 같은 고전소설 교수 학습 모형을 제시할 수 있다.[29]

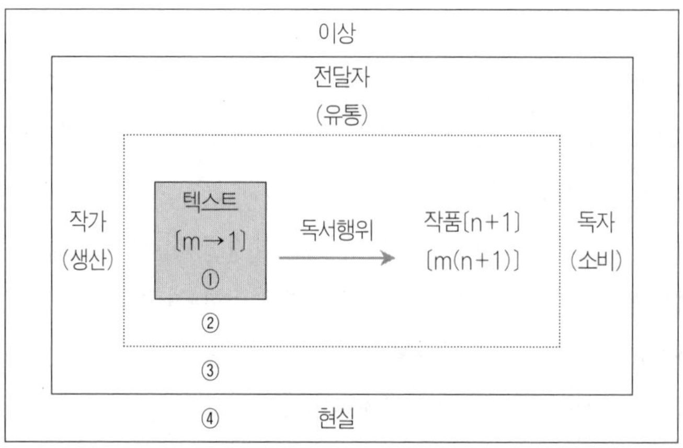

위의 모형은 고전소설 교육의 층위를 그려본 것이다. ①은 학습자의 독서행위 이전에 텍스트로 존재하는 언어적 소통구조의 층위이다. ②는 텍스트의 수용적 소통구조의 층위이며, ③은 사회적 소통구조의 층위이며, ④는 이념적 소통구조의 층위이다.

고전소설의 경우 언어의 역사성으로 인하여 수용주체의 언어적 소통구조에 대한 이해가 강조, 선행되어야 한다. 이러한 바탕 위에서 고전소설의 생산, 유통, 소비 중심의 사회적 소통구조와 역사, 철학 등과 관련

---

29) 'n'은 수용주체 가운데 학습주체를 가리키며 '1'은 문학교사를 가리킨다. 이처럼 분리한 것은 교수·학습의 장면에서 이들은 대등한 영향력을 갖지 않는다는 점을 드러내기 위해서이다. 그러나 문학교사는 가능한 한 학습주체의 수용에 최소한의 영향력을 행사할수록 바람직하다.

된 이념적 소통구조30)로 확산시켜 나가는 방향으로 접근해야 한다. 아울러 독서행위를 텍스트의 구조와 독자의 경험 구조가 얽혀 짜이는 상호행위라 할 때, 고전소설의 세계는 독자의 경험 세계와 동떨어져 있다. 따라서 독서행위는 텍스트 생산 당대에 들어갔다가 독자 당대로 되돌아오는 과정이라 할 수 있다. 이것이 고전문학 이해·수용에 역사적 원근법31) 같은 방법론이 요청되는 까닭이다.

5. 고전문학 교육 방법론을 위하여

이 장에서 고전소설에 대한 학생의 문답에서 논의의 출발점을 마련하여 학생들의 고전소설에 대한 인식과 접근 방식의 문제점 및 교육과정에서의 문제점을 검토함으로써 고전소설 교육 방향을 모색하고, 이를 고전문학 교육 방법론을 마련하기 위한 토대로 삼고자 하였다.

학생들의 문답을 분석한 결과 학생들은 고전소설 작품의 내적 질서나 논리보다 작품 밖의 역사적 사실이나 사회적 현실로 작품 내부를 재단하려는 경향을 보이고 있으며, 고전소설의 특수성 및 작품의 현상에 대한 설명력과 타당성 부족, 해석의 다양한 관점 부재 등의 문제를 보이고 있었다. 교육과정 및 교과서와 관련하여 이본 선정의 적절성, 부분 수록, 학습자의 발달 수준을 고려한 제재 선택, 도덕주의적 관점에의 지나친 경도에서 문제를 보이고 있었다.

---

30) 소설지도의 이념적 요소에 관해서는 박인기, 『문학교육 과정의 이론』, 서울대출판부, 1996, 270면 참조.
31) 김흥규, 「고전문학 교육과 역사적 원근법」, 『대학의 문학교육』, 지식산업사, 1993.

 이에 따라 작품 내적 논리와 질서에서 작품 밖의 역사와 사회로 작품 접근 및 이해 방법, 학습자 중심의 작품 이해를 위한 수용론적 접근, 고전소설의 구조적 특성을 위한 문학사회학적 접근, 고전소설의 보편성과 특수성을 함께 인식시키기 위한 접근 등을 고려할 필요가 있음을 확인하였다. 이상 네 가지 점을 고려하여 텍스트의 수용적 소통구조를 중심으로 교수 학습 모형을 설정하였다.

 논의 성과가 미흡하고 엉성하지만, 여기서는 학생들의 인식과 그들의 고전소설 이해 방식의 문제점을 확인하였다는 데 일차적인 의의를 두고, 그에 대한 처방을 모색하려 했다는 데 이차적 의의를 두고자 한다.

고전문학 교육의 진단과 방법론적 설계

1. 인간다운 삶을 위한 문학능력

문학교육의 목표는 학습자의 문학능력을 신장[1]시키고 이를 통해 학습자가 인간다운 삶의 주체로 살아가도록 돕는 것이다. 문학능력은 문학현상을 수용하고 문학적 텍스트를 생산하는 능력이고, 인간다운 삶의 주체는 삶의 목표와 의미를 성찰하는 능력과 이의 사회·문화적 실천 능력을 가진 인간이다. 문학교육의 목표에 관한 이 정의는 문학과 삶을 견고하게 연관 짓고 있다. 이것은 인간의 삶과 관련한 문학의 본질에 비추어 당연한 일이다.

---

1) 한국문학교육학회가 '미디어시대의 문학능력(48차)', '문학교육과 창작 능력(49차)', '문학교육과 문학능력'(50차) 등을 주제로 학술대회를 잇달아 열었고, 논문이 학술지(『문학교육학』 26, 27, 28)에 게재되었다. 2007년 개정 교육과정에서도 문학능력 신장을 문학교육의 목표로 삼고 있다. 이것으로 보면 학계와 교육계 모두 문학교육의 목표를 문학능력 신장으로 보는 데 대체로 동의하고 있음을 알 수 있다.

인간다운 삶의 주체 형성은 문학교육의 궁극적 지향점이므로 문학교육의 목표는 문학능력의 신장에 무게중심이 놓여 있고, 문학능력의 핵심은 문학 텍스트를 중심으로 한 문학현상에 대한 이해 능력과 문학 텍스트 및 메타 텍스트 생산 능력이다. 즉, 학교 수업 현장에서 문학교육의 핵심은 문학 텍스트를 매개로 이루어지는 교수·학습 과정을 통해 습득한 문학능력을 다른 문학 텍스트로 확장·적용할 수 있는 전이 능력과 학습자 자신의 문학 텍스트 및 메타 텍스트를 생산할 수 있는 능력을 키워나가는 일이라 할 수 있다.

2010년부터 중등학교에 적용되는 2007년 개정 교육과정(이하 '개정 교육과정')을 검토해 보면,[2] 문학에 관한 기본적 지식의 정체가 무엇인가, 문학능력을 기르는 데 지식 학습이 선행되어야 하는가, '지식', '기능'과 다른 위치에 놓인 '맥락'의 위상이 무엇인가 하는 의문이 제기된다.

'목표'와 '성격'에서 말한 "문학에 관한 기본적 지식"의 습득이 국어과 교육을 통해서 이루어져야 할 것이라면, 이것은 결국 '내용 체계'의 '지식' 범주에 들어 있는 문학 관련 지식들을 가리키는 것으로 보인다. 즉, '문학의 본질과 속성', '문학의 양식과 갈래', '한국 문학의 역사' 등

---

2) 교육과학기술부(2008)를 통해 개정 교육과정의 전반적 특징을 파악할 수 있다. 개정 교육과정의 비판적 검토도 이루어진 바, 교육과정 전반에 대한 검토는 김정우의 「2007 개정 국어과 교육과정의 개정 방향과 특징」(『한말연구』 20, 한말연구학회, 2007), 이재기의 「2007 개정 국어과 교육과정의 특징과 실행 방안」(『청람어문교육』 36, 청람어문교육학회, 2007)을 문학교육에 대한 검토는 류덕제의 「<국어과 국민공통기본과정 개정안>에 대한 비판적 검토」(『국어교육연구』 40, 국어교육학회, 2007), 유영희의 「2007년 개정 교육과정 '문학' 영역의 특징 및 지향점」(『청람어문교육』 36, 청람어문교육학회, 2007), 임성규의 「개정 국어과 교육과정 문학 영역에 대한 비판적 검토」(『국어교육』, 124), 한국국어교육학회, 2007), 김상욱의 「2007 개정 국어과 교육과정 속 문학영역의 비판적 검토」(『국어교육』 28, 한국국어교육학회, 2009)를 참고할 수 있다.

에 관한 문학 지식이 문학능력의 바탕이 되므로 이들 지식들을 먼저 습득하고 이를 바탕으로 문학의 수용과 창작 능력을 기른다는 것이다. 그러나 지식의 선행 학습은 '실제'를 통해 '지식', '기능', '맥락'을 통합적으로 학습한다는 '내용 체계'의 기본 구도와 모순을 일으키고 있다.

문학 지식의 선행 학습이 문학능력을 신장시키는 바탕이 될 수 있는가도 의문이다. 문학 지식을 선행 학습한다는 것은 결국 배경지식으로서의 문학 지식 확충을 의미한다. 이것은 문학 지식이 문학능력 그 자체는 될 수 없다는 인식을 보여주지만, 배경지식으로서의 문학 지식과 문학능력의 정비례적 함수 관계를 상정하고 있다. 더욱이 '지식' 범주에 설정된 이들 내용은 사실적·개념적·명제적 지식이 중심을 이룬다.[3] 문학을 생산하고 수용하는 데 문학 지식이 일정 부분 기여하는 바가 있을 것이다. 그러나 고전문학 연구에서 역사주의적 관점이나 실증주의적 관점의 폐해가 잘 보여주듯이 고전문학 교육에서 배경지식이 작품을 압도하면 문학 텍스트의 실상을 왜곡하거나 문학을 문학답게 가르치지 못할 가능성이 크다.

필자 또한 문학교육에서 문학 지식의 가치를 부정하지는 않는다. 문학에 관한 사실적 지식보다는 개념적·명제적 지식이, 개념적·명제적 지식보다는 기능적 지식이 문학능력으로 전이될 가능성이 크다. 그러나 무엇보다 중요한 것은 지식이 능력으로 전이될 수 있도록 하기 위한 학습 전략이다. 문학 지식을 알고 있는가 여부나 알고 있는 지식이 어떤

---

3) 염은열은 「문학능력의 신장을 위한 문학교육 지식론의 방향 탐색」(『문학교육학』 28, 한국문학교육학회, 2009, 199~201면)에서 교육과정에서 '지식' 개념의 사용에 혼란이 있으며, '지식'의 범주가 명제적 지식에 국한되는 협소함과 국문학 연구의 결과로서의 지식이라는 진부함을 문제로 지적하였다.

지식인가보다 어떤 방식으로 지식을 습득하는가가 중요하다. 문학 지식이 문학능력으로 전이되기 위해서는 문학에 관한 사실적·개념적·명제적 '지식'을 바탕으로 문학을 '수용'하고 '생산'하는 능력을 기를 것이 아니라, 학습자가 문학을 수용하고 생산하는 수행적 문학활동을 통해 문학 지식의 습득이 이루어져야 한다.[4] 이것은 학습자가 문학 전문가가 되기를 요구하는 것이 아니라, 학습자가 지식 생산의 주체 자리에 서는 교수·학습이 전개되어야 한다는 것이다.

개정 교육과정에서 새롭게 설정한 '맥락' 범주의 위상도 문제이다.[5] '맥락'이 내용 체계의 한 범주일 수 있는가에 대한 문제제기[6]가 이미 있었다. 그것은 '수용·생산의 주체', '사회·문화적 맥락', '문학사적 맥락'을 포함하는 '맥락' 범주는 학습해야 할 내용적 실체를 가진 것이 아니기 때문이다. 이런 관점에서 보면, 학습해야 할 내용적 실체적 내용을 가진 것은 '지식'밖에 없다. 작품을 수용하고 생산하는 '기능' 또한

---

4) 특정 지식이 아닌 읽기와 쓰기를 통한 학생들의 언어적 사고 계발하는 문식성 수업은 지식이 아닌 지적 기능 지도를 본질로 한다(노명완·이차숙, 『문식성 연구』, 박이정, 2002, 136~137). 문식성 수업은 문학교육에도 시사하는 바 크다.

5) 개정 교육과정에서 중요 특징으로 강조하는 '맥락' 교육에 관한 논의로는 김재봉의 「2007 개정 국어과 교육과정과 맥락의 수용문제(『새국어교육』 77, 한국국어교육학회, 2007), 임천택의 「새 국어과 교육과정의 내용 선정 범주 '맥락'의 현상 소통 방안」 (『청람어문교육』 36, 청람어문교육학회, 2007), 진선희의 「개정 교육과정(2007) 국어과 교육내용 <맥락>의 교재화 방향」(『학습자중심교과교육연구』 7-2, 학습자중심교과교육학회, 2007), 선주원의 「사회·문화 맥락을 반영한 문학교육 지향」(『문학교육학』 22, 한국문학교육학회, 2007), 최인자의 「문학 독서의 사회·문화적 모델과 '맥락' 중심 문학교육의 원리」(『문학교육학』 25, 한국문학교육학회, 2008)을 참고할 수 있다. 앞의 세 논문에서는 맥락을 재개념화했으나, 맥락의 개념이 제각각이다.

6) 염은열(2009 : 215)은 맥락 범주 설정의 타당성에 관한 박종훈의 논의(「지식 중심의 국어교육 내용 범주 설정 시론」, 『국어교육』 117, 국어교육학회, 2005)를 소개하고 맥락이 기능이나 실제와 분리되어 교육 내용으로 설정될 수 있는가 하는 의문을 제기하였다.

학습자의 수행적 능력으로서의 성격을 갖기 때문이다. 그러므로 우리는 맥락을 고려하면서 수용과 생산이 이루어지도록 한다는 차원에서 '맥락' 범주를 이해해야 할 것이다. '맥락'이 '지식', '기능'과 나란히 놓이지 않고 그 아래에 놓인 것은 이런 측면에서 이해할 일이다. 즉, '맥락' 그 자체는 지식 습득의 대상이 아니라 문학 지식의 습득 및 텍스트의 수용과 생산에 어떻게 활용할 것 인가의 관점에서 접근해야 한다.

개정 교육과정의 '내용 체계'와 더불어 문학교육의 현실도 되돌아볼 필요가 있다. 그것은 우리 문학교육의 현실은 문학교육의 목표 실현과는 너무 동떨어져 있기 때문이다. 중·고학생들은 문학을 교과 성적이나 상급 학교 진학을 위해 어쩔 수 없이 배워야 하는 고역으로 여기고 이와 무관한 작품은 거의 읽지 않는다. 고전문학에 이르면 독자와의 거리는 더욱 멀어진다. 평소 고전문학 작품을 찾아 즐겨 읽는다는 학생은 아마도 거의 없을 것이다. 고전문학에 대한 학생들의 인식을 몇 마디로 요약하자면 '무슨 말인지 모르겠다.', '화자의 정서나 태도, 주인공의 행위나 심리를 이해할 수 없다.', '그것이 나와 무슨 관계가 있느냐?'이다. 이러한 반응은 고전문학의 특수성에서 비롯된 면도 있지만, 고전문학 교육을 잘못해 온 탓이 크다. 그 중심에 정전(正典)의 일방적 주입 방식과 역사·실증주의적 접근에 치중해 온 문학교육의 과거가 자리하고 있다. 학생은 상급 학교 진학이라는 지상 과제 속에서 정전의 권위와 교사의 일방적 지식 전달에 압도되어 학습 주체로서의 위치를 상실해 온 것이다. 이러한 현상은 학교급과 학년이 높아질수록 심화된다.

교사의 측면에서 보더라도 마찬가지이다. 교육과정을 읽고 이해한 바탕 위에서 교과서를 범례(範例)로 삼아 문학교육을 하는 현장 교사들은 극히 드물다. 이를 단적으로 보여주는 사례가 고전소설의 특징에 관한 지식을 무비판적으로 가르치고 수용하고 있는 현실이다. 권선징악의 주제, 천편일률적 구성, 우연적·비현실적 사건 전개 등으로 요약되는 고전소설에 대한 왜곡이 아직도 일선 학교 현장에서 지식으로 전수된다는 것이다.[7] 고전소설에 대한 그릇된 인식도 문제이지만, 근거와 맥락이 생략된 채 기계적으로 암기되는 지식 전수 방식은 전혀 교육적이라 할 수 없다.

교육과정의 문제를 지적하고 교육 현실을 개탄하는 데서 그치는 것은 아무런 도움이 되지 않는다. 문학능력 신장이라는 목표를 실현시킬 수 있는 길을 찾는 것이 가치 있는 일이다. 이것은 '어떻게'의 문제이다. 교육과정의 '내용 체계'를 재조정 또는 재해석하여 우리의 논의를 생산적으로 만들어야 한다. 그렇다면 어떤 방법으로 문학 또는 고전문학의 교수·학습이 이루어져야 문학교육의 목표 실현이 가능할까가 핵심 과제로 등장한다.[8] 고전문학 교육 방법의 모색은 문학 또는 고전문학 교육

---

7) 서인석의 「고전산문 연구와 국어교육」(『고전소설 연구의 방향과 과제』, 2005, 43~45면)와 송성욱의 「고등학교 교과서 구성과 고전소설 교육의 문제점」(위의 책, 288~291)에서 이 문제를 짚었다. 포털 검색에서 검색어 '고전소설의 특징'을 입력하여 찾아보면 수많은 블로그와 웹문서, 카페, 심지어 전문정보라며 올라와 있는 자료 등에서 이를 확인할 수 있다. 뿐만 아니라 현직 국어 교사가 운영하는 인터넷 사이트에 접속해 보면, 고전소설의 특성이 대체로 위와 같이 정리되어 있다.
8) 박영주의 「고전문학 교육의 현실과 방향 정립」(『국어교육』 90, 한국국어교육연구학회, 1995), 심경호의 「한국 고전문학 교육의 현황과 과제」(『문학교육학』 6, 한국문학교육학회, 2000), 서종문의 「고전문학 교육의 과제와 전망」(『국어교육연구』 33, 국어교육학회, 2001), 서유경의 「고전문학 연구의 새로운 방향」(『국어교육연구』 123, 한국어교육학회, 2007)와 「고전문학교육의 실행 현황과 향후 과제」(『국어교육연구』 43, 국어교육학회, 2008) 등에서 고전문학 교육의 본질, 현황, 과제, 방향 등에 대해 점검하였다. 그러나 고전문학 교육 방법론에 대한 포괄적 접근은 김흥규, 「고전문학 이해의 역사적 원근법」(『대학의 문학교육』, 지식산업사, 1993) 이래로 끊어진 듯하다. 이것은 고전소설과 고전시가 차원으로 접근한 논문이 다수 있는 것으로 보아, 장르에 따른 방법론적 차이를 고려한 때문으로 보인다.

의 현실에 기초하여 우리가 기대하는 결과, 즉 문학교육의 목표가 학습자들에게 구현되도록 하는 일일 터이다. 그러므로 이 장에서는 문학교육의 본질과 현실에 기초하여 문학교육 전반이 가지고 있는 문제와 고전문학만이 가지고 있는 특수한 문제를 포괄하면서 방법론적 전제를 수립한 후, 문학교육의 목표를 실현할 수 있는 고전문학 교육의 방법론을 설계하기로 한다.

2. 방법론적 설계를 위한 전제

교육과정에서 문학교육의 목표를 문학능력의 신장으로 설정하고 있지만, 문학교육의 '내용 체계'가 이를 충분히 뒷받침하지 못하고 있다. 그러므로 이 논문에서는 '내용 체계'의 재해석·재설계를 통해 문제점을 보완하고 문학교육의 목표를 실현할 수 있는 고전문학 교육 방법론을 모색하기로 한다. 이 절에서는 앞 절을 바탕으로 방법론적 설계를 위한 전제를 마련하기로 한다.

문학능력의 신장을 위해서는 학습자의 사고를 활성화시키는 문학활동이 되도록 방법론적 설계가 이루어져야 한다. 우리는 학습자의 활동은 무성한데 배움이 일어나지 않는다는 지적이 있어 왔음을 알고 있다. 배움이 일어나지 않는 것은 목표를 명료화하지 않은 채 활동하는 것이 하나의 원인이고, 학습자의 활동은 사고 활동이라는 인식의 결여가 또 하나의 원인이 아닌가 한다. 필자가 여기서 주목하고자 하는 것은 사고 활동이다. 학습자의 머릿속 생각하기가 최대한 활성화되도록 하는 것은 문학교육 방법을 넘어 모든 교육 방법의 기본 전제이다. 문학교육의 경우 학습자의 사고 활동 활성화는 학습자의 문학활동, 즉 문학의 수용과 생산 활동을 통해 이루어져야 한다. 이를 위해서는 문학에 대해 가르칠 것이 아니라 문학하기를 가르쳐야 하고, 교수·학습 활동은 문학하기 활동이 되어야 한다. 학습자의 사고 활동 활성화 여부는 학습자의 말과 글 등 가시적 언어 형태로 드러냄으로써 가능하다.

이런 맥락에서 학습자의 활동중심 문학교육을 기반으로 하되, 활동의 핵심이 탐구 활동이어야 하고, 탐구 활동의 핵심은 사고 활동이어야 한다는 관점이 필요하다. 학습자는 문학현상에 대한 탐구 활동의 주체이며, 문학 텍스트의 의미를 재구성하는 주체이며, 문학 및 문학 관련 메타 텍스트 생산의 주체이다. 개정 교육과정이 추구하는 활동중심 문학교육이 학문중심 문학교육을 배제할 것이 아니라 핵심으로 삼아야 한다. 그리고 학습자의 문학활동은 '기능', 즉 문학의 '수용과 생산'을 중심으로 '지식'과 '맥락'을 통합하는 행위라야 한다. 이런 관점에 서면 교사는 학생의 탐구활동이 가능하도록 기획, 조언, 유도할 책무를 지니게 된다.

고전문학은 고전이라는 특수성과 문학이라는 보편성을 함께 갖고 있으므로, 이러한 양면성을 살리는 방법론을 설계해야 한다. 보편성과 특수성 어느 하나에만 초점을 두면 고전문학을 기형적인 문학으로 여기거나 질이 떨어지는 문학으로 폄훼하는 결과를 초래한다. 이것은 우리의 지나온 고전문학 교육에서 충분이 짐작할 수 있는 일이다. 고전문학의 특수성은 그것을 생산하고 수용하던 주체, 그것의 토대가 되는 사회·문화, 그리고 문학사적 전통 등 맥락의 차원에서 접근할 때 정확한 이해와 정당한 평가가 가능하다. 학습자는 학습자 동시대 문학 학습보다 고전문학 학습에서 맥락에 대한 정보를 더 필요로 한다. 그러나 맥락에 대한 지식 습득보다 지식 습득 과정이 중요하므로 맥락 정보에 문학 텍스트가 압도되지 않도록 해야 한다. 이를 위해서는 맥락에 대한 지식 습득보다 맥락의 활용 쪽에 무게를 두어 대상 텍스트를 맥락과 연관 짓는 능력의 신장을 핵심 과제로 삼아야 한다.

이를 위해 맥락에 대한 재개념화가 필요하다. 교육과학기술부(2008 : 12, 19)에서 '맥락'은 상황 맥락과 사회·문화적 맥락을 포함하는 것으로, "문학 영역은 생산과 수용의 주체, 사회·문화적 맥락, 문학사적 맥락을 포함한다."고 밝혔다. 그러나 이 글에서 '맥락'은 '상황'과 대비되는 개념으로 사용한다. 즉, '상황'이 텍스트 내부로부터 '읽어낼 수 있는' 정보라면, '맥락'은 텍스트 외부로부터 '주어지거나 찾은' 정보이다. 그러므로 '상황'과 관련된 문학능력은 학습자가 텍스트 내부로부터 작품 내적 상황을 파악하는 능력이고, '맥락'과 관련된 문학능력은 텍스트 외부로부터 주어지거나 찾은 정보를 텍스트와 관련짓는 능력이다. 이것은 교수·학습에서 맥락 정보 자체를 아는 것보다 텍스트의 생산과 수용의 전 과정에 관여하는 맥락을 텍스트와 관련짓는 능력, 그러한 맥락을 활용하는 능력에 초점을 두어야 함을 뜻한다.

고전문학 교육이 문학교육 목표의 한 축인 학습자의 주체적이고 인간다운 삶에 기여할 수 있을 때 고전문학의 생명력이 강화된다. 그러기 위해서는 고전문학은 정전이자 범례[9]이며 자료라는 관점과 '지금 여기', '나(우리)'와 결부될 수 있어야 한다는 관점이 필요하다. 이것은 고전문학을 다른 영역 교수·학습 활동을 위해 활용할 수 있음과 고전문학을 학습자의 맥락으로 이해해야 함을 의미한다. 이런 관점이 고전에 대한

---

9) 우한용 외(2009 : 42)는 교과서에 실린 문학작품을 '정전(正典)'이 아닌 '범례(範例)'로 보자는 견해를 밝혔다. 그러나 어느 하나의 관점으로 제한할 일이 아니다. 필자는 고전문학 교육의 단계에 따라 관점을 달리해야 한다고 본다.

모독이 아니라 오히려 고전에 생명력을 부여하여 현재적 향유와 미래적 전승 가치를 높이는 일이다. 이에 김흥규(1993)가 제안한 역사적 원근법을 발전적으로 계승할 필요가 있다. 그는 고전문학을 오늘날의 우리가 고전문학을 그 당대의 관점으로 환원하여 이해해야 함을 역설했다. 그러나 그는 고전을 고전으로 보는 고답적 관점에 머물러 있다. 고전을 오늘날 되살아나게 하기 위해서는 당대의 관점뿐만 아니라 고전문학이 오늘날 '나(우리)'에게 무엇인가를 찾는 방향으로 교수·학습 방법을 마련해야 한다. 고전문학에 생명을 불어넣는 활동은 고전문학이 변형과 재생산의 대상이 될 수 있을 때 실현될 수 있다.

이상의 전제는 고전문학 교육에서 교수·학습의 단계화가 필요함을 시사한다. 즉, 고전문학 자체의의 특수성과 보편성, 고전문학 텍스트에 대한 교재관의 다양성, 문학교육 내용으로서의 문학현상의 다양성 등으로 인해 교수·학습의 선후를 구분해야 할 필요가 있다. 최인자(2008)는 맥락 중심 독서 교육 원리로 맥락화, 수용 맥락 탐구, 맥락간 대화, 맥락 변형을 제시한바, 필자는 문학 영역 '내용 체계'의 모든 범주를 포괄하면서 고전문학 교육의 단계화 방법을 마련하기로 한다.

3. 고전문학 교육의 방법론적 설계

(1) 1단계 : 구조론적 이해

문학교육의 의사소통 현장을 구성하는 세 변인은 교수 주체인 교사와 학습 주체인 학생, 학습 대상인 문학현상이다. 문학교육은 문학 텍스트를 매개로 교수 주체와 학습 주체의 상호작용을 통해 이루어진다는 점에서, 문학 텍스트가 문학교육의 중심에 놓인다. 학습자는 교사가 기획한 수업 전략에 따라 자신의 선지식(先知識) 또는 배경지식을 토대로 문학 텍스트의 의미를 재구성하게 된다. 교사는 학습자가 문학 텍스트에 대해 근거와 논리를 갖추어 설명할 수 있으면 해석의 하나로 인정해 주어야 한다. 그러나 문학교육에서 해석의 다양성은 인정하되 더 옳은 해석이 있다는 관점이 필요하다. 더 옳은 해석이 있다는 것은 문학 텍스트의 의미가 확정되어 있지는 않지만 해석의 공동체가 진리에 더 가깝다고 인정하는 해석이 있다는 것이다. 그러므로 문학교육에서 학습자가 문학 텍스트의 의미를 논리화해내는 능력을 요구하며, 해석의 타당성은 공동체적 수용에서 찾아야 할 것이다.

문학교육의 핵심이 문학 텍스트를 중심으로 한 학습자의 문학활동이라면 교수·학습은 문학 텍스트의 내적 논리를 해명하는 데서 출발해야 한다. 이를 위해서는 구조론적 이해 방법이 적절하다. 여기서 말하는 구조론적 이해 방법은 텍스트 그 자체를 교수·학습의 중심 대상으로 삼아 부분과 부분, 부분과 전체의 관계 속에서 텍스트를 이해하는 방법 정도로 규정한다. 구조론적 이해 방법은 과거 형식주의적 방법과 문헌학적 실증주의 방법이 문학 텍스트를 이중으로 해체해 버리는 잘못을 시정할 수 있다.[10] 즉, 시의 경우 운율, 심상 등으로, 소설의 경우 구성, 인물 등으로 텍스트를 해체하여 이해하는 방식과 작품 외적 세계에 대한 정보에 압도되어 정작 문학 작품 자체를 소홀히 다루거나 작품 외적

---

10) 김일렬은 교사가 갖추어야 할 안목으로 구조론적 이해를 제안하고 있는데(『문학의 본질』, 새문사, 2006, 231면), 텍스트의 구조론적 이해는 학습자에게도 요구되는 능력이다.

세계를 텍스트에 우선하는 준거로 삼는 잘못을 시정하자는 것이다. 이처럼 문학 텍스트의 구조론적 이해는 문학 텍스트를 부분과 부분, 부분과 전체의 대립적 총체라는 기본 관점에서 문학 텍스트 자체의 논리를 중심으로 문학 텍스트를 가능한 통합적으로 이해하고자 하는 것이다.

문학 텍스트에서 구조적 대립의 핵심은 인식과 행위의 주체인 자아와 그 대상인 세계의 대립이다. 그러므로 문학 텍스트에서 자아와 세계가 누구(무엇)이며 이들의 대립 또는 갈등의 원인이 무엇이고 어떻게 변하며 어떤 결과로 나타나는가를 파악하는 것이 구조론적 이해의 중심 과제가 된다. 서정시라면 화자가 누구이며, 어떤 상황이나 처지에 놓여 있는가 등 시적 상황을 파악하는 것이 작품 이해의 출발이다. 나아가 이런 시적 상황이 서정의 본질인 '세계의 자아화'를 통해 심화 또는 해소·극복되는 양상에 주목해야 한다. 소설이라면 누가 보고 누가 말하는가, 자아와 세계의 갈등의 원인, 전개 과정, 결과 등을 중심으로 파악해야 한다. 개정 교육과정 성취기준 가운데 7학년 "문학 작품에 드러난 인물의 심리 상태와 갈등의 해결 과정을 파악한다."(교육인적자원부, 2007 : 47), "문학 작품의 전체적인 정서와 분위기를 파악한다."(교육인적자원부, 2007 : 47)와 8학년 "문학 작품의 세계가 누구의 눈을 통해 전달되는지 파악한다."(교육인적자원부, 2007 : 53)는 구조론적 이해에 초점을 둔 것이다.

이 단계에서 텍스트 생산과 수용의 주체, 기록 또는 반영으로서의 사회·문화, 문학사 등 맥락은 고려 대상이 아니다.11) 반영이론과 관련된

---

11) 고전문학에 대한 학습자 인식 가운데 '무슨 말인지 모르겠다.'는 문제는 1단계 이전에 선결되어야 할 부분이고 이를 위한 활동도 필요하므로 구조론적 이해 이전 단계로 설정할 수 있다. 그러나 중학교 수준에서 이를 요구하는 것은 무리이므로 텍스트 자체를 "작품의 정조나 분위기를 살려서 현대적인 어휘로 되살리는"(임치균, 2005 : 75) 방향으로 싣는 것이 바람직하다. 본고는 중·고등학교를 포괄하는 차원

7학년의 "역사적 상황이 문학작품에 어떻게 나타나는지 이해한다."(교육인적자원부, 2007 : 47)는 성취기준 또한 역사적 상황의 문학적 형상화에 대한 이해, 즉 구조론적 이해가 선행되어야 할 것이다. 9학년의 "문학작품에 나타난 사회·문화적 상황과 관련지어 창작 동기와 의도를 파악한다."(교육인적자원부, 2007 : 59)는 성취기준도 문학 텍스트 내부에서 파악할 수 있는 정보를 바탕으로 문학 텍스트 외부의 정보를 추론하는 방법으로 접근해야 한다. 고대가요, 향가, 고려속요 등 고전시가를 가르칠 때 배경 기사를 작품에 앞서 제공하는 것은 온당한 방법이 아니다.

황진이(黃眞伊)의 시조 "冬至쫄 기나긴 밤을 한 허리를 버혀 내여/ 春風 니블 아레 서리서리 너헛다가/ 어론님 오신날 밤이여든 구뷔구뷔 펴리라"(김대행 역주, 1993 : 112)에서 자아인 화자가 동짓달 긴 밤에 외로이 세계인 임(어론님)을 기다리는 상황임을 파악하는 것이 작품 이해의 출발이다. 화자가 짧았으면 하는 동짓달 긴 밤과 짧게만 느껴질 임과 함께하는 밤도 세계이다. 물론 임이 아니라면 동짓달 밤이 길든 임 오신 날 밤이 짧든 문제가 되지 않으므로 자아와 대립하는 세계의 중심은 임이다. 자아는 자신과 대립하는 세계를 자신이 소망하는 방향으로 바꾸는 '세계의 자아화' — 임이 오지 않는 동짓달 긴 밤을 잘라두었다가 임이 오시는 날 짧은 밤에다 이어붙이는 것, 세계의 형편이나 사정은 고려하지 않고 자아가 일방적·주관적으로 믿고 싶은 대로 믿어 버리는 것 등 — 를 통해 현재의 기다림과 외로움의 정서와 이를 극복하려는 태도를 텍스트 그 자체로 파악해야 한다.

이정환(李廷煥)의 <비가십수(悲歌十首)> 중 "九重 달 발근 밤의 聖慮 일

에서 논의하므로 이 단계는 논의에서 일단 배제하였다.

정 만흐려니/ 異域 風霜에 鶴駕인들 이즐소냐/ 이 박에 억만 창생을 못내 분별ᄒ시는다"(박을수 역주, 1995 : 94)를 보자. 중장은 문장 구조상 이역에서 풍상을 겪고 있는 주체는 임금이다. 그러나 초장에 임금은 구중에 있다 하였으므로 이역에서 풍상을 겪고 있는 주체를 세자로 보아야 한다. 초장에 의해 중장의 문장 구조가 교정되는 것이다. 그리하여 텍스트 그 자체로 화자가 대궐에 계시는 임금이 이국땅에 있는 세자와 조선의 만 백성에 대한 염려 등 이러저런 근심이 많을 것이라고 짐작하는 상황임을 파악할 수 있다. 나아가 화자는 임금과 떨어져 대면할 수 없는 처지에서 임금을 염려하고 있음을 짐작할 수 있다. 이처럼 텍스트의 부분과 부분의 관계망 속에서 텍스트 그 자체로 접근하는 것이 구론적으로 이해이고, 이것이 문학 텍스트 이해의 첫 단계이다.

학교 현장에서 <춘향전>의 주제가 무엇인가에 대해 학계의 연구[12] 성과를 받아들여 정절, 신분 해방, 사랑 등으로 가르치다가, 근래에는 열녀의 교훈이 표면적 주제이고 인간 해방이 이면적 주제인데 이면적 주제가 참주제라고 가르치고 있다. 그러나 <춘향전>을 구조론적으로 이해할 때 이들을 통합적으로 관련지을 수 있다. <춘향전>은 인간답게 살고자 하는 춘향과 그러한 삶을 제약하는 사회와의 갈등을 형상화하고 있다. 춘향은 기생의 삶은 인간다운 삶이 아니라고 생각하므로 기생이기를 강요하는 세계에 저항할 수밖에 없다. 그래서 춘향은 자신을 기생으로 보고 접근하면 그가 변학도든 이몽룡이든 저항한다. 이몽룡이 춘향을 두고 떠나는 일은 춘향에게 기생이기를 강요하는 일이기에 춘향은 발악에 가까운 저항을 했다. 정절은 기생이기를 강요하는 세계에 저항

---

12) <춘향전>의 주제에 대한 정리는 김일렬(2001 : 332~331) 참고.

하기 위해 세계의 가치관으로 자신을 방어하는 논리이며, 사랑은 춘향에게 있어 인간다운 삶의 핵심이다. 그러므로 <춘향전>은 궁극적으로 사랑의 성취를 통해 인간다운 삶, 인간 해방을 추구하는 주제를 형상화함으로써 나머지 문제들이 통합되어 있다고 할 수 있다. 이처럼 구조론적으로 접근할 때 작품을 부분으로 해체해서 이해하는 오류를 극복하고 작품을 전체적으로 볼 수 있다.

문학 텍스트의 구조론적 접근은 맥락을 제거하고 텍스트를 고립화한다거나 정의(情意) 교육을 소홀히 한다고 비판할지 모른다. 그러나 구조론적 이해는 문학 텍스트 그 자체를 부분들의 관계망 속에서 통합적으로 이해하는 데서 출발하자는 것이다. 학습자의 선지식조차도 문학 텍스트 그 자체에 근거할 때만 활성화되고 의미가 있다. 맥락에 관한 학습자의 선지식은 문학 텍스트와 소통하는 가운데 수정되거나 확장되어야 할 것이다. 한편, 정의 교육은 인지 교육이 활성화될 때 고양된다. 작품의 이해는 인지적 반응과 정서적 반응이 상호작용하면서 고양되는데, 문학 텍스트를 인지하면서 그에 따른 정서적 반응이 일어나게 되므로 인지적 반응이 정서적 반응보다 먼저 이루어진다. 그런데 인지적 반응과 정서적 반응은 상호 교류하면서 상승작용을 일으킨다. 즉, 텍스트에 대한 인지는 정서를 환기하고, 환기된 정서는 다시 텍스트에 대한 인지를 추동시키는 동력이 되고, 심화된 인지는 더욱 강렬한 정서적 반응을 불러오게 되는 것이다. 그러므로 문학 텍스트 읽기는 인지－정서의 교호작용이 되풀이되면서 상승작용이 일어나는 과정이라 할 수 있다. 형상의 아름다움을 통해 진실을 인식을 때 문학이 주는 울림이 크다.[13]

---

13) "한 덩어리가 되어 있는 진실과 형상의 복합체에 강한 감동을 느낀다."(김일렬, 2006 : 34)는 말을 달리 표현한 것이다.

(2) 2단계 : 맥락적 이해

문학 텍스트의 구조론적 이해만으로 학습자의 문학 텍스트 이해가 완결되었다고 할 수 없다. 문학 텍스트의 의미는 맥락에 의해 결정되기 때문이다. 그리하여 고전문학 교육의 두 번째 단계는 문학 텍스트와 관련된 맥락들 속에서 문학 텍스트를 이해하는 것이다. 구조론적 이해가 문학현상 가운데 문학 텍스트 그 자체에 주목한 것이라면, 맥락적 이해는 문학 텍스트의 생산자인 작가와 소비자인 그 시대의 독자, 문학 텍스트가 반영하는 현실과 관련하여 문학 텍스트를 이해하려는 것이다. 문학 텍스트와 관련된 맥락은 개정 교육과정 '내용 체계'에서 제시한 바와 같이 생산과 수용의 주체와 관련된 맥락, 사회·문화적 맥락, 문학사적 맥락을 포괄한다. 고전문학의 경우 작가가 특칭될 수 없는 경우가 많은데, 이 경우 작자층과 독자층의 맥락을 고려할 수 있다. 문학사적 맥락은 텍스트상호성 차원에서 접근할 수 있다. 사회·문화적 맥락은 맥락 읽기의 중심을 이룬다.[14]

고전문학은 동시대 문학 또는 현대문학에 비해 상대적으로 문식성(文識性)이 떨어진다.[15] 그것은 언어와 표현의 차원을 포함하여 문학 텍스트를 낳은 시대의 사회·문화적 맥락에 대한 정보를 더 요구하기 때문

---

14) 사회·문화적 맥락은 반영이론과 관련된다. 류덕제(2007 : 118~124)는 개정 교육과정 문학 영역의 성취기준에 대해 문학이론별 분포도를 조사한 결과 반영이론 비중이 현저히 낮음을 확인하였다. 그는 이것이 리얼리즘적 시각의 작품이 배제되는 결과를 초래할 가능성을 제기하고, 사회·역사적 상황을 고려한 수용과 창작 활동이 제약받지 않아야 함을 주장했다.

15) 텍스트에 관한 서지적 이해·판단, 텍스트 언어의 해독, 장르적 관습·정치·특성의 이해, 작품과 관련된 사회적 문화적 요인, 환경 및 작자에 관한 이해 등은 현대문학의 경우 생략되거나 투명하게 받아들여지거나, 간략하게 처리된다(김흥규, 1993 : 179~180).

이다. 앞서 말한 바와 같이 '맥락' 범주와 관련된 문학능력은 맥락에 대한 지식이 아니라 문학 텍스트와 그 관련 맥락을 연관 짓는 능력이다. 그러므로 학습자가 스스로 맥락을 찾아 문학 텍스트와 연관 짓는 능력을 길러주는 교수·학습이 이루어져야 한다. 이렇게 하는 과정에서 맥락에 관한 지식을 넓혀나갈 수 있다. 이상적인 것은 골드만(L. Goldman)처럼 문학 텍스트와 맥락의 구조적 연관성을 찾는 데까지 이르는 것이다.

문학교육에서 맥락 활용을 단계화하는 것이 바람직하다. 맥락을 활용하기 이전에 문학 텍스트를 통해 맥락을 유추하도록 하는 교수·학습 활동을 선행할 수 있다.16) 이것은 문학 텍스트를 작품 외적 세계의 기록으로 이해하는 것이다.17) 다음 단계는 학생 스스로 텍스트 관련 맥락을 찾아 연관 짓게 하는 것이다. 끝으로 교사가 맥락을 제공하고 활동 과제를 제시할 수 있다. 순서를 이렇게 잡은 것은 학생의 주체적 활동을 먼저 하고 교사의 자료 제공을 통해 활동의 밀도를 높이는 것이 수업의 흐름상 적절하기 때문이다. 여기서 주의할 것은 교사가 사회·문화적 맥락에 관한 지식을 전달하는 것이 아니라 맥락을 조절하고 통제하는 역할을 한다는 점이다. 이 말은 필요에 따라 교사가 문학 텍스트 관련 맥락을 의도적으로 조작할 수도 있다는 말이다. 이때는 지식으로서의 맥락 습득은 무의미하므로 교사는 학습자에게 가정된 맥락임을 전제해야 한다. 학습자는 문학 텍스트와 맥락을 연관 짓는 활동을 수행하는 과정에서 맥락에 따라 문학 텍스트가 다르게 해석될 수 있음을 알게 될

---

16) 기존의 이념이나 가치에 반하는 작품도 사회·문화적 맥락에서 이해 가능하다. 김대행 외(2000 : 265) 참고.
17) "작품은 일차적으로 작품 외적 세계에 대한 기록의 성격을 갖는다."(김대행 외, 2000 : 250)고 할 수 있다.

것이다.18) 이것은 2단계에서 학습자에게 주어지는 맥락을 조절함으로써 다양한 읽기를 유도할 수 있음을 의미한다. 학습자는 주어진 맥락 가운데 필요한 것을 선택하고 문학 텍스트와 관련지어 문학 텍스트를 이해하는 활동을 통해 문학능력을 신장시킬 수 있다. 교사에 의한 맥락 활용 활동 후, 교사가 다른 텍스트를 통해 맥락을 활용할 수 있는 활동이나 과제를 제시하면 학생 스스로 관련 맥락을 찾아 연관 짓는 능력을 신장시킬 수 있다.

맥락이 주어지면 1단계의 구조론적 이해가 구체화되고 세련될 수 있으며 텍스트의 의미가 절실해진다. 임제(林悌)의 시조 "北天이 묽다커를 우장 업시 길을 나니/ 산의는 눈이 오고 들에는 챤 비 온다/ 오늘은 챤 비 마즈시니 얼어 줄가 ᄒ노라"(김대행 역주, 1993 : 232)를 이해할 때 생산과 수용의 맥락이 주어졌을 때와 그렇지 않을 때, 또는 맥락을 알고 있을 때와 모르고 있을 때, 텍스트에 대한 이해의 정확성과 깊이는 크게 달라질 수 있다.19) 홍낭(洪娘)의 시조 "묏버들 갈히 것거 보내노라 님의 손디/ 자시는 窓향 밧긔 심거 두고 보쇼셔/ 밤비예 새 닙곳 나거든 날인가도 너기쇼셔"(김대행 역주, 1993 : 398)에서 '묏버들'과 관련한 문화적 맥락, 즉 버들[柳]이 사랑의 다짐과 떠남의 만류(정민, 1996 : 91)를 의미하

---

18) 필자는 오래전에 우리나라에 방영된 미국 텔레비전 시리즈물 '하버드 대학의 공부벌레들'에서 킹스필드 교수의 교수 방식을 인상 깊게 본 적이 있었다. 거기서 킹스필드는 판례 중심 수업을 하고 있었는데, 사건과 관련된 조건(변인)을 달리할 때 판결이 어떻게 달라지며 그 이유가 무엇인지를 거듭되는 질문을 던짐으로써 학생들을 훈련시키고 있었다. 맥락적 이해 단계에서 문학 교사도 맥락을 문학 텍스트 이해의 변인으로 활용해 학생들을 훈련시키면서 문학능력을 신장시킬 수 있다.

19) 고전시가는 현대시에 비해 맥락 의존성이 매우 크다. 시간적 상거(相距)에 기인한 바도 있겠으나, 조선시대의 그것은 한문문명권과 유교문화라는 중세사회의 동질성에 기반하고 있다는 것과 정형화된 문학적 관습에 기인한 것으로 판단할 수 있다.

는 맥락을 이해하면 텍스트에 대한 이해가 깊어질 수 있다. 고대가요나 향가, 고려속요의 배경 기사는 문학 텍스트 이해의 맥락으로 활용할 수 있다.

때로는 맥락이 주어졌을 때 1단계 읽기가 수정되어야 할 수도 있다. 그러나 1단계 읽기가 수정된다는 것이 1단계 읽기가 잘못되었다는 것은 아니다. 왜냐하면 주어진 텍스트와 학습자의 선지식만 활용할 수 있는 조건 하에서 최선의 읽기를 수행한 것이기 때문이다. 그러므로 1단계 읽기는 그것대로 가치가 있고, 학습자의 문학능력 신장에 기여하였다. 역으로 2단계에서 맥락 읽기를 먼저 한 후 맥락을 제거하고 1단계 방식으로 읽으라고 하면 1단계의 읽기가 진리에 가까운 읽기가 된다.

문학 텍스트의 구조론적 이해와 맥락이 충돌할 때 어떻게 처리할 것인가는 경우에 따라 달라질 수 있다. 즉, 맥락 우선이 의도의 오류(intentional fallacy)나 영향의 오류(affective fallacy)가 될 혐의가 짙다면 텍스트가 우선이다. 그러나 맥락이 텍스트 자체로 명료하지 못한 것을 명료하게 하는 차원이라면 맥락이 텍스트를 교정할 수 있다. 맥락이 텍스트 해석의 전제 조건으로 주어진다면 맥락 우선이다. 문학능력 신장을 목표로 하는 문학교육의 차원에서 보면 배경지식으로서의 맥락과 조작적 활용으로서의 맥락 모두 의미가 있다. 두 방식 모두 문학 교수·학습에서 학습자의 문학능력을 신장시킬 수 있기 때문이다.[20]

맥락 정보를 활용한 여백 메우기를 이 단계의 활동으로 예시할 수 있다. 이것은 맥락 정보 없이 텍스트 그 자체에서 상상력을 발휘하여 여백

---

20) 이렇게 하는 과정에서 맥락에 관한 정보는 학습자의 배경지식이 되므로 배경지식도 넓혀 나갈 수 있다. 그러나 배경지식의 확충은 부수적인 것이고, 교수·학습의 초점은 어디까지나 맥락을 활용한 텍스트 해석 능력, 즉 문학능력 신장에 있다.

을 메우는 것보다 낮은 수준의 활동이 될 것이다. 공시적 텍스트상호성의 관점에서 접근하는 일도 맥락적 이해 방법으로 활용될 수 있다. 텍스트상호성이 있는 문학 텍스트 가운데 같은 작가의 다른 작품, 동시대 다른 작가의 작품, 동일 장르의 다른 작품 등 본 텍스트와 사회·문화적 맥락을 같이 하면서 상호 충돌·조응하는 텍스트를 문학사적 맥락으로 활용하여 본 텍스트를 이해하게 할 수 있다. 여백을 메우는 데 상호텍스트를 활용할 수도 있다. 앞서 든 홍낭의 시조와 관련하여, 헤어질 때 버들가지를 건네는 작품, 남녀가 이별할 때 물건을 주고받는 작품, 기녀의 사랑을 다룬 작품 등 상호텍스트 맥락 속에서 본 텍스트를 이해하게 할 수 있다. 교사는 통합 교과형 논술처럼 비문학 텍스트나 텍스트상호성이 있는 문학 텍스트 및 메타 텍스트를 활용하여 주어진 문학 텍스트를 이해하게 할 수도 있다. 텍스트상호성을 활용한 문학교육은 개별 문학 텍스트에 묶여 나무만 보고 숲은 보지 못한다는 문제를 보완할 수 있다. 이 단계에서 초점은 본 텍스트의 이해에 텍스트상호성이 있는 텍스트를 맥락으로 활용한다는 데 있다. 무게중심이 달라지거나 초점이 본 텍스트를 벗어나면 다음 단계로 넘어가게 된다.

(3) 3단계 : 주체적 이해

'지금 여기' '나(우리)'의 문제보다 관심을 끄는 대상은 없다. 그러므로 '그때 거기' '그(들)'이 안고 있는 문제가 '지금 여기' '나(우리)'의 문제와 관련된다면 그 관심은 증폭될 것이다. 고전문학의 주체적 이해는 시공이 달라 사회·문화적 맥락을 달리하는 타자의 삶을 나의 삶과 연관 짓는 일이다. 물론 모든 문학은 타자에 대한 이해이지만, 이 단계에서는 맥락에 의해 완성된 의미를 현재적 관점에서 투사하여 재해석한다. 학습자 동시대 시대의 문학과 견주어 고전문학은 상대적으로 단순한 세계상을 반영하고 있고 그 시대의 성격이 비교적 명확하게 규명되어 있다. 또한 고전문학은 과거에 대한 이해와 더불어 '지금 여기', '나(우리)'에 대한 통시적 조망을 가능하게 해 준다. 그러므로 과거와 현재의 통시적 대비를 통해 현재의 위상과 좌표를 대자적(對自的)으로 성찰할 수 있기 때문에 고전문학은 오늘날 문학 이해와 나(우리)의 삶 이해에 도움을 줄 수 있다.

문학 텍스트의 빈자리를 메우는 '여백 메우기'를 통한 공감적 타자 이해 방식이 고전문학 교육에 활용될 수 있다. 그러나 이 방식은 학습자가 '그때 거기', '그(들)'의 입장이 되어야 하므로 '지금 여기', '나(우리)'를 벗어나야 한다. <심청전>의 인신공희(人身供犧)를 그 시대 사회·문화적 맥락에서 이해는 할 수 있지만 오늘날 '나(우리)'와는 동떨어져 있고, 아버지의 눈을 뜨게 하기 위해 몸을 팔아 바다에 뛰어드는 심청의 심정을 심청의 입장이 되어 공감해 볼 수는 있겠으나 절실함이 묻어날 수 있을지 의심스럽다. 그래서 '그때 거기', '그(들)'의 삶을 '지금 여기', '나(우리)'의 삶과 무슨 관계가 있는가를 따져 현재적 의미를 찾아야 하다.

그렇다면 고전문학의 '그때 거기', '그(들)'을 '지금 여기'의 학습자와 연관 짓는 방법은 무엇인가? 사실 현대문학만 하더라도, 예컨대 일제 시대 문학도 현재의 학습자에게 사회·문화적 맥락이 낯설기는 마찬가지이다. 친숙도는 학습 주체와 학습 대상의 시간적 거리보다도 문학이 다루고 있는 문제와 관련이 깊으므로 고전문학과 오늘날 문학의 공통점, 즉 문학의 보편성 측면에서 연결고리를 찾을 수 있다. 여기서 우리는 문학교육의 목표가 인간다운 삶의 문제와 관련됨을 상기할 필요가 있다. 즉 고전문학은, 문학 일반이 그러하듯이 인간다운 삶을 지향하고 그러한 삶이 훼손되는 것에 대해 문제를 제기하는 글이라는 측면에서 접근할 수 있다.

문학이 제기하는 문제는 인간과 사회와 자연에 관한 것이지만, 어느 것이나 궁극적으로는 인간 및 인간의 삶과 관련된다. 시공에 따라 삶의 양태나 이념에 차이가 있을 터이지만, 생로병사의 유한한 삶을 사는 동안 희로애락을 경험하는 것은 시공을 초월한 보편적 삶의 모습이고,[21] 문학은 이러한 인간과 삶에 관한 문제의식을 갖고 문제를 제기하는 글이다. 문학이 문제를 제기하는 까닭은 그것이 바람직한데 현실에서 결여되어 있기 때문이다. 이것을 인식하는 것이 문제의식이다. 인간은 누구나 인간다운 삶을 원하고, 문학은 이러한 인간다운 삶을 긍정하고 옹호한다. 그래서 문학은 인간다운 삶이 훼손되면 그에 대해 문제를 제기한다. 이처럼 주체적 이해는 문학이 다루는 문제가 갖는 보편성의 기반 위에서 고전문학을 학습자의 삶과 연관 지어 이해하는 일이다.

<홍길동전>에서 홍길동은 적서차별을 부당한 것으로 인식하고 이에 문제를 제기한다. 오늘날 <홍길동전>에서 홍길동이 받았던 적서차별은 문제로서 가치를 상실하였다. 그러나 오늘날에도 차별은 존재한다. 빈부에 따른 차별이 있고, 정규직과 비정규직에 대한 차별이 있고, 외국인 노동자에 대한 차별이 있다. 차별의 구체적 형태는 다르지만 어느 시대 어느 곳에나 크고 작은 차별이 존재한다는 것은 틀림없는 사실이다. 가

---

21) 개정 교육과정 10학년 문학 영역의 "인간의 보편적 삶의 조건에 비추어 문학 작품을 이해한다."(교육인적자원부, 2007 : 65)는 성취기준은 문학의 이러한 보편성에 기반한 것이다.

정이나 학교에서 공부를 못한다는 이유로 차별을 당했다고 하자. '그래 난 공부 못하니까 차별 당해도 싸.'라고 생각라면 문제를 문제로 인식하지 못하는 것이다. 그러나 공부 못한다는 이유로 사람을 차별하는 것은 부당하며, 부당한 차별은 인간다운 삶을 훼손하는 것임을 인식하면 문제의식을 갖게 되는 것이며, 문제의식을 갖게 되면 문제를 제기할 수 있다. 학습자가 <홍길동전>을 읽고 자기 주변의 차별의 문제를 인식하거나 부당한 차별에 대해서는 문제를 제기하고 맞서야 한다고 인식하면, <홍길동전>이 제기하는 문제는 오늘날의 나(우리)의 문제가 되고 <홍길동전>은 오늘날의 삶에 답하는 살아 있는 고전이 된다. <춘향전>에서 우리는 자기가 사랑하는 사람과 행복을 누리고 싶은 소망을 읽을 수 있다. 오늘날 우리는 그렇지 않은가? 수많은 고전시가는 이별을 제재로 한다. 거기에서 화자는 이별에 임하는 태도나 정서를 드러낸다. 오늘날 우리는 이별 없이 사는가? 우리가 이별에 임하는 태도나 자세가 어떠한가? 영화나 드라마 대부분이 이런 문제에서 자유롭지 않은 것도 인간 삶의 보편성 때문이다. 이처럼 보편성을 기반으로 고전문학과 '나(우리)'를 대비한다면 고전문학이 오늘날 우리의 문제와 관련되고 오늘날 우리의 삶에 답하는 살아 있는 고전이 될 수 있다.

 이 단계에서 통시적 텍스트상호성을 활용할 수 있다. '나(우리)'의 문제를 동시대 문학이나 청소년 문학에서 발견할 수 있으므로 문제 중심적 접근이 가능하다. 문제 중심적 접근은 영향 관계를 떠나서도 대비할 수 있는 장점이 있다. 예컨대, 차별의 문제를 중심으로 <홍길동전>과 영화 <반두비>(2009)를 다룰 수 있는 것이다. 2단계에서 학습의 무게중심이 고전문학에 놓여 있었지만, 통시적 텍스트상호성 활용에서는 고전문학과 오늘날 문학에 대등한 위상을 부여한다.

(4) 4단계 : 메타적 이해

고전문학 교육의 마지막 단계는 학습 주체 간 상호 소통과 고전문학 텍스트의 내면화22)에 방점을 찍는 단계이다. 소통과 내면화를 위해서는 고전문학 텍스트를 가지고 놀아야 한다. 텍스트 가지고 놀기를 본질로 하는 메타적 이해는 토론하기와 글쓰기 형태로 구현될 수 있다. 메타적으로 이해하고 설명할 수 있는 능력은 문학능력의 중요한 요소이다(김대행 외, 2000 : 36). 간단한 형태의 말하기와 쓰기는 모든 단계에서 이루어질 수 있고, 이것 또한 메타적 활동이지만, 이 단계는 토론하기와 글쓰기가 활동의 중심을 이룬다.

문학 텍스트 읽기가 비평과 창작으로 이어지는 것은 수용이 곧 창조의 원천임을 입증하는 일이다. 고전문학 텍스트는 토론거리의 원천이다. 교수·학습의 주 대상이 되는 고전문학 텍스트가 내포한 문제이면 사소한 것이라도 토론 주제로 삼을 수 있다. 글쓰기 전 단계로 토론하기 과정을 거칠 수도 있고, 글쓰기까지 나아가지 않고 토론에서 그칠 수도 있다. 글쓰기 전 단계로서의 토론하기는 글쓰기에서 예상되는 반론을 고려하게 하고, 자신의 입장을 명료화하고, 미처 생각지 못했던 문제를 인식하는 데 도움을 준다.

전승과 창조가 교육의 본질이라면, 학습자의 문학활동 중심 문학교육을 통한 인간다운 삶의 주체 형성이 문학 교육의 목표라면, 고전문학 텍스트에 기반한 글쓰기 활동은 이에 가장 잘 부합하는 일이다. 왜냐하면,

---

22) 문학교육의 최종적 목표로 제시되기도 하는 '내면화'의 개념을 "문학 텍스트가 제시하는 의미의 최대치와 이해를 바탕으로 해석·평가의 과정을 경유하는 인식 주체가 상호 소통하는 인지적 과정 그 자체"(김상욱, 1996 : 10)로 규정하는 것을 보면, 토론하기와 글쓰기 활동은 내면화를 구현하는 적절한 방법이 될 수 있다.

고전문학과 관련된 쓰기 활동은 과거의 창조가 현재 '나(우리)'에게 무슨 의미가 있는가의 문제와 현재의 '나(우리)'가 미래에 무엇을 전할 것인가의 문제가 글쓰기 활동 속에 통합되기 때문이다.

글쓰기는 창작적 글쓰기와 비평적 글쓰기를 포괄한다. 둘 가운데 비평적 쓰기를 먼저 하고 창작적 글쓰기를 나중에 하는 것이 바람직하다. 비평적 글쓰기는 문학 텍스트에 대한 인식을 뚜렷하게 함으로써 창작적 글쓰기를 위한 문제 발견에 도움을 줄 수 있기 때문이다. 비평적 글쓰기는 원심형 문학 기반 논술 형태로 이루어질 수 있다.[23] 비평적 글쓰기는 비평과 재비평을 통해 학습자 상호간 소통할 수 있는 방식으로 이루어지는 것이 바람직하다.[24] 이것은 문학 텍스트를 읽고 이에 대해 비평하는 오랜 전통을 체험하는 일이기도 하다. 교사가 운영하는 홈페이지나 인터넷 카페 등을 활용하는 것이 가능하다.

창작적 글쓰기는 원전의 여백을 메우는 차원이 아니라 고전문학 텍스트의 기본 틀을 활용하거나 이를 해체하여 새로운 틀을 만드는 작업이다. 구조적 측면에서 통시적 텍스트상호성을 활용하는 방법도 가능하다.[25] 창작적 글쓰기 활동 가운데 수업 현장에서 널리 활용되는 것이 '다시쓰기'이다. 다시쓰기는 장르 변용과 매체 변용으로 대별할 수 있는

---

23) 문학 기반 논술은 문학 텍스트 이해에 수렴되는 구심형 논술과 문학 텍스트가 내포한 문제에 대한 이해에 수렴되는 원심형 논술로 구분할 수 있다. 4단계의 비평적 글쓰기는 원심형 문학 기반 논술 형태로 이루어질 수 있다. 문학 기반 논술에 대해서는 이 책 제2부 제5장 참고.

24) 임성규(2008)는 비평과 재비평 사이에 논평을 추가하여 비평-논평-재비평의 유형을 제시하기도 하였다.

25) 예컨대, 향가나 시조의 3단 구조나 시가의 율격 같은 문화적 문식성을 활용한 텍스트 생산이 가능하다. 김대행(1995)이 시조와 설(說) 등에서 분석한 'ORM' 구조도 그런 예이다.

데, 텍스트 생산에서 둘이 함께 적용될 수도 있다. 교사는 학습자가 문제의식을 드러내기 가장 적합한 형태를 선택하도록 유도해야 할 것이다. 그런데 수업 현장에서 다시쓰기를 할 때 흥미 본위로 흐르면서 문제의식이 몰각되는 현상이 흔히 일어난다. 즉, 고전 다시쓰기를 할 때 고전이 내포한 문제의식을 '지금 여기', '나(우리)'의 문제의식으로 전환하지 못하거나 아예 문제의식을 상실해 버리는 것이다. 이것은 학생의 관심과 흥미를 증대시키는 데 초점을 두어 다시쓰기 활동을 하기 때문이다. 흥미적 요소는 학습자의 학습 참여를 강화하는 동력이지만, 이에 그쳐서는 고전문학을 창조적으로 계승한다고 보기 어렵다. 고전문학 텍스트 다시쓰기 활동이 고전문학 작품의 고유한 의미와 본질을 훼손한다는 비판이 있을 수 있다. 그러나 1·2단계에서 고전을 고전답게 가르치는 활동을 충분히 선행한다면 3단계의 주체적 이해를 바탕으로 오늘날 '나(우리)'의 문제로 전환·변용하는 원심적 활동은 마땅히 권장되어야 할 일이다.

'다시쓰기'의 구체적 방법으로 '내면 비틀기'를 예시할 수 있다. '내면 비틀기'는 3단계의 주체적 이해를 기반으로 오늘날의 관점에서 생산하는 활동이다. 임철우의 <옥중가>(1990)가 좋은 예가 될 것이다. 이 작품은 <춘향전>의 사회·문화적 맥락을 작가 시대의 현실 맥락으로 치환하고 원전 <춘향전>의 인물의 내면과 상황을 비틀어서 전혀 다른 인물을 창조하고 있다. 즉, 임철우는 자기 시대의 "양심이니 지조니 하는" 것을 "개뼉다귀 같은 소리"(최인훈 외, 1991 : 64)로 여기는 인간들에 대한 문제제기를 위해 <춘향전>의 인물과 사건의 이면을 들여다보는 방법으로 <춘향전>을 비틀어서 <옥중가>를 생산한 것이다.26) 여기서 임철우를 학습자로 치환하면, 학습자인 임철우는 <춘향전>을 읽고 <춘향전>

의 틀을 활용하여 자기 시대의 문제를 말하는 작품으로 변용하는 재생산 활동을 한 셈이다. 자기 시대의 문제의식을 가지고 변용하니 원전 <춘향전>의 주제의식도 바뀌게 된다. 교수·학습에서 교사는 학습자를 임철우와 같은 텍스트 생산자 위치에 서도록 해야 한다.[27] 고전문학으로부터의 원심적 일탈을 통해 학습자가 '나(우리)'의 문제를 말하는데 고전문학을 활용하도록 하는 것이다.

고전은 오늘날 창작의 바탕이 되거나 지침이 됨으로써 그 생명력이 강화된다. 원전을 '나(우리)'의 맥락으로 읽으면 원전에 대한 문제제기가 가능하고, 학습자가 생산할 텍스트의 방향이 결정된다. <허생전>을 변용한 이남희의 <허생의 처>(1987)도 여성 해방의 주제를 담고 있어서 '나(우리)'의 문제의식을 바탕으로 <허생전>을 재생산했다고 할 수 있다. 그런데 <허생의 처>는 <허생전> 당대를 향한 문제제기가 더 강해 보인다. 즉, <허생전>에서 부각되지 않았던 허생의 처를 주인공으로 삼아 조선시대 여성의 질곡의 삶에 대해 문제를 제기하면서 그 시대 여성의 주체적 삶을 말하고 있는 것이다. 그러나 우리는 <허생전>이 비주

---

26) <옥중가>를 1단계로 읽으면 그 주제는 기회주의적 인물들에 대한 풍자 정도가 될 것이다. "'학실한 선택'"(최인훈 외, 1991 : 65)('확실한'을 그렇게 발음하던 어느 정치인)에 대한 배경지식이 있다면 그(들)에 대한 풍자임을 추정할 수 있을 것이다. "소위 저 '3당 통합'인가 뭔가 하는 해괴한 정치적 사건이 벌어진 지 얼마 되지 않아서였고, 그 때문에 생긴 가슴앓이에 울화증으로 다만 한숨만 푹푹 쉬고 있던 무렵이었다. 말하자면 그 울화증이 만들어낸 게 이 작품이랄까. 염치도 지조도 없는 사람들의 꼬락서니를 이런 식으로나마 희화해 놓"(최인훈 외, 1991 : 46)은 것이라는 작가의 말을 활용하여 2단계로 읽으면, 3당 합당을 주도한 염치도 지조도 없는 특정 정치인들을 풍자하고 있음을 알 수 있어서 1단계 읽기보다 구체화되고 정확한 읽기가 가능하다.
27) 학습자가 내포독자가 되는 것이 문학교육의 이상이라고 한다. 그러나 여기서 그치지 않고 학습자는 문학 텍스트의 생산자도 되어야 한다.

체적 여성을 그렸다고 비판할 수는 없다. 그렇게 하는 것은 과거의 문학을 오늘날의 관점으로 일방적으로 재단하는 것이기 때문에 2단계의 맥락 읽기에 어긋난다. 맥락이란 그 작품이 생산된 시대의 맥락이기 때문이다.[28] 오늘날 우리가 <허생의 처>를 읽을 때 우리는 오늘날의 맥락에서 읽게 되므로, <허생의 처>는 중세 여성의 삶에 대한 문제를 제기함으로써 오늘날 여성의 삶까지도 포괄하는 문제를 제기한 것이라 할 수 있다. '나(우리)'가 여성 해방적 관점에서 <허생전>이 여성의 질곡의 삶에 대해 무관심하다고 비판할 수는 없지만, 오늘날 '나'가 생산할 텍스트의 창작 방향을 설정하는 토대로서, 재생산의 전제로서 비판 가능하다.[29] 우리는 <허생의 처>를 읽음으로써 <허생전>을 환기한다. 그리하여 <허생전>은 그 자체로, 또 <허생의 처>로 생명을 이어간다. 문학 텍스트의 생산은 가장 적극적인 읽기임이 다시 확인된다.

4. 방법론의 실천을 위하여

문학교육의 목표가 학습자의 문학능력 신장이라 할 때, 문학능력의 핵심은 학습자가 수업 시간에 문학 텍스트를 통해 습득한 지식과 기능을 토대로 다른 문학 텍스트를 수용하고 자신의 텍스트를 생산할 수 있

---

28) 동일한 작품이 사회·문화적 맥락이 바뀜에 따라 다르게 이해됨도 고전문학 교육에서 가르쳐야 할 것이다.

29) 학생들이 고전문학 텍스트를 오늘날의 관점에서 비판하려는 경향이 있다. 예컨대, 여학생이 고전소설이나 고전시가에서 남성중심적·가부장적 사고나 행위를 보일 때 저항감을 드러내는 현상을 자주 경함한다. 이는 고전을 현재적 맥락에서 읽으려는 태도 때문이다. 4단계는 학생의 이런 태도를 문학교육적으로 승화시키는 단계이다.

는 능력이라고 할 수 있다. 이에 필자는 문학능력 신장을 위한 방법론의 수립하고자 하였다. 이를 위해 방법론적 전제를 마련한 후 방법론적 설계를 구안하였다.

교육과정에서 문학교육의 목표를 문학능력 신장으로 설정하고 있는 것은 적절하다. 그러나 '내용 체계'에서 문학 지식이 문학 텍스트의 수용과 생산의 실제와 무관하게 습득될 수 있는 점과 맥락이 내용적 실체가 없는 범주이므로 그 위상을 재조정해야 한다는 점 등을 문제로 지적할 수 있다. 그리하여 '기능'을 중심으로 '지식'과 '맥락'을 통합하는 학습자의 탐구활동 중심의 문학교육이 되도록 해야 한다는 점과 고전문학 텍스트를 중심으로 맥락에 대한 지식보다 문학 텍스트와 맥락을 연관 짓는 능력 신장 쪽에 무게를 두도록 해야 한다는 점, 그리고 고전문학 텍스트를 고전이자 범례이며 자료라는 관점으로 접근하여 고전문학 텍스트를 변형·재생할 수 있는 대상으로 삼을 수 있어야 한다는 점을 방법론적 설계의 전제로 설정하고, 문학능력 향상을 위한 고전문학 교육의 방법론을 4단계로 설계하였다.

1단계인 구조론적 이해는 문학현상의 중심인 문학 텍스트 그 자체의 논리를 바탕으로 고전문학 텍스트에 접근하자는 것이다. 구조론적 이해는 텍스트 그 자체를 부분과 부분, 부분과 전체의 대립적 구조물로 파악하자는 것이지만, 구조주의보다 일반적이고 포괄적 수준의 텍스트 이해 방식이다. 문학 텍스트에서 구조의 핵심은 자아와 세계의 대립이다. 그러므로 구조론적 이해는 자아와 세계의 대립관계를 파악하는 일로서, 문학 텍스트의 전체적·통합적 이해를 지향한다.

2단계인 맥락적 이해는 문학 텍스트와 관련된 여러 맥락들을 고려하여 작품을 이해하는 단계이다. 문학 텍스트는 구체적·실제적 맥락 속에 놓임으로써 그 의미가 완성된다. 학습자는 스스로 맥락을 찾아 문학 텍스트와 연관 짓거나, 교사가 맥락을 제공함으로써 학습자가 작품과 연관 짓게 할 수 있다. 교사는 맥락을 다양하게 통제·조절함으로써 학습자는 텍스트와 맥락을 다양하게 연관 짓고 이해하는 훈련을 할 수 있다.

3단계인 주체적 이해는 고전문학 텍스트를 '지금 여기', '나(우리)'의 삶과 관련짓는 단계이다. 고전문학의 현재적 가치를 담보하기 위해서는 '나(우리)'의 문제와 연관되어야 한다. 이를 위해 문학의 문제 제기적 성격에 주목하여, 고전문학이 제기하고 있는 문제를 '나(우리)'의 문제와 연관 짓도록 한다. 즉, 현재적 맥락을 고전문학 텍스트에 투사하여 이해하는 것이다. 이 단계에서 고전문학과 현대문학의 텍스트상호성 기반 위에서 대비적 관점으로 접근하면 과거를 현재의 연속성 위에서 바라볼 수 있다.

4단계인 메타적 이해는 토론하기와 글쓰기를 통해 학습 주체 간 상호 소통하고, 고전문학 텍스트를 내면화하기 위한 단계이다. 이 단계에서는 고전문학의 틀을 활용하거나 해체함으로써 학습자의 문학적 텍스트의 생산을 지향한다. 텍스트 생산은 비평적 쓰기와 창작적 쓰기를 포괄한다. 비평적 쓰기는 비평과 재비평의 상호작용 방식으로 나아가는 것이 바람직하다. 창작적 쓰기는 다시쓰기 방법을 활용할 수 있다. 글쓰기를 통해 수용이 생산의 원천임을 입증할 수 있다.

1단계와 3단계가 고전문학의 보편성에 기반한 활동이라면, 2단계와 4단계는 특수성에 기반한 활동이다. 학습자를 기준으로 보면 1단계와 2단계는 고전문학 텍스트를 타자로서 이해하기이고, 3단계는 현재적 관점에서 투사적으로 이해하기이다. 4단계는 고전문학 텍스트를 자기화하기이다. 텍스트를 기준으로 보면 1단계와 2단계는 고전문학을 고전답게 가르치는 구심적 이해이고, 3단계와 4단계는 고전문학 고유의 맥락에서 일탈하는 원심적 이해이다.

전체 교육과정에서 보면 이 글에서 제시한 방법과 절차가 모두 실현될 수 있다. 연속 수업(90분 또는 100분)이 가능하면 문제가 얼마간 해소될 수 있을 터이나, 한 단위 수업(45분 또는 50분)에 이를 모두 반영하기는 어려울 것이다. 그러므로 현실적 여건을 고려하여 교육과정의 성취 기준이나 교과서의 학습 목표에 따라 단위 수업에서는 특정 단계에 초점을 맞추는 선택과 집중, 변형이 필요하다. 필요하면 각 단계에 필요한 활동을 추가할 수도 있다. 학습 목표나 학습자 변인에 따라 특정 단계에 초점을 두어 교수·학습을 설계할 수도 있고, 각 단계의 특정 요소와 활동을 통합적으로 운영할 수도 있다. 이를테면, 2단계에서 할 수 있는 맥락 정보를 활용한 여백 메우기와 4단계의 다시쓰기를 통합적으로 운용하여, 원전의 빈 공간을 메우는 활동을 한 후, 원전의 맥락에 일탈한 다시쓰기 활동으로 구성할 수 있는 것이다.

여기서 모색한 방법이 고전문학 교육의 모든 국면을 포괄한다고 할 수는 없지만 고전문학 교육의 목표와 이념, 고전문학의 보편성과 특수성, 고전문학에 대한 학습자의 인식 등을 고려한 고전문학 교육의 방법론이 될 수는 있을 것이다. 방법론적 설계도의 타당성은 작품을 통해 검증받아야 한다. 예컨대, 이 장에서 예로 들었던 <춘향전>, <허생전>과 그것의 현대적 변용인 <옥중가>, <허생의 처>를 집중 검토함으로써 방법론의 타당성을 검증할 수 있다. 즉, <허생전>이나 <춘향전>을 예로 들어 각 단계별 읽기를 해 보는 방법으로 본고의 논의를 보완할 수 있을 것이다. 이 장에서 전체적인 설계도를 먼저 그렸다.

제3장

맥락을 활용한 고전문학 교수·학습 방법론

1. 문학에서의 상황과 맥락

2007년 개정 교육과정 국어 교과의 내용 체계에 맥락 범주가 설정된 것은 큰 변화이다. 맥락이 내용 체계의 한 범주로 설정된 배경에는 기능 중심의 탈맥락적 교육을 해 왔다는 비판, 즉 형식주의와 구조주의적 문학교육 및 간주관적 해석을 허용하지 않는 분위기(이재기, 2006 : 100)가 자리하고 있다. 그러나 개정 교육과정 이전의 교육과정에서 맥락 범주가 설정되지 않았다 하여 맥락 교육이 이루어지지 않은 것은 아니다. 특히 고전문학 연구와 교육에서 역사·실증주의적 접근 방법이 유행해 온 터이라, 그것이 온당한 문학 연구와 교육 방법은 아닐지라도, 맥락 의존적 접근 방법을 취해 온 것은 주지의 사실이다.

교육과정에서 맥락 범주의 설정 여부를 떠나 문학교육에서 맥락 교육은 필요한 일이다. 그런데 맥락에 대한 합의된 개념조차 없는 현실에서1) 맥락 교육에 대한 접근법을 논의해야 하는 실정이다. 맥락 교육의 방향 설정을 위해서는 맥락에 대한 개념부터 명확히 해야 한다. 맥락에 대한 논의2) 가운데 Halliday & Hasan(1989)이 텍스트 내적 맥락, 텍스트 간 맥락, 상황 맥락, 문화 맥락으로 구분한 것이 주목된다. 개정 교육과정은 맥락 범주를 상황 맥락과 사회·문화적 맥락으로 구분3)하고 있는 바, 이것은 Halliday & Hasan(1989)의 상황 맥락과 문화 맥락에 대응되기 때문이다. 개정 교육과정 문학 영역에서 맥락의 하위 범주로 생산과 수용의 주체, 사회·문화적 맥락, 문학사적 맥락을 설정하고 있다. 사회·문화적 맥락은 공통이므로 수용과 생산의 주체와 문학사적 맥락은 상황 맥락에 대응될 터이다. 그런데 텍스트상호성이나 장르 문제를 내포하는 문학사적 맥락은 텍스트 간 맥락에 대응되는 것이 합당하다.4) 그리고 텍스트 간 맥락은 텍스트 언어 내적 맥락이 아닌 텍스트 언어 외적 맥락에 귀속되는 것으로 보아야 한다.5)

'상황 맥락'이란 용어에서 알 수 있듯이, 개정 교육과정은 물론 맥락에 관한 일반 논의에서 상황을 맥락의 하위개념으로 보고 있다. 그런데 상황과 맥락의 이런 관계가 문학 영역에까지 일률적으로 적용되기 어려운 면이 있다. 그것은 형상을 창조하는 문학의 본질과 관련된다. 그리고 개정 교육과정의 상황 맥락은 텍스트 외적 맥락이 중심을 이루면서 텍

---

1) 이재기(2006 : 101~102)에서 이런 현실을 잘 인식하고 있다.
2) 이재기(2006), 김재봉(2007), 진선희(2008)에서 개념과 특성에 대해 논의한 것을 참고할 수 있다.
3) 교육과학기술부(2008 : 12, 19) 참고.
4) Halliday & Hasan(1989)은 문학사적 맥락을 상황 맥락에 포함시키고 있으나, 이재기(2006 : 108)에서는 텍스트 간 맥락의 요소로 텍스트상호성과 장르를 들고 있다.
5) 이재기(2006 : 104)는 텍스트 간 맥락이 언어 내적 맥락에 해당한다는 노은희(1993)의 견해와 달리 언어 외적 맥락에 더 가깝다는 견해를 밝힌 바 있다.

스트 내적 맥락이라 할 수 있는 '주제'를 포함하고 있다. 이것은 개정 교육과정의 상황 맥락은 텍스트 내적 맥락과 텍스트 외적 맥락에 해당하는 것이 혼재되어 있음을 뜻한다.[6]

문학 텍스트에서 상황이라고 하면 '시적 상황'이나 '소설적 상황'처럼 자아와 세계의 작품 내적 대립 또는 대결 상황을 떠올리거나, '문학 텍스트에 반영된 사회적·역사적 상황'을 떠올리게 된다. 이들은 텍스트 그 자체를 이루는 부분들의 관계에 의해 파악되는 텍스트의 일부이다. 특히 '사회적·역사적 상황'이 텍스트 내부로 들어오면 그것은 이미 텍스트 내적 세계의 일부이며 텍스트 외적 맥락과는 이질적인 것으로 봐야 한다.

이상에서 문학과 여타 텍스트에서 상황에 대한 개념 인식이 여타 테스트의 그것과 차이가 있어서 맥락의 개념을 상황과 관련시켜 규정할 필요가 있음을 느낀다. 맥락은 그 자체가 지식과 기능의 양면성이 있고 내용 범주로서의 '지식'과 '기능'에 관여하는 것이다. 맥락 그 자체와 관련하여서는 맥락에 대해 아는 것보다는 기능, 즉 맥락을 활용하는 것에 초점을 두는 교육이 바람직하다고 본다. 그리하여 이 장에서 문학교육의 목표를 학습자의 주체적 사고활동을 통한 문학능력 신장으로 설정하고, 맥락과 관련하여 문학교육은 맥락 지식의 확장보다 맥락의 활용 능

---

6) 진선희(2007 : 241)의 "2007년 개정 교육과정에서 문학 영역의 교육 내용 범주인 '맥락'은 문학 소통의 전체 맥락 가운데 특별히 문학 텍스트 외적 맥락을 강조한다."는 지적이나, 김재봉(2007 : 78)의 "상황 맥락은 2007년 개정 교육과정의 핵심을 이루고 있는 것"이라는 지적이 이를 뒷받침한다.
  덧붙여 상황 맥락이 핵심이라는 부분은, 문학의 경우 학습 주체의 수용 맥락이 핵심이라는 말로 대체하는 것이 바람직하다. 이에 따라 맥락을 활용한 고전문학 교육에서 맥락을 수용할 때 학습 주체의 수용 맥락이 그 토대가 되어야 한다.

력에 초점을 두어야 한다는 기본 관점을 정한 후, 다음 두 문제를 논의한다. 첫째, 고전문학 교육에서 맥락의 의의를 점검하고 상황과 관련하여 맥락의 개념을 다시 잡는다. 둘째, 고전문학 교육에서 맥락을 어떻게 활용할 것인가를 논의한다.

2. 고전문학 교육과 맥락의 문제

(1) 고전문학 교육에서 맥락의 의의

맥락이 제거되면 언어의 의미는 결정 불가능한 것으로 보는 언어학적 논의들이 문학 영역에서는 제한적 의의만 갖고 있다.[7] 이것은 문학 영역의 맥락을 말하기 / 듣기 영역의 맥락과 견주어보면 쉽게 수긍할 수 있다. 말하기 / 듣기에서 맥락은 텍스트 이해에 결정적 역할을 하면서 텍스트를 강하게 지배한다. 특히 우리말은 장면 의존성이 강하여 대화 참여자가 맥락을 공유하고 있다고 생각하는 성분은 생략해 버리므로 대화 당사자로 참여하지 않는 사람은 이해하기 어렵다. 그러나 문학 텍스트는 자족적 성격이 강하고, 빈자리를 채우며 읽는 것이 문학 읽기의 본질이며, 텍스트와 관련된 맥락 정보 맥락 없이 학습자의 수용 맥락만으로

---

7) 문학 텍스트의 경우 "텍스트 생산자의 외적 발화는 내적 발화의 일부이며, 내적 발화는 주체 심리의 일부이고, 주체 심리의 일부는 주체가 살고 있는 사회문화 맥락에 의해 구성된다."(이재기, 2006 : 99)거나, "맥락은 텍스트의 의미를 이해하거나 텍스트의 의도를 파악하는 데 있어서 고려해야 할 요소로서 존재하지 않는다. 텍스트의 의미를 낳는 의미 모태로서 존재한다."(이재기, 2006 : 115)는 말을 그대로 받아들이기는 어렵다.

이해될 수 있다.[8]

또한 문학 텍스트 속에 반영된 사회·문화적 맥락을 문학 텍스트 밖의 사회·문화적 맥락과 일대일 대응 관계로 보기 어렵다. "텍스트 외적인 맥락에서의 관점으로 텍스트 내적 맥락을 참 혹은 거짓으로 구분하면 문학 텍스트 내적 맥락은 거짓이 된다."(진선희, 2007 : 232) 이것은 문학 텍스트 내적 맥락과 문학 텍스트 외적 맥락의 성격이 다름을 지적한 것으로, 형상을 통한 인식을 본질로 하는 문학 텍스트의 특성과 관련된다.

이처럼 문학 텍스트는 맥락 의존성이 상대적으로 약할 뿐만 아니라, 이를 맥락과 직결시키는 것은 위험성을 내포하고 있다. 더욱이 텍스트 수용에 있어서 문학 영역 내에서는 상대적으로 고전문학이 맥락 의존성이 크다. 여기에는 두 가지 원인을 생각할 수 있다. 하나는 향가(鄕歌)처럼 텍스트 자체의 모호성으로 인한 맥락 의존성 증대이다.[9] 텍스트 자체의 모호성은 텍스트의 빈자리가 많은 시가문학에서 더욱 크다. 다른 하나는 텍스트의 생산 맥락과 수용 맥락이 다르기 때문이다.[10] 일부 고려속요처럼 민요의 맥락에서 궁중 속악의 맥락으로 편입되면서 텍스트 내적 구조에 변화가 일어나 모호성이 생긴 사례가 그것이다. 판소리계

---

8) 텍스트 그 자체로 이해될 수 있다는 말이 맥락에 의해 의미에 영향을 받지 않음을 뜻하는 것은 아니다. 맥락은 텍스트의 의미를 구체화하거나 제한한다. 그러므로 맥락이 없다고 텍스트의 의미를 규정할 수 없는 것이 아니라 보다 추상적으로 포괄적인 의미역을 갖게 되는 것으로 보아야 한다. 텍스트와 맥락의 관계는 논의 진행 과정에서 더욱 분명하게 드러날 것이다.

9) 김흥규(1993 : 179~180)에서 고전문학은 현대문학에서 생략되거나 투명하게 받아들여지거나 간략하게 처리되는 이해 활동들이 필요함을 잘 지적하고 있다.

10) 최홍원(2009㉠ : 261)은 고전시가에서 "생성과 향유 사이에 놓인 시공간적 거리로 인해 생성 당시 텍스트가 지녔던 의미와는 다른 방향으로 텍스트의 의미가 재구성됨으로써, 텍스트의 의미역이 개방·확장되어 모호성이 발생"함을 적절히 지적하였다.

소설의 이중적 언어 구조나 이원적 주제 등, 상층문화 지향과 하층문화 지향의 공존도 수용 맥락이나 문학사적 맥락에 의거하지 않고는 해명하기 어렵다.

고전문학 텍스트의 경우 고전문학 텍스트 당대의 맥락과 학습자 당대의 맥락이라는 서로 다른 차원의 맥락이 존재한다. 이런 특성은 동시대 문학11)보다 고전문학에서 사회·문화적 맥락의 의의가 증대되게 만든다. 왜냐하면 학습독자는 동시대 문학의 사회·문화적 맥락, 즉 고전문학과는 다른 사회문화 맥락에 속해 있기 때문이다. 이것은 마치 모어화자(母語話者)들보다 다른 문화권의 언어를 배우는 사람들에게 문화 맥락이 더 강조되는 것과 같은 원리이다.

그런데 학습자는 고전문학 텍스트에 관한 맥락 지식이 부족하거나 고전문학 텍스트의 맥락이 주어지지 않을 때 고전문학 텍스트를 학습자 자신이 속한 사회·문화 맥락에서 이해하려는 경향이 있다. 그러므로 학습자들이 텍스트 그 자체로 접근하게 하면 고전문학의 맥락과 멀어지

---

11) 동시대 문학이란 학습 주체가 속한 시대와 사회문화 맥락을 같이하는 시대의 문제를 다루고 있는 문학이다. 그러므로 일정한 시대구분 기준이 있는 것은 아니다. 예컨대, 저출산·고령화의 문제나 다문화 가정의 문제를 다룬 문학 텍스트는 학습자와 동시대 문학이라 할 수 있다. 저출산 문제는 2000년대 이후부터 문제된 것이라면, 이른바 생태문학이 다루고 있는 환경오염의 문제는 1970년대 이후부터 문제된 것이다. 그러므로 1970년대는 저출산 문제에 관해서는 오늘날 학습자와 동시대가 아니나 환경오염 문제에 관해서는 동시대라 할 수 있다. 그러면 인간의 본질과 관련된 문제나 인간 사회 또는 자연 세계처럼 문학이 다루는 제재가 시공을 초월한 보편적 성격의 것이면 어떻게 되는가? 이럴 경우 좀더 구체적 차원으로 내려가 동이(同異)를 살펴야 할 것이다. '가난'의 문제는 시공을 초월한 인류의 보편적 문제인데, 식민통치에 기인한 가난과 후기산업사회의 가난을 동일시할 수는 없기 때문에, 즉 가난의 사회문화 맥락이 다르기 때문에 가난의 문제와 관련하여 일제 시대를 학습자 동시대 문학에 넣을 수 없다. 그러나 통일 문제를 다룬 소설은 비록 학습자에게 친숙하지 않더라도 동시대 문학이라 할 수 있다.

게 되어 고전문학을 고전문학답게 배우지 못하게 되고, 맥락에 의존하여 텍스트에 접근하게 하면 문학을 문학답게 배우지 못하게 되는 모순에 빠지게 된다. 여기서 맥락과 텍스트의 관계 설정을 어떻게 해야 하는가 하는 문제가 제기된다. 최홍원(2009㉠ : 260~261)에서 군신 관계를 남녀 관계로 관계 치환한 고전시가[12]를 맥락에 의존하지 않고 텍스트 그 자체로 접근하면 오늘날의 학습자는 사랑의 노래로 이해하는 사례를 제시하고 있다. 그러나 학습자의 수용 맥락에서 이 텍스트를 사랑의 노래로 이해하는 것도 정당하고, 텍스트의 생산 맥락에서 연군의 노래로 이해하는 것도 정당하다고 말할 수 있어야 한다. 이를 위해 문학을 문학답게 학습하는 일과 고전문학을 고전문학답게 학습하는 일이 모두 가능하도록, 그리고 그렇게 하는 것이 문학능력 신장을 위해서도 바람직하도록 텍스트와 맥락을 상생의 관계로 맺어주어야 한다.

이상에서 살핀, 맥락과 관련된 고전문학 텍스트 수용상의 특성에서 고전문학 교육에 관한 몇 가지 시사점을 얻을 수 있다. 우선 고전문학 텍스트의 맥락 의존성이 상대적으로 크다는 것은 텍스트 해석이 그만큼 개방되어 있다는 뜻이다. 탈맥락화된 고전문학 텍스트는 다양한 의미 구현체로서의 잠재적 가능성을 갖고 있다. 독자가 텍스트를 맥락화하면 텍스트의 의미가 구체화되면서 제한되고, 맥락을 제거하면 텍스트 그 자체로 다양한 관점에서 읽기가 가능하다. 우리는 텍스트와 맥락의 이런 관계를 텍스트 이해와 수용에 활용해야 한다. 둘째, 학습자의 수용 맥락과 고전문학 텍스트의 생산 맥락의 차이를 고전문학 교육에서 활용할 수 있음을 시사한다. 고전문학 텍스트의 맥락과 학습자 자신의 맥락

---

12) 조동일(2003 : 165~183)은 남성 시인이 지은 시가에서 여성 화자를 설정한 것이 호남 문학의 전통이라 했다. 최홍원(2009㉡)에서는 이를 관계 치환의 관점에서 파악했다.

을 관련지어 이해할 수 있어야 한다는 말이다. 셋째, 고전문학 텍스트는 학습자의 맥락과 거리가 있어 흥미도가 떨어지는 문제에 대한 대책이 있어야 한다. 학습자가 자신의 수용 맥락을 버리고 고전문학의 생산 맥락으로 투항하면 학습자에게 고전문학이 무슨 의미가 있는가 하는 문제가 제기된다. 그러므로 고전문학 텍스트와 그 맥락의 현재적 의의를 발견하는 교수·학습 활동 구안이 요구된다.

(2) 교수·학습 방법 모색을 위한 상황과 맥락의 개념 조정

"새 교육과정에 제시된 '맥락'은 '텍스트 생산·수용 주체가 고려해야 할 사회·문화적 배경' 즉, '객관적 대상'으로 인식된다."(임천택, 2007 : 114)는 지적처럼 개정 교육과정에서는 맥락을 객관적 대상으로 본다. 그도 "맥락은 존재하는 것이지만, 지식은 아는 것이고, 기능은 하는 것이다. 지식과 기능은 인식 기준이 주체지만, 맥락은 인식 기준이 객체이다. 맥락은 지식으로 대체 가능하다."(임천택, 2007 : 123~124)며 개정 교육과정의 맥락에 대한 관점을 수용하여 "말이나 글을 이해하고 표현할 때 고려해야 할 상황 요소나 사회·문화적 요소(또는 관계)"(임천택, 2007 : 114~115)로 재개념화하였다.

맥락은 존재하는 것이므로 인식 기준이 객체라는 관점은 맥락을 고정불변의 주어진 것으로 보기 때문에 학습 주체가 주어진 맥락을 일방적으로 수용하는 위치에 서도록 한다. 맥락은 주어지는 것이기도 하고 텍스트 이해를 위해 학습자 스스로 탐구하고 구성해야 할 것이기도 하다. 이것은 맥락 구성 주체에 따라 구성되는 맥락이 달라질 수 있음을 뜻한다. 어떤 텍스트에 맥락화되지 않은 맥락 지식이나 정보는 그 텍스트 이해에 관한 한 가치가 없다. 이것은 맥락이 '알아야 할 것(지식)'이면서 '해야 할 것(기능)'이라는 말이다. 그러므로 맥락을 개정 교육과정에서 설정한 지식 개념[13]으로 대체할 수 없다.

이런 점에서 진선희(2007)와 김재봉(2007)의 논의가 주목된다. 진선희(2007 : 223)는 맥락을 "주체가 활용할 수 있는 물리적 환경에 대한 정보, 언어적, 사회적, 문화적, 역사적 지식이나 요소의 관계에 대한 정보"로 규정하여 맥락의 활용 쪽에 무게를 두어 재개념화했다. 김재봉(2007 : 75, 87)은 "텍스트(담화/글)의 표현과 해석에 관여해서 의미를 명확하게 함과 동시에 새롭게 텍스트의 의미를 형성하는 데에 관여하는 이론적이며 심리적인 활성화된 지식"으로 재개념화하였다. 나아가 "맥락은 결국 지식의 문제, 특히 전략적 지식의 문제로 귀결된다."고 보았다. 즉, "맥락 자체를 가르치기보다는 맥락을 활용하여 지식과 기능을 가르친다고 보는 것이 적절하다. 따라서 지식과 기능과 맥락의 관계는 지식과 기능이 가르쳐야 될 핵심적 요소이고, 맥락을 이들을 위해 지원되는(활용되는) 지식으로 보고", "맥락의 활용이 텍스트의 생산과 해석에 중요한 영향을 끼치기 때문에 맥락의 활용 방법이나 활용의 중요성을 강조하는 차원으로 접근해야 한다."(김재봉, 2007 : 88)고 하여 맥락에 관한 보다 진전된 논의를 보여 주었다.

이들의 논의에서 맥락의 개념을 텍스트 외부로부터 주어진 것으로만 인식하는 문제는 여전히 남아 있으나, 맥락 지식을 아는 것보다 맥락 지식을 활용하는 쪽에 무게중심을 두었다는 점을 평가할 만하다. 그렇다면 맥락을 어떻게 활용할 것인가에 대한 논의로 나아가는 것이 우리의

---

13) 염은열(2008 : 194~199)은 개정 교육과정에서 설정한 '지식' 개념은 개념적·명제적 지식에 국한됨을 지적하였다.

논의를 생산적으로 만드는 일이다. 이를 위해 맥락 논의 범위를 문학 영역으로 제한하고 고전문학의 특성을 고려하면서 상황과 맥락을 대립하는 개념으로 설정할 필요가 있다. 본고의 목적은 맥락의 개념을 탐구하는 데 있지 않고 맥락을 활용하여 텍스트를 이해하는 데 있으므로 텍스트를 이해하기 위한 방편으로 상황과 맥락 개념의 조작적 정의가 필요하다.

그리하여 이 글에서 상황은 문학 텍스트 내부에 포함되어 있거나 학습 주체가 내부로부터 파악한 정보로, 맥락은 문학 텍스트 외부로부터 주어지거나 구성한 정보로 규정한다. 이 맥락 개념은 Clark & Carlson(1981)이 맥락을 "주어진 텍스트를 접한 개인이 그 텍스트와 상호작용하기 위해 사용할 수 있는 정보와 지식"(이재기, 2006 : 102 재인용)으로 규정한 것과 가깝다. 맥락의 개념을 이렇게 규정할 때, 여기에는 Halliday & Hasan(1989)의 구분에 따른 텍스트 간 맥락, 사회문화 맥락과 개정 교육과정의 생산과 수용 맥락, 문학사적 맥락이 포함된다. 맥락의 개념을 이렇게 규정하는 것은 문학교육에서 맥락의 의의를 극대화하기 위함이며, 상황과 연관 지어 맥락을 활용하기 위함이다.

동시대 문학과 달리 고전문학과 관련된 맥락에는 두 층위가 있다. '지금 여기' '나(우리)'의 맥락과 '그때 거기', '그(들)'의 맥락이 그것이다. 상황과 맥락은 파악 주체에 따라 깊이와 폭이 달라진다. 그리고 상황과 맥락은 통시적 동일성이 유지되지 않기도 한다. 고전소설 이본의 파생은 상황의 동일성이 유지되지 않는 예이다. 맥락의 경우 사회·문화 맥락의 동일성이 유지되지 않는다. 고전문학 텍스트의 상황과 관련 맥락이 갖는 이러한 특성을 고전문학 교육의 자산으로 활용해야 한다.

학습자의 사고 중심 문학활동을 통한 문학능력 신장을 위해 교수·학습 활동의 중심에 놓여야 할 것은 텍스트 이해 능력 신장을 위한 활동이다. 맥락 또한 텍스트 이해 능력 신장을 위해 활용되어야 한다. 그러므로 고전문학 교육에서 텍스트 이해 능력, 맥락과 문학 텍스트를 관련짓는 텍스트 맥락화 능력, 맥락 변화에 따른 텍스트 이해 능력을 신장시키는 데 초점을 두어야 한다. 이것은 문학능력 신장을 위한 교수·학습 활동에 맥락을 어떻게 활용할 것인가의 문제이다. 여기서 고전문학 교육의 단계화에 따른 맥락 교육의 단계화 필요성이 제기된다.

3. 텍스트와 맥락의 관련짓기를 통한 고전문학 교육의 방법

(1) 1단계 : 텍스트 그 자체로 접근하여 상황 파악하고 맥락 추론하기

문학 교수·학습 활동은 문학 텍스트를 매개로 교사와 학생의 상호작용을 통해 이해에 이르게 되는 과정이다. 문학 텍스트 이해를 위한 첫 단계에서 교사는 맥락 정보들을 가능한 배제하고 학습자가 자신들의 문학능력만으로 텍스트를 이해하도록 해야 한다. 그러면 학습자는 지금까지 습득한 문학 관련 지식과 맥락 정보를 활성화시키면서 문학적 기량을 최대한 발휘하여 텍스트를 이해·수용하려 할 것이다.

1장에서 필자는 학생들이 고전소설 텍스트 자체의 질서와 논리에 따른 심층적 읽기를 통해 텍스트를 이해하려 하기보다는, 고전소설 텍스트 생산 당대의 사회·문화적 맥락 지식에 의거하여 고전소설 텍스트를 재단하려는 경향이 강함을 확인하였다. 문학 텍스트의 궁극적 의미 해석은 사회·문화적 맥락 위에서 이루어져야 하겠지만, 그것은 문학 텍스트 자체의 내적 질서와 논리를 토대로 할 때 정당화될 수 있다.

"靑山은 엇뎨ᄒ야 萬古애 푸르르며 流水는 엇뎨ᄒ야 晝夜애 긋디 아니 눈고 우리도 그치디 마라 萬古常靑 호리라"(김대행, 1993 : 106)라는 텍스트와 작가가 이황(李滉)이라는 정보가 주어져 있다고 하자. 텍스트와 작가에 대한 맥락 지식이 있는 학습자는 <도산십이곡(陶山十二曲)>에 관한 지식과 이황에 관한 전기적 지식으로 텍스트에 접근하여 끊임없는 학문 수양과 정진으로 주제를 파악할 것이다. 그러나 이런 맥락 지식이 없는 학습자는 텍스트 그 자체만으로 접근하여 성실하고 변함없는 삶의 자세 정도로 의미를 파악할 수 있을 것이다. 해석의 구체성과 정확성은 전자가 앞선다고 할 수 있지만 문학교육의 관점에서 올바른 접근법인지 생각해볼 여지가 있다. 왜냐하면 텍스트 그 자체로는 끊임없는 학문 수양과 정진으로 의미를 구체화하거나 제한할 아무런 근거가 없기 때문이다. 작가 맥락이든 학습 주체 맥락이든 맥락으로 텍스트를 재단함으로써 발생하는 오류를 막기 위해서는 텍스트 그 자체로 텍스트를 이해하는 활동이 필요하다.

문학 텍스트를 그 자체로 파악하기 위해서는 텍스트를 구조론적 이해하는 활동이 적절함을 2장에서 살펴보았다. 위 텍스트를 구조론적으로 파악하면 우리는 청산의 불변성과 유수의 영속성을 본받아 성실하고 변함없는 삶의 자세를 가져야 한다는 주제적 의미로 수용할 수 있다. 이 의미는 생산과 수용 맥락이나 <도산십이곡>의 다른 텍스트에 의해 보다 구체화된 의미로 다양하게 읽혀질 수 있을 것이다. 다만, 전략적으로 학습자가 주어진 텍스트에 최초로 접근하는 단계에서는 문학 텍스트 자체의 구조론적 이해를 유도하기에 앞서 어떤 제한이나 방향 제시도 하지 않은 채 '각자 읽기'를 수행하도록 할 수 있다. 이것은 학습자의 다양한 경험과 읽기를 유도하기 위한 것이며, 학습자의 텍스트에 대한 이해 양상을 점검하는 길도 된다.

교사는 학습자의 읽기를 그것대로 인정하되 학습자들이 문학 텍스트에 접근하는 방법을 익힐 수 있는 기회를 갖게 해야 한다. 이를 위해 교사는 학습자들에게 맥락 지식을 최대한 배제하고 텍스트 그 자체의 질서와 논리에 따른 구조론적 이해를 통해 상황의 최대치를 파악하도록 유도해야 한다.14) 이때 학습자가 최대한 발휘해야 할 문학능력은 텍스트를 구조론적으로 이해하는 데 필요한 문학비평 능력이다. 학습자는 상황의 최대치를 파악한 바탕 위에서 선지식(先知識)을 텍스트 맥락화해야 한다. 여기서 학습자는 자신의 선지식 가운데 텍스트 이해에 도움이 되는 선지식을 선별적으로 활성화할 수 있어야 한다.

지금까지의 '각자 읽기'는 읽기의 다양성을 존중하면서 문학에 접근하는 바른 방법을 깨우치기 위한 활동이었다면, 이제부터 교사는 수업 참여자가 합의할 수 있는 최선의 읽기를 도출하도록 기획해야 한다. 최선의 읽기는 상황의 최대치를 파악한 읽기이다. 이것이 꼭 하나일 필요는 없다. 경우에 따라 몇 가지 읽기가 우열을 가리기 어려워 대등한 위상을 가질 수 있다. 최선의 읽기를 도출하는 과정에서 학습자들은 각자가 파악한 상황을 풀어놓고 다른 학습자의 그것과 대비하면서 수긍하거나 반론하는 활동을 하게 될 것이다. 이처럼 구성원이 합의할 수 있는 최선의 읽기를 도출해내기 위한 토론 과정에서 왕성한 사고 활동이 일

---

14) 맥락 최소화 전략을 구사하는 까닭은 학습독자 중 선지식이 가장 적은 독자를 배려한 것이면서, 선지식이 텍스트 이해에 장애가 될 수 있음을 고려한 것이며, 텍스트 그 자체에서 캐낼 수 있는 정보, 즉 상황의 최대치를 파악하는 능력을 기르기 위한 것이다.

어날 것이므로, 이러한 과정의 경험이 문학능력 신장에 기여하는 소중한 체험이 될 것이다. 이 '함께 읽기' 과정에서 교사는 학습자가 파악한 상황을 풀어놓을 수 있도록 질문을 던지고, 학습자들 스스로 판단하기 어려워하면 적절성 여부를 판단해 주거나 도출 과정에서 오류가 있을 경우 문제를 제기하거나 오류를 바로잡는 정도의 역할을 할 수 있다. 이 과정을 거처 파악한 상황의 최대치는 학습자가 개별적으로 파악한 상황의 최대치보다 문학 텍스트의 실상에 한층 근접한 값이 될 것이다.

상황뿐만 아니라 주어진 텍스트와 관련된 맥락 지식을 저마다 풀어놓음으로써 맥락 정보의 최대치를 파악할 수 있다. '맥락 지식 풀어놓기'를 통해 학습자들은 맥락 정보를 공유할 수 있고, 충돌하는 정보가 있을 경우 토론을 통한 교정이 이루어질 수 있다. 교사는 '상황의 최대치 파악하기' 때와 유사한 역할을 수행한다. 학습자 전체가 참여하여 구해진 맥락 지식의 총합은 이제 한 사람의 맥락 지식으로 취급할 수 있다. 상황의 최대치를 파악하면 맥락 추론이 더욱 쉽고 정확해질 것이며, 맥락 정보의 최대치를 파악하면 텍스트 맥락화가 더욱 정교해질 것이다.

이처럼 상황을 통해 맥락을 추론하거나 맥락 정보를 텍스트 맥락화하는 데서 상황과 맥락의 접점이 발생한다. 상황으로 맥락 유추하기는 문학이 형상이기 이전에 삶의 기록이라는 데 있다. 예컨대, <홍길동전>을 읽고 그 시대는 적서차별이 존재하였으며, 서자는 자식으로 대접받지 못했을 뿐만 아니라 능력이 있어도 출세할 수 없는 시대였음을 유추할 수 있다.[15] 그러나 문학 텍스트의 상황으로 맥락 추론하기는, 영웅소설의 작품구조를 토대로 작자층이나 시대적 성격과 같은 맥락을 유추하거

---

15) 장경학(1997)은 <춘향전>을 기록의 관점으로 접근하여 이로부터 사회와 법률을 유추하는 방법으로 접근하였다.

나 구비문학에서 기록철학을 넘어서는 구비철학을 유추해내는 것처럼,16) 구체적·개별적 사실을 추론하기보다는 구조적 대응 관계 차원으로 접근하는 것이 바람직하다.

이상에서 살핀 교수·학습 활동과 그에 따른 문학능력 신장을 정리하면 다음과 같다. 먼저 학습자들은 어떤 제한이나 전제 없이 '각자 읽기'를 통해 자율적 문학 읽기 체험을 한 후, 맥락 최소화 전략을 통해 상황의 최대치를 파악하고, 파악된 상황의 최대치로 텍스트 밖의 맥락을 추론하는 활동을 한다. 그리고 '함께 읽기'를 통해 상황의 최대치와 맥락 정보의 최대치를 토론과 토의를 통해 합의 도출해낸다. 이를 바탕으로 맥락을 추정하고 텍스트를 맥락화한다. '함께 읽기'는 '각자 읽기'에 비해 텍스트의 실체에 한층 더 가까이 접근할 수 있게 할 것이다. 이와 같은 활동을 통해 텍스트의 상황 파악을 중심으로 하는 텍스트의 구조론적 이해 능력, 학습자의 선지식 가운데 텍스트 이해와 관련된 선지식을 취사선택하여 텍스트의 맥락으로 만드는 선지식의 텍스트 맥락화 능력을 기를 수 있다. 이러한 능력은 모두 문학능력을 구성하므로 이러한 능력의 신장은 학습자의 문학능력 신장으로 귀결된다.

(2) 2단계 : '그때 거기, 그(들)'의 맥락으로 고전문학 텍스트 이해하기

맥락 최소화 전략과 텍스트의 구조론적 이해를 통해 상황의 최대치를 파악하고 이를 바탕으로 맥락을 추론하는 활동을 거쳤으면, 이제는 학습자가 맥락을 탐구하거나 교사가 맥락을 제공함으로써 학습자의 선지

---

16) 조동일, 『세계·지방화 시대의 한국학 4』, 계명대출판부, 2006, 214~218면 참고.

식의 범위를 넘어서는 맥락에 접근해야 한다. 학습자의 선지식에는 고전문학 텍스트 생산 당대의 맥락 지식과 학습자의 수용 당대의 맥락 지식이 뒤섞여 있어서, 학생들이 텍스트를 읽을 때 혼재된 이들 맥락이 함께 활성화 될 것이다. 지금까지는 이들을 구분하지 않고 최적의 텍스트 맥락화를 이루도록 하면 되었다. 이제 학습자는 '지금 여기', '나(우리)'의 맥락을 최대한 벗어나 고전문학이 생산·수용되던 '그때 거기', '그(들)'의 맥락에서 고전문학 텍스트를 이해해야 한다.[17]

학습자의 고전문학에 관한 선지식으로서의 맥락 지식은 대체로 협소하고 제한적이므로 맥락 지식의 폭과 깊이를 더할 필요가 있다. 교사는 과제 부여를 통해 학습자 스스로 텍스트 이해에 필요한 맥락 지식을 탐구하도록 할 수도 있고, 이것이 여의치 않으면 교사가 풍부한 맥락 정보를 제공하고 학습자가 텍스트 이해에 필요한 것을 취사선택하게 할 수도 있다. 어느 경우든 잊지 말아야 할 것은 맥락 지식은 텍스트 이해 과정에서 필요에 따라 부수적으로 넓혀야 할 지식이라는 점이다. 맥락 지식의 확충은 필요하나 텍스트 맥락화 능력을 버리고 이를 추구하는 것은 본말이 전도된 것이다.

일반적으로 맥락은 텍스트의 의미를 제한하고 구체화하는 구실을 한다.[18] 이것은 어떤 텍스트가 특정 맥락에 놓임으로써 텍스트의 의미역

---

17) 타자 되어보기를 통한 공감적 이해 방식이 그 한 예이다. 정충권(2009 : 563)은 "비평하는 읽기에 앞서 공감하는 읽기가 이루어져야 한다."며 판소리 문학의 인간론에 주목하여 공감적 이해 방식을 제안한 바 있다.

18) 맥락이 텍스트의 의미를 한정하고 구체화하는 데 그치지 않고 텍스트의 의미를 풍부하고 묘미 있게 하는 수가 있다. 예컨대, 임제의 시조 "北天이 묽다커늘 우장 업시 길을 나니/ 산의난 눈이 오고 들에는 챤 비 온다/ 오놀은 찬 비 마즈시니 얼어 줄가 호노라"(김대행 역주, 1993 : 232)는 날이 맑아 우장 없이 길을 나섰다가 찬 비를 맞아 추위에 떨며 잘 수밖에 없다는 뜻의 평범한 시에 불과하다. 그러나 기녀(妓

(意味域)은 좁아지지만, 맥락에 의해 텍스트에 대한 이해는 깊어질 수 있음을 뜻한다. 맥락 지식을 아는 것보다 맥락 지식을 활용하는 것에 교수·학습 활동의 무게중심을 두면 텍스트와 맥락의 이러한 관계를 활용하여 학습자의 문학능력 신장을 도모할 수 있다. 고전문학 텍스트 언어 자체에 모호성이 있으면 그 모호성을 해소하기 위한 과정에서 맥락을 활용할 수 있으므로 맥락 활용 가능성은 더욱 높아진다.

맥락 활용의 방법으로 '맥락 치환하기'를 활용할 수 있다. '맥락 치환하기'는 여러 맥락 정보들을 선택적으로 제공함으로써 텍스트의 의미 해석이 달라지는 양상을 탐구하거나, 서로 충돌하는 맥락들을 함께 제공함으로써 학습자가 적절한 맥락을 선택하게 하는 활동 등으로 구성된다. 즉, '맥락 치환하기'는 통제·조절되어 제공되는 맥락 정보에 따라 학습자가 이를 텍스트 맥락화함으로써 텍스트 이해를 달리할 수 있도록 하는 활동이라 할 수 있다. <황조가(黃鳥歌)>를 텍스트 그 자체로 이해하면 화자는 함께 돌아갈 이 없는 외로움을 꾀꼬리 한 쌍의 정다움과 대조시켜 드러낸 서정시로 읽을 수 있다. 이를 유리왕과 관련된 맥락 정보를 활용하여 상황을 구체화할 수 있고, 사회문화 맥락을 활용하여 유리왕과 무관한 애절한 구애곡이나 민중가요로 이해할 수도 있다.19)

나아가 맥락 활용을 극대화하기 위해서는 사실적 맥락이 아닌 조작적 맥락을 제공할 수도 있다. '맥락 조작하기'는 사실이 아닌 가공의 맥락을 만들어서 제공함으로써 맥락 변화에 따라 텍스트의 의미 해석이 어떻게 달라져야 하는가를 경험하게 할 수 있는 활동이다. 활동과 그 의의

女)인 한우(寒雨)와 그의 시를 맥락으로 가져오면 이 시는 표현과 의미가 범상하지 않는 시가 된다.

19) <황조가>와 관련된 맥락 정보에 관해서는 김학성(2002) 참고.

면에서 '맥락 조작하기'는 '맥락 치환하기'와 유사하다. 그러나 '맥락 치환하기'의 사실적 맥락은 습득과 활용의 대상이지만, '맥락 조작하기'의 조작적 맥락은 활용의 대상이기만 하다. '맥락 치환하기'든 '맥락 조작하기'든 학습자는 맥락이 바뀜에 따라 텍스트를 재해석하는 경험을 함으로써 텍스트의 맥락화 능력을 신장할 수 있다.

문학 텍스트 이해는 학습자가 자신의 스키마(schema)를 문학 텍스트 및 맥락과 상호 소통시키는 과정에서 이루어진다. 이 과정에서 학습자의 선지식과 텍스트와 맥락이 상호 조응할 수도 있지만 충돌할 수도 있다. 학습자와 텍스트 및 맥락이 충돌하면 학습자는 자신의 스키마를 재구조화함으로써 자신의 문학능력을 신장시킨다. 그러면 상황과 맥락이 충돌할 경우 어떻게 되는가? 문학의 본질상 상황과 맥락의 충돌 가능성은 상존한다. 상황과 맥락의 충돌 그 자체를 고전문학 교육의 틀로 활용할 수 있기 때문에 둘의 차이로 인한 충돌도 문학교육의 관점에서 의미가 있다. 이를 테면, <춘향전>에서 춘향의 신분 상승과 관련하여 당대의 실정법과 견주어 서로 어긋나는 것 자체가 중요한 의미를 갖는다. 실정법상 불법인 일이 텍스트에 형상화되어 있다면 소망을 그린 것이거나, 사회의 변화와 동요를 <춘향전>이 반영하고 있는 것으로 해석할 수 있기 때문이다.

상황과 맥락 중 어느 한 쪽에 공백이 있으면 충돌이 일어나지 않는다. 이때는 어느 하나로 다른 하나를 추론하거나 재구하는 활동이 의미 있다. 즉, 텍스트 상황으로 맥락을 추론할 수 있고, 맥락으로 텍스트 상황을 재구할 수도 있다. 전자의 경우 텍스트가 허구적으로 형상화된 세계임을 잊지 않아야 하고, 후자의 경우 맥락이 텍스트 그 자체의 질서와 논리를 해치지 않아야 한다. 텍스트 상황으로 맥락을 추론하는 활동은

1단계에서 하였으므로, 여기서는 맥락으로 상황을 재구하는 활동을 할 수 있다. 향가처럼 해독 자체가 문제인 텍스트, 특히 <혜성가(彗星歌)>처럼 텍스트 상황이 불분명한 경우가 적절한 대상이다.

텍스트와 맥락의 충돌과 더불어 맥락 정보들이 상호 충돌할 수 있다. 맥락 정보란 결국 누군가에 의해 구성된 것이므로 구성 주체에 따라 맥락 정보가 다를 수 있기 때문이다. 학습자는 텍스트 맥락화를 위해 맥락 정보를 탐색하는 과정에서 상호 충돌하는 맥락 정보를 만날 수 있다. 학습자는 충돌하는 맥락 가운데 텍스트와 최적으로 맥락화될 수 있는 것을 가릴 수 있어야 한다. 우열을 가리기 어렵다면 텍스트의 문학성을 높일 수 있는 맥락을 수용할 수 있다. 예컨대, 고려속요 <서경별곡(西京別曲)>에서 "네가시 럼난디 몰라셔"는 모호한 구절이어서 이에 대한 풀이가 다양하게 제시되어 있다.[20] 그러므로 학생들이 다양한 풀이를 찾거나 교사가 제공하여 어느 것이 가장 개연성 있는가를 탐구해 보는 활동을 하면 맥락 활용을 증대시킨다. 이때 텍스트의 상황에 가장 잘 맥락화될 수 있는 것, 텍스트의 문학성을 가장 높일 수 있는 것을 선택해야 할 것이다. <서경별곡>에서 떠나는 임과 대조되는 사공과 화자의 처지와 대조되는 사공의 아내를 대하는 화자의 마음을 가장 잘 형상화한 것을 맥락화할 수 있다. 대체로 연구자들이 제시한 맥락을 활용하는 것이 학습자가 맥락 구성에 참여하는 방법이지만, 학습자 스스로 이 구절의 의미를 탐구하는 활동을 열어둘 필요가 있다.

맥락 가운데 생산과 수용의 주체 맥락에서는 문학 텍스트 생산과 관련된 의도의 오류와 텍스트의 수용과 관련된 영향의 오류를 경계해야

---

20) 박혜숙, 「<서경별곡> 연구의 쟁점」, 『한국고전시가작품론』, 집문당, 2002.

한다. 이들은 문학 텍스트 이해에서 문학 텍스트 내적 질서와 논리를 떠난 맥락 수용은 오류가 될 수 있음을 지적한 말이다. 작자의 서발(序跋)이나 독자의 감상평, 필사기(筆寫記)가 있으면 맥락으로 활용할 수 있다. 그러나 그것이 반드시 텍스트의 실상과 부합한다고 볼 수 없으므로 상황 우선 원칙에 따라 신중한 접근이 필요하다. 여성영웅소설의 구조나 <토끼전> 결말구조는 수용 맥락이 생산 맥락에 영향을 미쳐 텍스트 구조에 변화를 초래한 예의 본보기로 삼을 만하다. 이러한 활동을 통해 맥락의 변화가 텍스트 구조에 영향을 끼치는 원리를 이해할 수 있다.

문학사적 맥락은 상호텍스트나 장르 등 텍스트상호성을 활용하여 텍스트를 이해하는 것이다. 고전문학 텍스트는 학습자와의 시·공간적 거리로 인해 문화적 맥락이 강하게 작용하므로 텍스트상호성의 의의가 커진다. 예컨대, 윤선도(尹善道)의 <어부사시사(漁父四時詞)>는 《악장가사》의 <어부가>나 이현보(李賢輔)의 <어부가>뿐만 아니라 잡가 속의 <어부사>, 신재효(申在孝)의 <어부사> 등 '가어옹(假漁翁)'의 문학사적 맥락에 놓여 이들과의 대비될 때 그 위상과 의미가 뚜렷해진다. 정운(情韻)이 쓰인 한시뿐만 아니라, "묏버들 갈힉 것거 보내노라 임의 손듸 자시는 窓 밧긔 심거두고 보쇼셔 밤비예 새 닙곳 나거든 날인가도 너기쇼셔"(김대행, 1993 : 398)나 "구즌비 개단 말가 흐리던 구룸 걷단 말가 압 내희 기픈 소히 다 묽앗다 흐느순다 眞實로 묽디옷 묽아시면 갇긴 시서 오리라"(박을수, 1995 : 58) 등 한시의 정운에 해당되는 관습적 언어가 사용된 시가도 묶어서 이해할 수 있다. 고전소설의 다양한 이본 존재[21]나 '영웅의 일생'과 같은 서사구조, 향유층의 중심 이동과 맞물리면서 텍스트가

---

21) 이본의 존재를 고전문학 교육의 자산으로 활용할 수 있다는 김종철(1999)의 논의가 주목된다.

달라져온 판소리 문학처럼, 문학사적 맥락에서 접근해야 그 실체적 진실을 규명할 수 있는 경우가 많다.

(3) 3단계 : '지금 여기, 나(우리)'와 '그때 거기, 그(들)'의 텍스트 및 맥락 대비하기

2단계에서 학습자가 '지금 여기'를 떠나 '그때 거기'로 들어가 '그(들)'의 맥락에서 텍스트를 이해했다. 이제 3단계에서는 '지금 여기'로 되돌아와 '지금 여기'의 텍스트 및 그 맥락과 '그때 거기'의 텍스트 및 그 맥락을 상호텍스트적 관점으로 대비할 수 있다. 이것은 '지금 여기'에 있는 '나(우리)'의 맥락에서 고전문학 텍스트를 주체적으로 이해하려는 것이다. 고전문학 텍스트 및 그 맥락을 동시대 텍스트 및 그 맥락과 대비하는 근거는 문학이 인문·사회·자연에 관한 문제의식을 바탕으로 인간의 삶에 대한 문제를 제기하는 텍스트라는 데 있다.

학습자는 동시대 문학의 맥락 속에 있지만, 등거리에서 동시대 문학과 고전문학 텍스트를 대비해야 한다. 동시대 문학 텍스트 없이 '나(우리)가' 속한 맥락과 고전문학 텍스트 및 그 맥락을 대비할 수도 있다. 고전문학 텍스트와 관련된 맥락 지식은 1단계의 '맥락 지식 풀어놓기'와 2단계의 맥락 탐구를 통해 어느 정도 확보되었다고 할 수 있다. 동시대 문학의 맥락 정보에 대해서는 학습자가 기본적인 이해를 갖고 있을 것이나 그것을 어떻게 볼 것인가는 학습자 스스로 탐구하고 정립하고 구성하도록 해야 한다.

예컨대, 고전시가에서 큰 비중을 차지하는 자연친화의 시를 학습자 동시대의 생태문학[22)과 상호텍스트의 관점에서 접근할 수 있다. 오늘날 자연 환경의 위기는 자연을 객체로만 보는 데서 발생했다. 그러므로 이 위기를 극복하는 길은 생태적 존재로서의 우리 인간의 본성을 깨닫고 자연을 주체의 자리로 되돌려 놓는 데 있다. 강호가도(江湖歌道)를 노래하든, 자연에서의 풍류와 흥취를 노래하든 그 바탕에는 인간과 자연이 상호 소통할 수 있는 주체라는 인식이 내재되어 있다. 이것은 오늘날 생태문학이 인간과 자연이 생태적으로 연관되어 있다고 보는 관점과 동질적이다. 오늘날 생태문학은 산업화 과정에서 나타난 환경 파괴 및 인간 사회의 병리 현상에 대해 문제를 제기하고 그 치유에 관해 말한다. 둘 다 인간다움의 회복을 지향한다는 점에서 그 본질은 같다고 할 수 있다. 학습자는 이 둘을 대비하는 과정에서 문학의 생태적 본질 및 인간과 자연에 관한 진지한 성찰을 경험할 수 있게 된다. 이처럼 고전문학은 오늘날 학습자로 하여금 '지금 여기'의 문제를 성찰하는 매개체가 될 수 있다. 이것은 고전문학의 현재적 의의를 발견하는 일이며, 고전문학에 생명력을 불어넣는 일이다.

동일한 텍스트가 어떤 맥락에 놓이는가에 따라 텍스트에 대한 이해 및 평가가 달라질 수 있다. 그러므로 맥락의 변화나 학습자의 가치관·세계관에 따라 텍스트 이해와 평가가 달라질 수 있음을 경험해야 한다. 이것은 고전문학 텍스트를 '그때 거기, 그(들)'의 맥락에 비추어 이해·평가하는 것과 '지금 여기', '나(우리)'의 맥락에 비추어 이해·평가하는 것을 견주어보는 방법으로 가능하다. 이를 위해 학습자는 오늘날의 맥락이 어떠한가 파악하여 고전문학 텍스트의 맥락과 통시적으로 대비하여 맥락의 변화를 파악해야 한다. 그리고 '그때 거기'의 맥락에 따른 고

---

22) 장성수(2003)를 통해 생태문학에 대한 기초 지식을 얻을 수 있다.

전문학 텍스트 평가와 '지금 여기'의 맥락에 따른 고전문학 텍스트 평가가 달라지는지 여부와 달라진다면 그 달라지는 양상을 파악하고 그 의미를 찾아야 한다.

현행 7차 교육과정에 따른 고등학교 교과서에 수록된 <흥부전>, <봉산탈춤>, <우부가(愚夫歌)>를 예로 들어보자. <흥부전>과 <봉산탈춤>이 흥행되던 조선후기는 중세에서 근대로의 이행기라 할 수 있다. 이 시기는 상업의 발달과 더불어 물질 또는 자본에 대한 인식의 변화가 일어나고, 시민과 농민의 양반 신분 얻기로 양반 수가 증가되면서, 신분제와 유학을 기반으로 하는 전통 사회가 지속되는 가운데 동요되는 시대로 규정할 수 있다. <흥부전>의 흥부와 놀부에 대한 평가는 이런 시대 맥락 위에서 이루어져야 한다. 즉, 중세에서 근대로의 이행을 역사 발전의 당위로 평가한다면, 이런 시대 맥락에서 물질 또는 자본에 대한 새로운 인식을 보여주는 문학 텍스트는 긍정적인 평가를 내려 마땅하다. 이런 점에서 흥부에 대한 부정적 평가와 놀부에 대한 긍정적 평가가 나올 수 있다.[23] <봉산탈춤> '양반 과장'에서 "시대가 금전이면 그만"(교육인적자원부, 2002 : 140)이라는 말뚝이의 대사나, <우부가>에서 "입구멍이 제일이라 논 날 노릇 하여보세"(김성배 외, 1980 : 267)라는 화자의 말 속에 담긴 개똥이의 의식을 긍정적으로 평가할 수 있는 것도 이런 맥락 때문이다.

그러나 오늘날 '나(우리)'의 맥락에 이들 텍스트가 놓일 때 어떻게 될

---

23) <흥부전>은 후대로 가면서 '놀부 박사설'이 축소되는 경향이 있다. 이것은 놀부를 긍정하는 사회적 인식이 강화되는 것과 맞물리는 것으로 추정할 수 있다. 물질주의 팽배와 이에 대한 향유층의 긍정적 인식이 놀부에 대한 징치를 약화시킨 것은 아닐까 한다. 요컨대, '놀부 박사설'은 흥미적 요소로서 놀부 징치를 강화하는 측면과 물질적 가치에 대한 긍정 의식이 직조하여 만들어낸 것이다.

까? 그것은 '나(우리)'가 몸담고 있는 시대의 맥락을 어떻게 파악하는가에 달려 있다. 오늘날 우리의 시대를 물질만능과 물질적 가치의 극단적 추구로 인한 폐해를 극복하고 정신적 가치와 인간다움을 회복해야 할 시대로 파악할 때, <흥부전>, <봉산탈춤>, <우부가> 등에서 보이는 물질(자본) 추구나 욕망 충족은 부정적 평가가 내려질 수 있을 것이다.[24]

그런데 좀 더 생각해 보면 텍스트에 대한 평가는 맥락에 대한 인식 주체의 가치관에 따라 달라질 수 있다. <우부가>에 등장하는 개똥이, 꼼생원, 꾕생원을 부정적으로 평가하는 경향이 우세한 가운데 긍정적 평가가 가능한 것은[25] 욕망을 억제하는 것이 인간다운가 욕망을 실현하는 것이 인간다운가, 즉 예의와 염치를 지키며 사는 것이 인간다운가 삶을 위해 이를 버리는 것이 인간다운가에 대한 가치관의 차이가 낳은 평가 결과이다. 오늘날 학자들 사이에 고전문학 텍스트에 대한 평가가 엇갈리는 것도 맥락에 대한 가치판단이 다르기 때문이거나 인간다움에 대한 가치관의 차이 때문이다.

학습자는 텍스트가 특정 맥락에 놓일 때만 온당한 해석과 평가가 이루어질 수 있으며, 맥락에 대한 평가에 따라 텍스트에 대한 평가가 달라질 수 있음을 알아야 한다. 그리고 텍스트 평가의 가장 중요한 기준은 문학이 추구하는 인간다움에 있으며, 인간다움에 대한 가치관이 맥락에 대한 평가를 결정함도 알아야 한다. 그러므로 교수·학습 활동을 통해

---

24) 중세에서 근대로의 이행기라는 시대 맥락에서 <흥부전>의 흥부와 놀부는 어느 누구도 전적으로 긍정하기도 부정하기도 어려운 인물이다. 오늘날의 맥락에서도 이들은 긍정과 부정의 속성을 공유하고 있으나 긍정과 부정의 이유는 맥락의 변화도 달라졌다. 그것은 맥락이 정반대로 바뀌었기 때문이다.
25) 중등학교 현장에서는 대체로 부정적 평가를 받아들이고 있다. 긍정적 평가의 대표적 예는 조동일(1980 : 105~112)이다.

학습자는 텍스트와 맥락의 이러한 관계를 이해하고 이들을 관련지어 텍스트를 평가할 수 있어야 한다. 이런 활동을 통해 학습자는 자기 시대를 인식하고 판단·평가하는 능력을 기를 수 있고, 그것을 고전문학 텍스트 평가와 연관 짓는 능력을 기를 수 있다.

(4) 4단계 : '나(우리)'의 맥락에서 고전문학 텍스트 비판을 통한 '나(우리)'의 텍스트 생산하기[26]

우리가 고전문학을 배우는 까닭은 타자(他者)로서의 선인들의 삶을 이해하는 것에서 그치지 않고 고전문학에서 오늘날을 살아가는 지혜를 배우기 위해서이기도 하다. 학습자가 고전문학의 현재적 의의를 발견하지 못한다면 그 배움을 절실하게 여기지 않을 것이다. 3단계에서 학습자의 동시대 문학과 대비하는 방법으로 고전문학 텍스트의 현재적 의의를 찾았다면, 4단계에서는 고전문학 텍스트를 '나(우리)'가 생산할 텍스트의 자료(material)로 활용하는 데서 그 의의를 찾는다. 즉, 여기서는 고전문학 텍스트 및 그와 관련된 맥락 정보를 '지금 여기'의 '나(우리)'가 생산할 텍스트의 상호텍스트로 삼아 맥락으로 활용하는 데서 고전문학 텍스트의 의의를 찾는다. '지금 여기' '나(우리)'의 텍스트 생산은 고전문학 텍스트 읽기의 가장 적극적인 형태이다.

후행 텍스트 생산자는 선행 텍스트로부터 텍스트 생산의 지침을 얻을 수 있으나 그 역은 성립하지 않는다. 그러나 수용주체이자 생산주체인

---

26) 제7차 교육과정의 '창작'은 개정 교육과정에서 '생산'으로 바뀌었다. 본고에서도 '생산'이란 용어를 사용하는 것은 공동 생산을 인정하며 비평적 글을 포함한 문학적 텍스트를 포괄하는 의도가 있다.

오늘날 학습자의 입장에서 보면, 선행 텍스트인 고전문학 텍스트를 자기가 생산할 텍스트의 자료로 삼을 때 고전문학 텍스트보다 후행 텍스트인 문학 텍스트도 함께 참고할 수 있다. '나(우리)'가 <춘향전>의 모티프(motif)를 수용하여 텍스트를 생산한다고 할 때, 이광수, 채만식, 김주영, 최인훈, 임철우 등의 <춘향전> 변용은 물론, 시, 영화(시나리오), 연극(희곡), 심지어 <쾌걸춘향>(2005) 같은 텔레비전 드라마에 이르기까지 모두 내가 생산할 텍스트의 상호텍스트가 된다. 직접적인 변용 관계에 있지 않는 텍스트도 상호텍스트로 활용할 수 있다. <이생규장전(李生窺墻傳)>을 '나'의 텍스트 생산의 맥락으로 활용한다고 할 때 <운영전>을 함께 가져올 수 있다는 말이다.

그러면 '나(우리)'의 텍스트 생산에서 고전문학 텍스트와 그 맥락이 어떻게 작용하는가? 고전문학 텍스트를 자료로 학습자가 텍스트를 생산하기 위해서는 학습자 자신의 맥락을 정확히 통찰하여 문제를 발견할 수 있어야 한다. 고전문학 텍스트의 관점에서 오늘날의 맥락을 비판할 수도 있고, 고전문학 텍스트와 그 맥락을 현재적 관점으로 바라보면서 고전문학 텍스트와 그 맥락에 대한 비판적 접근을 할 수도 있다. 고전문학 텍스트가 제기하거나 거기에 내포된 문제를 발견하여 그것을 학습자의 맥락으로 비판할 수 있다. 이들 활동은 모두 '나(우리)'의 맥락에 대한 문제의식을 명료하게 하기 위한 것이다.

이때 고전문학 텍스트에서 문제의 핵심이 아닌 것도 '나(우리)'가 생산할 텍스트의 핵심 문제로 삼을 수 있다. 이를테면, 이남희의 <허생의 처>(1987)처럼 박지원의 <허생전>에서 주목하지 않았던 허생의 처에 주목하여 오늘날의 여성 해방의 관점에서 텍스트를 생산할 수 있는 것이다. <허생전>에서 변산 도적의 입장을 부각시켜 그들의 삶을 그려낼 수도 있고, <춘향가>에서 "디비 너허 속신ᄒ고"(강한영, 1984 : 2)에 주목하여 춘향 대신 관기(官妓)가 된 여인에 주목하여 그 여인의 삶을 그릴 수도 있다. 그러므로 텍스트의 구조적 틀에서부터 모티프(motif)에 이르기까지 주어진 고전 문학 텍스트와 관련된 무엇이나 학습자가 생산할 텍스트의 주제(theme)로 활용될 수 있다. 이것은 고전 텍스트와 학습자가 생산할 텍스트 사이의 친소 관계에 있어서 다양한 스펙트럼이 존재할 수 있음을 뜻한다.

그런데 여기서 중요한 것은 고전문학 텍스트의 문제의식을 '나(우리)'가 생산할 텍스트의 문제의식으로의 수용·전환이다. 고전문학에서 가져오는 모티프는 '나(우리)'가 생산할 텍스트의 필요에 따라 선택되는 것이다. <운영전>은 신분이 다른 남녀의 아름다운 사랑이 중세적 질곡으로 인해 비극적으로 결말지어지는 문제작이다. 이를 모티프로 '나(우리)'가 텍스트를 생산한다고 할 때, 장애에 부딪힌 사랑의 문제를 수용하면서 구체적인 장애 상황 설정은 얼마든지 다를 수 있다. 경제적인 이유로 인한 집안의 반대일 수도 있고, 사내 커플에 대한 퇴사 압력일 수도 있고, 미성년자라는 이유일 수도 있고, 신체적 장애가 있다는 이유일 수도 있다. 장애 극복 과정 또한 학습자의 시대 맥락에 맞게 형상화할 수 있다. 필요에 따라 혼사장애 모티프를 갖고 있는 다른 고전소설에서 아이디어를 얻을 수도 있다.

<흥부전>을 모티프로 부자가 존경받지 못하는 오늘날의 시대 문제를 다루어 바람직한 부자상을 그리는 '나(우리)'의 텍스트를 생산할 수 있다. 학습자는 <흥부전>에서 흥부와 놀부의 부 축적 과정과 축적 후의 모습을 오늘날의 부자들과 견주어 나의 텍스트를 생산하는 아이디어를 생성할 수 있다. 이를 테면, 놀부의 자본 형성 과정과 자본 축적 후

의 행위가 정당하지 못하다고 보는 학습자는 이것을 오늘날 우리 사회가 부자를 부러워하지만 존경하지는 않는 현상 또는 우리 사회에 존경받을 만한 부자가 없는 현실과 연결시킬 수 있다. 여기에는 부의 축적 과정에서 불의나 불법이 내재되어 있었을 것이라는 생각과 부를 축적한 이후 부의 사회적 환원에 인색하고 부를 이용해 특권을 누리면서도 사회적 책무를 다하지 않는 행태 때문이라는 데 학습자의 생각이 이른다면 텍스트 생산을 위한 문제의식을 갖게 된 셈이다. 놀부가 유산을 독차지하는 모티프에 주목하여 이를 상속을 둘러싼 다툼을 중심 갈등으로 하는 이야기로 형상화할 수 있다. 신문이나 인터넷 뉴스에서 형제들끼리 재산 상속을 둘러싸고 다툼을 벌이는 기사를 찾아보면 생각이 더욱 구체화될 수 있다. 이것은 생존 경쟁이 치열한 오늘날 시대에 맞는 인물이라는 이유에서 선량하지만 무능한 흥부보다는 탐욕스럽지만 생활력 강한 놀부를 선호하는 오늘날 학습자에게 텍스트 생산을 통해 스스로를 되돌아보게 하는 일이 될 것이다.

문학 텍스트 생산 전후에 문학비평 텍스트를 생산할 수 있다. 즉, 문학 텍스트 생산을 위한 점검 차원에서 고전문학 텍스트에 대한 메타 텍스트 생산 활동을 할 수 있으며, 문학 텍스트 생산 후 학습자 자신이 생산한 텍스트까지 대상화하여 고전문학 텍스트와 자신이 생산한 텍스트를 대비하는 비평적 메타 텍스트를 생산할 수도 있다.

이상의 활동을 통해 학습자는 고전문학 텍스트에서 문제를 발견하는 능력, 이것을 자기 시대와 결부시켜 자기 시대의 문제로 전환시키는 능력, 문학 텍스트 비평 능력과 생산 능력을 기를 수 있다. 나아가 학습자 자신과 자신이 속한 사회를 통찰하는 능력을 기를 수 있다.

4. 되돌아보며 내다보기

필자는 앞 장에서 구조론적 이해, 맥락적 이해, 주체적 이해, 메타적 이해로 단계화한 고전문학 교육의 방법론을 설계하였다. 이 장에서는 맥락에 초점을 두어 고전문학 교육의 전 단계에 걸쳐 맥락을 텍스트 이해에 어떻게 활용할 수 있는가를 논의하고자 하였다.

1단계에서는 맥락 최소화를 통한 상황 최대치 파악하기와 파악한 상황을 토대로 맥락 추론하기 활동을 주로 한다. '각자 읽기'의 최초 단계에서는 학습자 개개인의 문학능력을 최대한 발휘하여 텍스트를 자율적으로 이해하도록 한다. 그런 다음 학습자의 문학능력은 최대한 발휘하되 맥락 지식은 최소화하여 텍스트 상황의 최대치를 파악하고, 이를 토대로 맥락 추론하기 활동을 한다. '각자 읽기' 관련 활동 후 '함께 읽기'를 통해 상황의 최대치를 파악하기 위한 학습자의 토론·토의 활동을 한다. 선지식으로서의 '맥락 풀어놓기'를 통해 학습자들이 맥락 지식을 공유하고, 이를 파악한 상황의 최대치와 연관 지어 맥락화하고 더욱 정교하게 맥락을 추론할 수 있다. 이 활동을 통해 학습자는 문학 텍스트를 구조론적으로 이해하는 능력, 텍스트를 통한 맥락 추론 능력, 선지식으로서의 맥락을 텍스트 맥락화하는 능력을 기를 수 있다.

2단계에서는 고전문학 텍스트 당대의 맥락에서 텍스트를 이해하고 그 맥락을 텍스트와 관련짓는 활동을 한다. 이 단계는 맥락 활용의 중심 단계이다. 1단계에서 최소화되었던 맥락이 여기서 탐구와 구성의 대상이 된다. 이 단계에서의 텍스트 맥락화는 맥락에 대한 이해의 깊이와 넓이가 더해져 1단계에서의 텍스트 맥락화보다 정교하게 이루어질 수 있다. 맥락을 최대한 활용하기 위해 '맥락 치환하기'와 '맥락 조작하기' 활동을 한다. 이러한 활동을 통해 맥락에 따라 텍스트 이해와 평가가 달라질 수 있음을 깨닫게 될 것이다.

3단계에서는 '지금 여기', '나(우리)'와 '그때 거기', '그(들)'의 텍스트 및 맥락을 대비하는 활동을 한다. 2단계에서 고전문학 텍스트의 맥락은 탐구를 통해 구성하였으므로, 여기서는 학습자 동시대의 문학 텍스트 및 그와 관련된 맥락을 탐구하여 양자를 등거리에서 대비함으로써 고전문학 텍스트의 현재적 의미를 찾는다. 동일한 문학 텍스트라도 맥락이 다르면 평가가 달라짐을 대비를 통해 깨달을 수 있다.

4단계에서는 고전문학 텍스트 및 그 맥락에 대한 비판적 접근을 통해 '나(우리)'의 문학 텍스트를 생산한다. 고전문학 텍스트 및 맥락으로 오늘날의 맥락을 비판할 수도 있고, 오늘날의 맥락에서 고전문학 텍스트와 맥락을 비판할 수도 있다. 어느 경우이든 비판은 '지금 여기'의 문제에 관한 '나(우리)'의 텍스트 생산을 위한 전제로 기능한다. 고전문학 텍스트의 구조적 틀이나 모티프를 '나(우리)'가 생산할 텍스트의 자료로 활용한다.

1단계는 문학을 문학답게 이해하는 단계라면, 2단계는 고전문학을 고전문학답게 이해하는 단계이다. 3단계는 고전문학 텍스트와 학습자 당대의 텍스트와 맥락을 대비하는 단계이고, 4단계는 고전문학 텍스트와 그 맥락을 '나(우리)'가 생산할 텍스트의 맥락으로 활용하는 단계이다. 이 단계들은 학습자의 출발점 행동 진단, 합의할 수 있는 최선의 읽기 도출, 수업 참여자의 공동체적 읽기, 과거와 현대의 대비, 학습자의 텍스트 생산으로 이어지는 과정을 거치게 한다. 전체적으로 보면 읽기의 다양성을 존중하는 확산적 읽기에서 수업 참여자가 동의할 수 있는 최선의 읽기를 집약해내는 수렴적 읽기로 나아갔다가, 다시 수업 참여자의 다양한 활동을 존중하는 확산적 활동으로 전개된다.

이 글에서 제시한 방법론은 특정 텍스트를 통해 검증되어야 마땅하다. 그런데 한두 작품으로 이 글에서 제시한 모든 크고 작은 활동을 다 경험할 수는 없을 듯하다. 그러나 각 단계별 핵심 활동을 검증하는 데는 무리가 없을 것으로 예상된다. 중요 활동들을 최대한 적용할 수 있는 문학 텍스트를 한둘 선정하여 이를 근거로 이 장에서 논의한 활동들을 점검하는 후속 작업이 요청된다.

제4장

판소리 문학의 교육 방법

1. 대상과 문제의 성격

판소리 문학이란 판소리와 관련된 문학을 가리킨다. 여기에는 판소리 연행의 대본이라 할 수 있는 판소리 사설과 판소리 사설이 독서물로 정착된 판소리계 소설[1]이 포함된다. 판소리 사설은 독립적으로 존재하지 않고 공연예술인 판소리의 형태로 구현되며, 판소리계 소설은 판소리 또는 판소리 사설을 전제하지 않고 생각하기 어렵다. 그러므로 판소리 문학 교육에서 공연예술인 판소리를 배제할 수 없다.

판소리 문학은 구비문학과 기록문학에 걸쳐 있으며, 구술성과 기록성, 음악적 요소와 연극적 요소까지 두루 갖고 있다. 이것은 판소리 문학의

---

1) 판소리계 소설이란 용어가 적절한가에 대한 문제제기가 있을 수 있으나, 이 글에서는 판소리 사설과 이것이 독서물로 전환된 작품을 변별하는 관점에서의 교육이 필요하다는 시각에서 접근하므로 그대로 쓰기로 한다.

특수성을 형성하므로 판소리 문학의 교육에 있어서 이러한 특수성이 고려되어야 한다. 고전문학이 현대문학에 비해 학생들의 삶과 유리되어 있는데다가, 문학능력의 신장이라는 문학교육 일반의 목표와 '고전'으로서의 문학교육이 상충하는 문제까지 생각하면 판소리 문학의 온전한 교육은 쉽지 않을 것이 예상된다.

이 글에서는 이상과 같은 문제의 성격을 인식하며 판소리 문학 교육의 방법을 모색하기로 한다. 여기서의 논의된 결과는 제재의 위계성을 고려하여 학습자의 발달 단계에 맞게 풀어내어야 수업 현장에서 적용 가능할 것이다.

2. 판소리 문학과 그 교육의 특수성

고전문학 교육의 하위 영역이라 할 수 있는 판소리 문학의 교육 방법을 모색하고자 할 때 우리는 판소리 문학과 그 교육의 특수성 문제와 마주하게 된다. 이를 다음 몇 가지 측면에서 살펴볼 수 있다.

우선 판소리 문학의 형성 통로와 이에 기인한 특수성이다. 판소리 문학은 <춘향전>, <토끼전>, <흥부전>처럼 설화→판소리→소설의 통로를 거쳐 형성된 작품과 <화용도(華容道)>처럼 소설→판소리→소설의 통로를 거쳐 형성된 작품이 있다.[2] 판소리 문학이 어떤 통로를 거

---

2) <춘향전>, <토끼전>, <흥부전>, <심청전>, <화용도>는 연행물과 독서물을 포괄하는 용어로 사용한다. 연행물만을 지칭할 때는 각각 <춘향가>, <수궁가>, <흥부가>, <심청가>, <적벽가>로 지칭한다. <심청전> 형성통로는 둘 중 어느 쪽인지 분명하지 않아 거명하지 않았다.

처 형성되었든 그 중심에는 판소리 연행(演行)이 놓여 있다는 사실을 주목할 필요가 있다. 왜냐하면 판소리 연행으로 인해 판소리 문학은 다른 어떤 문학보다 다양한 이본을 갖게 되었기 때문이다.3) 판소리 문학의 교육에서 이러한 형성 통로가 고려되지 않고 문학이라는 보편성만 고려할 때 판소리 문학에 대한 온당한 이해가 어렵다.

둘째, 연행물로서의 판소리 사설과 독서물로서의 판소리계 소설의 존재이다. 판소리 문학에서는 연행물과 독서물의 서사구조의 차이가 존재한다. 즉, 연행물은 연행에 적합하도록 구조화되어 있고, 독서물은 읽기에 적합하도록 구조화되어 있다. 이에 따라 연행물의 연행원리와 독서물의 서사원리가 같을 수 없다. 그러므로 판소리 문학의 교육에서 어느 한 쪽만을 고려한다면 반쪽짜리가 될 수밖에 없다.

판소리 문학 가운데서도 이본의 편차가 가장 심한 <토끼전>을 두고 연행물과 독서물의 존재를 생각해 보기로 한다. <토끼전> 이본은 독서물인가 연행물인가와 결말부의 사건이 육지위기로 전개되는가 토끼포획으로 전개되는가를 기준으로 계열 분류할 수 있다.4) 육지위기 계열은 토끼가 수궁위기를 극복한 이후 그물위기와 독수리위기를 거듭 겪는 방향으로 사건이 전개되며, 토끼포획 계열은 토끼를 놓친 수궁에서 토끼 재포획론을 제기하는 방향으로 사건이 전개된다. 이와 같은 사건 전개 양상에 따라 두 계열은 구조적 성격이 크게 달라진다. 즉, 육지위기 계

---

3) 고전소설은 판권 개념이 없는 시대의 산물이며, 이로 인한 판각과 필사를 전승되었기 때문에 많은 이본을 갖고 있는 것은 고전소설의 일반적 존재 양태이다. 그러나 판소리 문학은 판소리 연행이라는 중요한 매개 변수를 하나 더 갖고 있음으로 해서 일반 고전소설보다 더욱 풍부한 이본을 생성시켰다.
4) 최광석, 「<토끼전> 이본 계열의 구조와 근대지향 의식」, 경북대학교 박사학위논문, 2001, 13면.

열은 수궁위기 → 그물위기 → 독수리위기로 사건이 전개됨으로써 사건 전개가 필연적 인과관계가 희박한 반면, 토끼포획 계열은 수궁과 토끼의 대결관계가 지속적으로 유지되면서 필연적 인과관계를 맺고 있다. 육지위기 계열은 연행물 계열이며 토끼포획 계열은 독서물 계열인 것은 당연한 귀결이라 하겠다.

수업 현장에서 <토끼전>을 가르치고자 할 때 <토끼전>의 이러한 특성을 고려하지 않는다면 <토끼전>에 대한 전체적 이해가 이루어질 수 없다. 판소리 문학 교육에서 어느 한 이본에서 발견한 특성과 의미를 작품군 전체의 것으로 일반화하고자 할 때 세심한 주의를 필요로 한다. 중학교 『국어 2-2』(1996)에 실려 있던 <신명균본토끼전>은 육지위기 계열이 독서물로 전환되면서 독서물에 적합하지 않은 육지위기 부분이 탈락된 이본이다. 그리하여 <신명균본토끼전>을 통해 <토끼전> 전반을 이해시키기 어렵다. 더욱이 <신명균본토끼전>이 갖는 이본으로서의 위상을 생각할 때 문제는 더욱 심각하다. 그래서 판소리 문학의 교육에 있어서 해당 텍스트로 작품 전반을 설명하려는 태도는 성급한 일반화의 오류를 범하기 마련이다. 판소리 문학 교육에서 연행물과 독서물을 구분하는 것은 설화 또는 동화 차원에서 가르치는 초등학교급에서는 절실하지 않을 수 있으나, 판소리계 소설을 가르치고 있는 중학교 이상 학교급에서는 반드시 필요한 일이다.

셋째, 판소리 문학은 살아 있는 예술로서 사적 변모를 겪었다. 판소리 연행은 광대의 더늠 개발과 향유층의 변모와 맞물리면서 판소리 문학을 끊임없이 변모하는 대상으로 만들어 왔다. 오늘날 판소리 광대에 의해 소리판에서 연창되는 판소리 사설은 수백 년 동안 첨삭되면서 소리판의 경쟁에서 살아남은 더늠의 집적체이다. 이러한 변모를 거치면서 집적되기까지 판소리 사설은, 항유층의 변모와 맞물리면서 언어, 서사적 전개, 인물의 성격과 신분 등에서의 변모가 함께 이루어졌다. 판소리 문학의 이해를 위해 이러한 역사적 전개에 따른 문학적 구조물의 변모 또한 간과할 수 없다. 그러므로 우리가 판소리 문학 교육에 접근하고자 할 때 판소리사적 전망을 확보해야 한다.

판소리 문학의 특수성은 문학교육의 일반 목표와 상충하는 면을 낳게 된다. 문학교육의 목표가 문학능력의 신장5)에 있다면, 판소리 문학의 교육도 문학교육의 하위 영역인 만큼 이런 목표를 실현하는 방향으로 전개되어야 할 것이다. 그런데 판소리 문학 교육의 방향을 이렇게 설정할 때 판소리 문학 작품 그 자체에 대한 지식 교육을 중시하는 이른바 '고전'으로서의 판소리 문학 교육의 관점과 상충하게 된다. 즉, 문학능력의 신장은 근본적으로 문학교육이 문학 작품의 본질에 관한 방법론적 지식과 원리 교육을 지향하므로 교과서에 수용된 문학작품 그 자체에 관한 지식보다는 그것을 매개로한 방법론적 지식과 원리의 습득을 지향하게 된다. 그러므로 '고전'으로서의 판소리 문학 그 자체에 대한 지식도 가볍게 여기지 않으면서 판소리 문학의 전이력을 높이는 방법론의 개발이 절실히 요청된다.

판소리 문학의 정당한 이해를 위해 판소리 문학 및 그 교육의 특수성을 고려해야 한다는 생각은 역설적으로 판소리 문학은 문학으로서 보편성을 갖추지 못한 대상으로 왜곡시킬 우려가 있다. 우리 문학은 어느 시

---

5) 제7차 고등학교 교육과정 『문학』 과목의 목표 전문은 "문학의 수용과 창작 활동을 통하여 문학능력을 길러, 자아를 실현하고 문학 문화 발전에 능동적으로 참여하는 바람직한 인간을 기른다."(교육부, 『고등학교 교육과정 해설(Ⅱ) 국어』, 대한교과서주식회사, 2001, 303면)로 기술되어 있다.

대 어떤 갈래의 문학이든 세계문학으로서의 보편성과 민족문학으로서의 특수성을 갖고 있다. 그러므로 판소리 문학의 특수성과 함께 '문학'이라는 보편성을 공유하면서 장르적·시대적 특수성을 덧입고 있다는 관점을 가질 필요가 있다. 특히, 판소리 문학이 형상화하고 있는 제재는 시공을 초월한 보편성이 크다는 사실을 유념하면서 오늘날까지 살아 있는 문학으로서 판소리 문학의 전이력을 증대시키는 방향을 마련해야 할 것이다.

3. 판소리 문학의 교육 방법

(1) 판소리 연행을 고려한 방법

판소리 문학은 연행 예술인 판소리를 구성하는 요소이거나 판소리에서 파생된 문학이다. 이러한 사실은 연행 예술로서의 판소리가 고려되어야 판소리 문학의 온전한 교육이 가능하다는 것을 의미한다. 판소리 문학 가운데서도 판소리 사설은 판소리 연행의 대본이므로[6] 판소리 연행에 적합하도록 사설이 짜여 있다. 지금까지의 연구에서 판소리 사설은 부분의 독자성, 장면 극대화, 판소리 화법, 골계적 일탈 등 연행문법[7]에 충실한 구조를 갖고 있음이 밝혀졌다.

---

6) 개방성이 강한 판소리의 특성으로 인하여 판소리 사설이 판소리 연행의 대본이라는 것이 희곡이 연극의 대본이라는 것과 등가적 의미를 갖는 것은 아니다.

7) 연행문법이란 연행물적 성격을 갖게 하는 원리나 방법을 의미하는 것으로(최광석, 2001, 18면) 부분의 독자성, 장면극대화, 판소리 화법 등 지금까지 여러 학자들이 제시한 판소리 사설의 특성을 포괄하는 개념이다.

그러면 판소리 문학의 특수성을 보다 분명히 담지하고 있는 판소리 사설과 특수성이 약화된 판소리계 소설의 대비를 통해 판소리 연행을 고려한 교육 방법을 모색하기로 한다.

(가) (자진모리)좌우 나졸 분부 듯고 수달, 해구, 좌우 모지리 둥글 일시 내달라 토끼를 에워쌀 제, 진황 만리장성 싸듯, 사양 싸움에 마초 싸듯, 첩첩이 둘러싸고 토끼 들입대 잡는 모냥, 영문 출사 도적 잡듯 토끼 두 귀를 꽉 잡고, "이놈, 네가 토끼냐?" 토끼 기가 맥혀 벌렁벌렁 떨며, "나, 토끼 아니요." "그러면 네가 무엇이냐?" "개요." "개 같으면 더욱 좋다, 삼복달음에 너를 잡어 약개정도 좋거니와, 네 간을 내어 오계탕 달여 먹고, 네 껍질 벗겨 내야 잘량 모와서 깔고 자면 어혈, 내종, 혈담에는 만병회춘 명약이라, 이 강아지를 말어 가자." "아이고, 내가 개도 아니란 말이요." "그러면 네가 무엇이냐?" "송아지요." "소 같으면 더욱 좋다. 도탄에 너를 잡아 두피, 족 살찐 다리, 양, 회간, 처녑, 콩팥, 후박 없이 노놔 먹고, 네 껍질은 벗겨 내야 북도 매고, 신도 짓고, 네 뿔 베여 활도 묶고, 네 속에 든 우황 값 중한 약이 되고, 똥 오줌 거름 허니 버릴 것 없나니라. 이 송아지를 말어 가자." "아니고, 내가 소도 아니란 말이요." "그러면 이제사 무엇이냐?", "가만 있으시요. 생각해 갖고 갈쳐 줄 테니 좀 노시요. 나 망아지 새끼요." "말 같으면 더욱 좋다. 선간목 후간족, 요단항장 천리마로다. 연인도 오백금으로 네 뼈를 사갔으니, 너를 산 채로 말아다 대왕 전 바쳤으면 천금상을 아니 주랴. 들어라" 우우[8]

(나) 왕이 하교하야 토끼를 밧비 자바드리라 하니 금부도사가 나졸을 거느려 객관에 이르니 이때 홀연 안저 자라의 도라오기를 기다리더니 불의에 금부도사가 이르러 어명을 전하고 나졸이 좌우로 다라드러 결박하야 풍우가치 모라다가 영덕전 섬돌 아래 꿀리거늘[9]

---

8) <박봉술창본>, 판소리학회 감수, 『판소리 다섯마당』, 한국브리태니커회사, 1982, 178~179면.

(가)는 <수궁가> 중에서 흔히 '토끼 발명(發明)'이라 불리는 대목으로 토끼가 나졸에게 자신의 정체를 부정하는 방식으로 전개된다. 생사가 달린 급박한 상황에서 이런 문답이 오고 간다는 것은 현실맥락상 합리성이 약하다. 그러나 생사가 달린 급박한 상황이므로 토끼는 어떻게 해서든 위기를 모면하려고 발버둥 칠 것은 당연하고 생각하면 현실맥락을 떠난 합리성을 발견할 수 있다.

전체 서술상의 균형을 깨뜨리면서 나타나는 특정 부분의 극단적 확장은 서구 미학적 관점에서 본다면 구조적 결함일 수 있다. 그러나 위와 같은 장면 극대화는 어떤 정황을 곡진하게 그려내려는 판소리 연행의 현장성을 적극적으로 수용한 결과이다.

서구 미학적인 관점에서 볼 때, (가)는 생사가 걸린 상황에서 골계적 일탈이 일어남으로써 일관성이 결여된 것처럼 보인다. 그러나 이러한 돌연한 일탈은 소리판에 오랫동안 집중해야 하는 관중에게 웃음을 유발하면서 소리판에 대한 긴장과 이완이 반복적으로 되풀이되도록 한다. 비극적인 장면에서 골계적 일탈이 나타나 비장미가 차단되는 현상이나 그 반대의 현상이 이 한 텍스트 안에서 나타나기도 한다. 웃음과 울음이 교차하고 웃음 속에 울음이 끼어들기도 하고 울음 속에 웃음이 섞이기도 하는 미학적 특질은 판소리 사설에서 빈번히 목도되는 현상이다. 이러한 미학적 특질은 판소리 연행을 고려할 때 지극히 당연하고 자연스런 현상이다. 학생들에게 이러한 특질을 판소리 연행을 고려하면서 가르친다면 문제의 본질을 이해시킬 수 있다.

인물의 성격에 있어 동일성을 상실한 것처럼 보이는 것도 판소리 문

---

9) <신명균본토끼전>, 신명균·김태준 교열, 1937, 358면.

학이 갖는 특성에 기인한다. <춘향전>에서 춘향은 평상시 보여준 요조숙녀(窈窕淑女)의 모습과 첫날밤의 농염(濃艶)한 기녀(妓女)로서의 모습, 이별할 때의 험악하게 강짜부리는 성질 사나운 여인네의 모습 등 어느 하나로 규정할 수 없는 다면적 모습을 보여준다. <심청전>에서 심봉사가 보여주는 근엄함과 비속함, <흥부전>에서 흥부가 보여주는 양반의식과 골계스런 행위의 모순도 판소리 문학이 연행의 현장과 관련되어 있다는 사실에서 이해할 수 있다. 사건 전개에 있어서의 전후 모순도 판소리 사설의 이런 특성에 기인한다. 기생 춘향과 기생 아닌 춘향이 한 텍스트에서 공존한다는 사실이나 형제이면서 신분과 이에 따른 계층 의식이 다르다는 사실은, 합리주의적 관점에서 본다면 논리적 모순이나 당착이지만 형식논리를 넘어선 합리성을 갖는다.

(가)와 (나)는 모두 '토끼를 용왕 앞으로 끌고 가다'는 동일한 서사적 국면을 제시하고 있다. 그러나 동일한 서사적 국면을 제시하는 방식은 전연 다르다. (나)에서 지금까지 살펴본 (가)의 특성이 전연 나타나지 않거나 현저히 약화된다. 연행원리에 따른 위와 같은 서술방식의 차이를 고려하지 않고 일률적인 잣대로 판소리 문학을 논할 수 없다. 그러므로 판소리 연행의 맥락을 고려한 판소리 문학 수업이 이루어져야 판소리 문학의 온당한 이해가 가능하다.

판소리 문학의 교육에서 판소리의 이러한 특성을 고려하지 않을 때 판소리 문학뿐만 아니라 고전소설 전반에 대해 폄하할 공산이 크다. 박제된 형태로 제시되는 고전소설의 특징은 형식적 정합성을 작품 평가의 잣대로 삼는 플롯 만능주의의 산물이다. 작품의 위대성은 플롯의 완성도와 비례하지 않는다. 오히려 작품 속에 내포된 진지한 문제의식이나 주제, 혁신적 사상 등이 더 중요하다. 판소리 사설은 서사문법보다 연행문법에 충실하며 형식논리를 넘어선 연행물적 합리성이 있다. 판소리 문학은 공연예술인 판소리의 바탕 위에서 성장해 왔다는 점을 고려할 때 그 언어적 특성과 미학적 특질이 정당하게 이해될 수 있다.

그러므로 교과서에 판소리계 소설이 텍스트로 수용되어 있을 때에는 판소리 사설이, 판소리 사설이 수용되어 있을 때에는 판소리계 소설이 대비적 관점에서 함께 거론되어야 할 것이며, 나아가 판소리 문학과 일반 고전소설과의 대비적 관점도 요구된다.

수업 현장에서는 장면 극대화나 판소리 화법 등 연행문법을 모방하는 창작 연습을 해 볼 수 있다. 이때 교사는 학습자에게 연행단위10)를 제시하여 핵심 개념이나 명제를 최대한 확장시키도록 한다. 예컨대 <흥부가>의 '놀부 심술타령'을 모방하여 한 인물을 정하여 그 인물의 성격이나 행위 또는 겉모습을 장황하게 열거하거나 <춘향가>의 '이도령 복색치레'나 '어사또 복색치레'를 모방하여 요즘 청소년의 유행 복장을 머리에서 발끝까지 열거하는 방법을 통해 판소리 사설의 특성을 자연스럽게 체득할 수 있다. 한편, 채만식의 <태평천하>나 김지하의 담시(譚詩) <오적(五賊)> 등 판소리 화법을 수용한 창작물을 통해 판소리 문체의 특성을 이해할 수 있으며, 스스로 이러한 화법을 활용하여 텍스트를 생산할 수도 있을 것이다.

---

10) '연행단위'는 판소리에서 사설, 음악, 발림을 한 덩이로 하는 더늠을 지칭하는 용어이다. 이 글에서는 주로 핵심 개념을 중심으로 독립성을 가진 사설을 의미하지만 수업 현장에서 발림까지 고려하여 실연해 볼 수 있을 것이다.

(2) 텍스트상호성을 증대시키는 방법

텍스트상호성(intertexfuality)은 문학 연구와 비평에 널리 사용되는 개념으로 문학교육에서도 유용한 문학 교육 방법론이 될 수 있다.[11] 텍스트상호성에 입각한 문학교육은, 하나의 문학 텍스트는 다른 문학 텍스트와 연관되어 의미를 형성한다는 관점을 갖는다. 텍스트상호성은 동일한 작가의 여러 텍스트 사이에서 발견될 뿐만 아니라 다른 작가들의 작품들 사이에서도 발견된다. 그러므로 텍스트상호성은 동일 작가의 다른 작품 또는 동시대 작가의 작품에서 발견되는 공시적 텍스트상호성과 서로 다른 시대의 작가에서 발견되는 통시적 텍스트상호성의 두 측면으로 이해된다.

고전문학 교육에도 이를 증대시키는 일은 학습자의 문학 독서 능력 향상에 결정적인 성과를 가져올 것으로 기대된다. 문학 연구나 비평 일반에서 가능한 텍스트상호성의 신장을 판소리 문학 교육의 문맥에서 바라볼 때, 판소리 문학의 텍스트상호성을 증대시키는 수업은 다음 세 가지 측면에서 접근 가능하다.

첫째, 이본 간의 텍스트상호성이다. 이본은 동일한 작품으로 인정할 수 있으면서 부분적 차이를 보이는 자료를 지칭한다.[12] 이본 간의 텍스

---

11) 텍스트상호성은 제6차와 제7차 교육과정 『문학』 과목에서 공통적으로 강조하고 있다. 제6차의 '방법' '자' 항에서 "학생들의 심리적, 환경적 요구에 부합되는 문학 관련 텍스트들을 효과적으로 도입하여 문학 작품 이해 및 감상의 폭을 넓히도록 한다."(교육부, 『고등학교 교육과정(Ⅰ)』, 대한교과서주식회사, 1992, 73면)는 서술과 제7차의 '교수·학습 방법' '자' 항에서 "학습자의 심리적, 문화적 요구에 부합되는 관련 텍스트를 효과적으로 활용하여 문학 활동의 폭을 넓히고 이해의 심도를 깊게 하도록 지도한다."(교육부, 『고등학교 교육과정(Ⅰ)』, 대한교과서주식회사, 1998, 83면)는 서술이 그것이다.

12) 김일렬, 『고전소설신론(개정판)』, 새문사, 2001, 83면.

트상호성은 현대문학에서는 고려할 필요가 없거나 거의 무시해도 좋은 것이다. 그러나 판소리 문학이나 고전소설의 경우 필사와 판각을 통한 이본의 파생, 판권 개념의 부재 등 특유의 존재방식으로 인하여 이본 간의 텍스트상호성 문제가 제기된다. 판소리 문학의 경우 판소리 연행까지 변수로 작용하여 이본의 파생이 더욱 활발하게 전개된 결과, 판소리 문학은 어떤 고전소설보다 많은 이본을 생산하였다. <춘향전>을 비롯한 판소리 작품의 이본은 각기 100종 전후에 이르는 이본이 존재한다. 이본의 파생 과정은 향수자들이 판소리 문학을 수용한 역사로서, 수용이론의 관점에서 본다면 전텍스트에서 후텍스트가 생산되는 과정으로 이해할 수 있다. 수많은 이본을 모두 대상으로 할 수 없으므로 최선의 이본을 선정하여 교과서에 수록하고 전텍스트에서 후텍스트가 파생되어 간 역사를 수용사의 관점과 문학사회학의 맥락에서 교육하여야 할 것이다.13)

<춘향전>의 경우 기생계 이본과 비기생계 이본, <심청전>의 경우 동리 사람들의 심청 박대 이본과 심청 환대 이본, <토끼전>의 경우 결말 부분에서 용왕과 자라가 죽음을 맞이하는 이본과 용왕이 회생하는 이본의 관계가 지평의 전환과 융합의 결과이며, 그것은 판소리 향유층의 변화와 맞물리면서 진행된 결과임을 이해하게 될 것이다. 즉, 민중들만의 예술에서 민중과 지식인이 함께 즐기는 문학으로 그 연행기반이 변모하는 것과 맞물리면서 이에 능동적으로 대처하는 방향으로 응전력

---

13) 김종철은 아래 논문에서 고전소설의 이본 파생을 모방, 패러디, 변개를 통한 창작 교육의 한 방편으로 주목한 바 있다.
김종철, 「소설의 이본 파생과 창작 교육의 한 방향」, 『고소설 연구』 7, 한국고소설 학회, 1999.

을 키워나간 결과라는 것이다.14) 판소리 문학이 후대적·현대적으로 변용되면서 확대 재생산되어 나타나는 문학작품과의 텍스트상호성이다. 일반 고전소설은 확대 재생산될 기회가 적었지만,15) 판소리 문학은 그러한 기회를 누려왔다. <춘향전>만 하더라도 장르를 넘나들면서 다수의 근·현대 작가에 의해 재창작되었다. 이광수, 최인훈, 김주영, 이청준, 이주홍, 임철우 등이 서사 양식으로, 김영랑, 노천명, 서정주, 박재삼, 전봉근 등이 서정 양식으로, 김용옥 등이 극적 양식으로 재생산한 바 있다.16) <춘향전>만큼은 아니지만, <토끼전>, <심청전>, <흥부전>도 여러 문학 양식으로 재창작이 이루어졌고 지금도 계속되고 있으므로 이들과의 텍스트상호성의 관점에서 교수·학습이 이루어질 수 있다.

예를 들어 <춘향전>의 경우 전텍스트인 고전소설 <춘향전>의 주제가 후텍스트인 근·현대의 여러 <춘향전>에 어떤 형태로 구현되는가 하는 문제를 수업의 제재로 삼을 수 있다. 임철우의 <옥중가>는 전텍스트의 서사공간을 축소하여 남원 옥중으로 제한하는 대신, 춘향의 내면세계를 깊숙이 들여다봄으로써 정절을 수단삼아 신분의 굴레에서 벗어나려는 욕망을 드러내고자 했다.17) 최인훈의 <춘향뎐>,18) 김주영의

---

14) 판소리 문학의 이런 변모를 긍정적으로 볼 것인가 부정적으로 볼 것인가의 문제는 교사의 주도적 개입을 자제하고 학습자 스스로의 판단에 맞겨 두어야 할 것이다.

15) <허생전>과 <홍길동전> 등이 대표적 예이다. <허생전>의 경우 이광수(李光洙), 채만식(蔡萬植), 이남희 등에 의해 재창작된 바 있다. <홍길동전>의 경우 서사작품으로 재생산된 예는 찾기 어려우나 극적 양식으로 다수 재창작된 바 있다.

16) 김용옥, 『새춘향뎐』(통나무, 1989)은 시나리오로 각색된 것이다. 지금까지 영화로 제작된 <춘향전>만 하더라도 10여 편에 이르고(김용옥, 1989, 152면 참고), 조상현이 부르는 김세종제 <춘향가>를 삽입한 <춘향뎐>(임권택 감독, 2000)이 제작되어 전국 개봉관에서 상영된 바 있다.

17) 류수열, 「춘향가를 가르치는 몇 가지 풍경」, 『판소리와 매체언어의 국어교과학』, 역

<외설 춘향전>, 김용옥의 <새춘향뎐>은 이몽룡이 전라어사가 되어 춘향을 구원하는 낭만적 환상을 지양하면서도 각기 다른 방향으로 나아간 양상을 텍스트상호성의 관점에서 접근할 수 있다.[19] 전텍스트인 <춘향전>을 수용한 학습자의 기대지평이 후텍스트인 이들을 만나면서 전환되고 융합되는 체험을 학습자들은 하게 될 것이다.

셋째, 유사한 제재를 가진 오늘날 문학 텍스트와 통시적 텍스트상호성이다. 판소리 문학은 <춘향전>의 남녀 문제, <토끼전>의 군신 관계 또는 집단과 개인의 문제, <심청전>의 부모와 자식 간의 문제, <흥부전>의 형제간의 문제 등 시공을 초월한 보편성이 큰 문제를 내포하고 있으므로 오늘날의 문학 작품과 연관시켜 텍스트상호성을 증대시키는 수업이 가능하다. 학생들에게 텍스트상호성을 지닌 현대의 문학 텍스트를 찾아오게 하거나 교사가 제시하여 판소리 문학의 지평하는 수업이 이루어질 수 있다.[20]

락, 2001, 325면.

한편, 김종철은 <열녀춘향수절가>와 이해조의 <옥중화>가 의식, 구성, 판소리 특유의 재미 등 세 가지 면에서 <춘향전>의 최고 성취 수준을 이룩한 것으로 판단하고, 그 이후에 나온 작품들은 이들의 수준에 미치지 못하는 것으로 평가했다. 그러면서도 모방이나 부분적 변개를 통한 자발적 참여는 문학교육의 귀중한 범례가 될 수 있다고 보았다.

김종철, 「<춘향가> 교육의 시각(1)」, 『고전문학과 교육』 1, 청관고전문학회, 1999.

18) 『창작과 비평』 6(1967년 여름호) 수록.

19) 최인훈의 <춘향뎐>은 현실에서 도피하여 낭만적 공간 속에서 조용한 삶을 살아가는 것으로 결말을 맺으며, <새춘향뎐>은 춘향과 이몽룡의 죽음으로 처리함으로써 비극성을 강화하였으며, <외설 춘향전>은 합리주의적 관점에서 현실성을 부여하는 방향으로 나아갔다. 한편 세 텍스트에서 변학도의 형상을 새롭게 모색하려 한 점도 눈에 띈다. 김용옥의 <새춘향뎐>은 이도령의 자성록(自省錄) 등을 통해 정치적 담론을 강화하는 방향으로 변모시켰다. 서정 양식으로 전환된 후텍스트에서는 서정 문학의 특성을 잘 잘려 주인공인 춘향의 내면의식을 뚜렷이 체험할 수 있도록 배려할 수 있다. 서정주의 <추천사(鞦韆詞)>가 가장 대표적 예이다.

<춘향전>과 MBC 주말 연속극 <여우와 솜사탕>(김보영 극본, 정인·
박홍균 연출, 2002)을 통해 생각을 좀 더 진전시켜 보기로 한다. 두 작품은
서로 사랑하는 남녀가 부모의 반대로 혼사장애에 부딪힘으로써 발생하
는 갈등이 이야기 전개의 중심축을 이룬다. 혼사장애 모티프는 고전소
설의 한 유형을 이룰 만큼 빈번히 나타나는데, 오늘날 문학 텍스트에서
도 흔히 발견된다.[21] 시대의 변화에 따라 구체적인 모습이 서로 다르기
에 텍스트상호성에 입각한 교육이 가능하다.

<춘향전>에서 혼사장애는 신분 문제 때문에 일어나지만, <여우와
솜사탕>에서 경제적 문제 때문에 일어난다. 즉, <여우와 솜사탕>에서
구자가 자신의 둘째 딸 안선녀가 봉강철과 결혼하려는 것을 반대하는
이유는 나이 많고 별 볼 일 없는 평범한 남자인 봉강철이 자신의 딸이
사회적 성공을 성취하는 데 뒷받침을 해 줄 능력이 없다는 데 있다.[22]
구자는 안선녀를 통해 자신의 좌절된 욕망(사랑하는 사람과 결혼했지만 경제
적 능력이 부족한 남편)을 대리충족하려 하는데, 안선녀가 봉강철과 결혼하

---

20) 염은열은 고전문학이 구어문학의 산물이며 대중문학의 속성이 강하다는 점과 인류
　　의 매체발달사와 개체의 언어습득사가 유사한 패턴을 지닌다는 점을 들어 고전문학
　　이 발달 단계가 낮은 학생들에게 적합하다는 주장을 피력하면서 민요, 설화, 고전소
　　설이 초등 교과서에 다수 실려 있는 현상을 설명하고 있다.
　　염은열, 「고전문학의 교육적 대상화에 대한 연구」, 『고전문학과 교육』 3, 중앙교육
　　진흥연구소, 2001.
21) 박인기는 문학교육에서 텍스트상호성의 가능태로 텍스트간 세계, 경험 주체, 주제,
　　형식, 담론 방식, 의도, 소재(발상), 영향, 정서, 시대성, 미의식 등의 상호 작용을 들
　　고 있다.
　　박인기, 『문학교육과정의 구조와 이론』, 서울대학교출판부, 1996, 292면.
22) 봉강철의 어머니가 말숙임과 안선녀의 어머니가 구자임이 밝혀지면서 이들의 결혼
　　은 더욱 난관에 부딪히게 된다. 왜냐하면 구자와 말숙은 한 남자(현재 구자의 남편)
　　를 사이에 두고 삼각관계를 형성했던 과거의 불편한 관계로 인해 지금도 앙숙이기
　　때문이다.

려 하는 바람에 그 욕망이 또 한 번 좌절될 위기에 놓였기 때문이다. 여기서 우리는 <춘향전>의 신분 차이와 달리 경제적 능력의 부재가 혼사장애 요인으로 설정됨을 알 수 있다.[23] 이것은 신분제 사회에서 자본주의 사회로의 전환과 정확히 대응되며, 여성의 사회적 진출과 그 능력이 중시되는 시대상을 반영하고 있다. 이처럼 텍스트상호성을 통해 학생들에게 문학 텍스트가 그 시대 사회의 가치와 밀접한 관련이 있음을 인식시키면서 문학의 지평을 넓혀나갈 수 있다.

혼사장애의 극복 방식에서의 변화도 읽을 수 있다. <춘향전>에서 사랑의 결실은 당사자의 투쟁을 통해 성취된다. 춘향은 신분제가 흔들리고 신분변동이 활발히 이루어지는 조선후기 사회의 변화를 정확히 포착하고 이를 자신의 신분적 속박을 벗어나고 사랑을 성취하는 데 적절히 이용하였기 때문에 목적한 바를 이룰 수 있었다. 그래서 <춘향전>은 통속소설적 성격을 띠면서도 당대 시대 사회의 거대한 흐름과 관련되기에 통속성에 매몰되지 않고 진지한 문제의식을 내포한 고전으로 자리할 수 있었다. <여우와 솜사탕>은 시대사회의 포괄적인 흐름과 연결 고리를 맺고 있지 않다는 점에서 혼사장애의 극복 방식에서 통속성을 떨쳐버리기 어렵다. 여기서 교사는 통속성을 넘어선 참된 문학작품이 되기 위해서는 어떤 요소를 갖추어야 하는가를 인식시킴으로써 문학 텍스트를 정당하게 평가하는 잣대를 마련해 줌은 물론 창작교육에도 지침을 제공할 수 있다.

한 가지 덧붙여 시대와 사회가 다르면 동일한 문제에 대한 유사한 행위가 다른 평가를 받을 수 있음도 깨닫게 할 수 있다. 예컨대, <흥부

---

23) 여기서 그 시대 사회에서 가장 중요한 가치를 어느 한 쪽이 결여하고 있기 때문에 혼사장애가 발생한다는 사실을 알 수 있다.

전>에 나타나는 경제적 가치에 대한 긍정적 인식이 신분제 사회인 조선후기 사회와 물신숭배에 가까운 오늘날 사회에서 동일한 가치를 가질 수 없다. 그러므로 <흥부전>과 텍스트상호성이 큰 오늘날 텍스트 놓고 수업을 할 때 그 텍스트를 생성시킨 사회·문화적 문맥에서 읽어야 함을 인식할 수 있다.24)

(3) 텍스트의 내면화를 위한 방법

학습자의 내면화를 돕기 위한 수업은 학습자의 문학적 경험과 현실적 경험을 연속시키려는 의도를 내포한 수업이다. 텍스트의 내면화를 위한 수업은 문학능력, 즉 텍스트의 수용 능력과 의사문학(擬似文學) 텍스트를 생산하는 창작 능력의 신장을 지향한다.

문학 텍스트의 내면화는 단위 시간 안에 이루어지기 어렵지만, 학습자의 행위로 구체화하는 활동을 함으로써 이를 촉진시킬 수 있다. 즉, 학습자는 의사문학적 표현물을 생산함으로써 주어진 텍스트에 대한 인식을 확고히 할 수 있으며, 교사는 이를 통해 학습자가 해당 문학 텍스트를 어떻게 내면화하고 있는가를 유추하여 되먹임(feedback)의 자료로 삼을 수 있다. 이것은 제7차 교육과정25) 이후 제기된 문학 텍스트 창작

---

24) 김흥규(1993)는 "고전문학을 그 시대적 문화적 지평과 더불어 이해하고 가르친다는 기본 전제가 중요하다."(182면)며 고전문학 교육에 있어서 역사적 이해의 원근법을 제안한 바 있다. 제7차 교육과정에서도 이런 관점을 수용하여 "고전문학 작품은 당대의 삶과 정서를 이해하고 오늘의 관점에서 재해석할 수 있도록 지도"(교육부1998, 83~84면)한다는 방법론은 텍스트상호성 신장 교육의 바람직한 방향으로 이해할 수 있다.
김흥규, 「고전문학 교육과 역사적 이해의 원근법」, 『대학의 국문학교육』, 지식산업사, 1993.

또는 생산 활동에 해당한다.

텍스트의 내면화를 위한 수업은 현대문학에 비해 고전문학 교육에서 접근하기 어려울 것으로 예상된다. 왜냐하면, 학습자가 놓여있는 현실세계와 문학작품이 반영하고 있는 허구적 세계의 이질성이 시간적 간극에 비례하여 커질 것이기 때문이다. 그러나 앞서 말한 바와 같이 판소리 문학은 제재의 보편성이 크기 때문에 시공의 거리가 있음에도 텍스트상호성을 거론할 수 있다.

학습자의 행위적 활동은 글쓰기, 역할놀이 등의 형태로 표출될 수 있다. 글쓰기는 '여백 메우기'와 '다시쓰기'의 방법을 시도할 만하다. 이 두 가지는 학생이 학습한 텍스트를 전텍스트로 하여 이에 대응되는 후텍스트(문학적 표현물)를 생산하는 작업이다. '여백 메우기'가 텍스트에 대한 구심력을 강화하는 작업이라면, '다시쓰기'는 텍스트에 대한 원심력을 강화하는 작업이다.

'여백 메우기'는 전텍스트의 속성을 그대로 인정하면서 서사적 빈틈으로 남겨진 부분을 상상력을 발휘하여 메워넣는 작업이다. 이 작업은 인물의 내면의식을 서술하기에 특히 적합하다. <춘향전>에서 춘향이 옥에 갇혔을 때 겪는 내면 의식,26) <토끼전>에서 토끼가 기변(奇辯)을 내어 용왕을 잠시 속이고 난 뒤 하룻밤을 지내면서 겪는 불안한 내면 심리, <흥부전>에서 흥부가 매품 팔러 병영 길을 나설 때의 느끼는 내

---

25) 제7차 교육과정에서 개작, 모작, 생활 서정의 표현과 서사문 쓰기 등의 창작 활동을 교수·학습 방법으로 제시하고 있다. 개작은 "작품의 기본 골격을 유지하며 일부 요소를 바꾸어 다시 쓰는 것"이며, 모작은 "작품의 분위기와 서술 방식 등을 본받아 새로 쓰는 것"이다.
　교육부, 『고등학교 교육과정 해설 2 국어』, 대한교과서주식회사, 2001, 323면.
26) 임철우의 <옥중가>는 이런 작업의 대표적 사례라 할 만하다.

적 갈등을 서술하는 작업 등이 가능하다. 이런 작업을 통해서 학생들이 해당 텍스트의 인물의 성격이나 작품이 주제 등을 어떻게 이해하고 받아들이는가를 파악할 수 있으며, 학생은 자연스럽게 텍스트를 내면화할 수 있다.

'다시쓰기'는 전텍스트의 속성을 벗어난 사건을 설정하는 작업이다. '다시쓰기'는 다음과 같은 방향으로 진행할 수 있다. <춘향전>의 경우 이도령이 떠난 뒤 이야기 춘향과 이도령의 운명이나, 이도령과 춘향은 서울로 간 이후의 삶을 상상하여 쓸 수 있다.[27] <심청전>의 경우는 심청이 뱃사공을 따라 떠난 뒤의 이야기를 변형할 만하다. <토끼전>의 경우 토끼가 수궁을 탈출한 이후 이야기 고쳐쓰기를 생각해 볼 수 있다. <흥부전>의 경우 인물의 성격 바꾸기를 시도해 볼 수 있고,[28] 흥부가 쫓겨난 뒤의 이야기나, 놀부가 망한 뒤의 이야기 등을 고쳐쓸 수 있다.

<토끼전>의 결말 부분 이어쓰기를 두고 좀더 생각을 구체화해 보기로 한다. 『중학교 국어 2-2』(1996)에 수용된 <신명균본토끼전>은 텍스트 선정의 부적절성, 텍스트 언어의 난해함,[29] 수준에 맞는 다양한 수업 방법 모색의 어려움 등 많은 제약이 따를 것으로 보인다. 인물의 성격과 작품의 주제를 파악한 후 텍스트의 내면화를 위해 상상력을 발휘하여 결말 부분 고쳐쓰기 또는 이어쓰기를 할 수 있다. 교과서에 수용된 <신

---

27) 류수열(2001)에서 <춘향가> 교육의 병법으로 장황한 수사 새로 쓰기, 놀이하기와 창조하기, 서사의 빈틈 메우기 등을 제시한 바 있다.
28) 최인훈의 <놀부뎐>이 그러한 예이다.
29) <토끼전>의 경우 중학교 2학년생 기초한자를 훨씬 상회하는 한자(어)가 대거 나타나 그 장벽이 여간 높은 것이 아니다. 필자가 근무했던 학교에서는 1학년부터 3학년까지 컴퓨터를 선택과목으로 선정했기 때문에 학생들은 교육과정에 의거해 한문 교육을 받을 기회가 전혀 없었다. 그리하여 실제 수업에서 <토끼전>의 어휘를 이해시키는 데 큰 어려움을 겪은 바 있다.

명균본토끼전>의 결말 부분은 '토끼는 도망가고 자라는 선단(仙丹)을 얻는다'로 요약될 수 있다. 학생들이 이 결말을 어떻게 처리하는가는 인물에 대한 시각과 작품의 주제를 어떻게 파악하는가와 직결되는 문제이기 때문에30) 학생들은 텍스트 생산 활동을 통해 텍스트를 내면화할 수 있으며, 교사는 그 양상을 파악할 수 있다.

(4) 메타적 이해를 위한 방법

문학 텍스트를 메타적으로 이해하는 능력은 문학 텍스트를 단순히 소비하는 데 그치지 않고 주체적·능동적으로 텍스트의 의미를 구성해가는 활동이다. 문학 텍스트를 메타적으로 이해하고 설명할 수 있는 능력31)은 과거와 현재의 간극을 극복하고 판소리 문학의 허구적 세계에서 일정한 거리를 두고 이를 대상화하여 바라볼 수 있게 한다. 텍스트를 메타적으로 이해하는 것은 텍스트들의 관계적 의미망 속에서 텍스트의 위상을 분명히 파악할 수 있는 길을 열어준다. 우리는 텍스트에 대한 소원화를 통해 주텍스트32)를 정당하게 이해하는 데 보다 가까이 접근할 수 있다.

텍스트의 메타적 이해를 위한 수업도 학생들이 텍스트에 관해 말하거나 글쓰는 행위적 작업으로 구체화하는 것이 바람직하다. 학습자는 비

---

30) <토끼전>의 중심인물들은 계층적 전형성을 띠고 있으므로 이들의 운명 처리 방식은 인물 계층에 대한 시각을 결정하고 주제를 구현하는 데 결정적인 영향을 미친다.
31) 김대행 외, 『문학교육원론』, 서울대출판부, 2000, 36면.
32) 교과서에 수용된 텍스트를 '주텍스트'로, 그 이외의 텍스트를 '부텍스트'로 지칭한다. 수업 현장에서는 교과서에 수용된 주텍스트가 그 중심적 위치를 차지할 것이기 때문에 이러한 구분은 중요한 의미를 갖는다.

평적 텍스트 생산 활동을 통해 막연한 지각이 명료화·구체화되면서 학습자의 문학능력을 향상시킬 수 있다. 이 방법은 앞서 제시한 텍스트의 내면화를 위한 방법과 병행하면서 진행하는 것이 바람직하다. 왜냐하면, 텍스트의 내면화 바탕 위에서 메타적 이해가 가능하며, 텍스트의 메타적 이해는 내면화를 한층 확고히 하는 상승작용을 일으킬 수 있기 때문이다.

말하기 방법으로서는 청문회 형식을 빌려 텍스트의 주인공을 현실 공간으로 끌어내어 묻고 답하는 방법이 사용될 수 있다.[33] 예컨대 <춘향가>에서 갈등의 중심축인 이도령, 성춘향, 변학도를 수업 현장으로 불러내어 그들에게 행위의 정당성을 질의·응답하는 수업이 가능하다. 즉, 춘향에게 변학도를 거부한 것은 이몽룡에 대한 순수한 사랑 때문이었는지, 이도령에게 춘향을 처음 만나 지금에 이르기까지 춘향에 대한 생각에 어떤 변화가 있는지, 변학도는 춘향에 관한한 당대 실정법상 정당한 공무를 집행한 셈인데 이에 대해 죄를 물을 수 있는지 등을 묻고 답하는 것이 가능하다. 청문회 형식이므로 여기서는 자신들의 감추어진 내면세계를 진솔하게 털어놓는 방식이 되어야 할 것이다. 이렇게 함으로써 텍스트에 대한 심도 있는 이해가 가능하고 학생들이 어떤 인물의 행위와 의식을 어떻게 이해하고 있는가를 학생과 교사 모두 보다 명백히 확인할 수 있을 것이다.

메타 텍스트를 생산하는 글쓰기 방법으로는 정서적 글쓰기와 비평적 글쓰기를 모두 생각할 수 있다. 정서적 글쓰기는 작중 인물에게 편지쓰

기 등을 통해 정서적 교감 또는 조언이 이루어질 수 있으며,34) 비평적 글쓰기는 변호인의 입장에서 작중인물을 옹호하는 변론문 쓰기나 검사의 입장에서 논고문 쓰기 판사의 입장에서 판결문 쓰기 등을 통해 이루어질 수 있다.

이 가운데 비평적 글쓰기는 학습자 상호간에 비평을 공유할 수 있을 때 특히 생산적이다. 왜냐하면, 한 학습자의 비평문을 다른 학습자가 비평할 수 있고, 다수의 학습자가 참여함으로써 비평에 대한 비평이 활발하게 이루어져 궁극적으로 텍스트의 실체에 보다 근접하는 문학 활동이 이루어질 수 있기 때문이다. 전자매체가 제공하는 가상공간 상에서 이런 토론이 이루어질 수 있을 것이다.35)

4. 즐거움과 문학능력, 그리고 판소리 문학

요즘 학생들의 지상 과제는 '재미'이다. 재미가 최고의 선(善)이다. 재미만 있으면 모든 것이 용서된다. 친구를 만나도 재미있는 친구, 선생님

---

34) 필자는 실제 수업 현장에서 학생들에게 독후감을 쓰라고 했을 때 서사작품 속의 인물에게 보내는 편지형식의 글이 빈번하게 나타남을 보았다. 이것은 작중 인물을 향한 발언이 학생들에게 매우 친숙함을 의미한다. 초등학교에서는 구전설화 속의 인물에게 편지쓰기를 통해 이를 실천하고 있다(교육부, 『국어 쓰기 2-2』, 대한교과서 주식회사, 2000, 68~69면 참조). 그러므로 이러한 방법에 대한 전이해가 잘 되어 있어 쉽게 접근 가능하다.

35) 류덕제(2000)는 인터넷을 통한 비평교육으로 개인적 의미 구성을 사회적 의미 구성으로 확산하면서 인식의 폭을 넓히고 지적 능력을 높일 수 있었다는 실천적 경험을 제시하여 주목된다.
류덕제, 「문학 교육의 방법」, 한국초등국어교육학회, 『문학수업방법』, 박이정, 2000, 13~20면 참조.

도 재미있는 선생님을 좋아한다. 책도 재미있는 책을 읽는다. 사이버 공간에서 학생들이 읽는 문학도 재미가 있어야 조회수가 올라간다. 사이버 공간에서의 조회수는 현실공간에서의 판매 부수이다. 판매 부수가 그 문학의 가치와 비례하지 않듯이 조회수가 작품의 가치와 비례하지 않는다. 독자와 사이버 작가의 공모 속에 진지한 문제의식은 실종되고 만다.

판소리 문학의 교육에 있어서도 학생들의 정서적·지적 흥미를 끌만한 방안이 마련되어야 한다. 이 글에서 제시한 방법들이 이를 어느 정도 감당할 수 있을 것으로 기대한다. 판소리 연행을 고려한 방법은 연행적 흥미를 불러일으킬 수 있고, 텍스트상호성을 고려한 방법은 학습자가 쉽게 접할 수 있는 다양한 문학적 텍스트를 활용할 수 있으며, 텍스트의 내면화를 위한 방법과 메타적 이해를 위한 방법은 학습자의 주체적·능동적 활동을 유도할 수 있다.

텍스트의 내면화와 메타적 이해는 학습자 스스로 텍스트를 생산하는 행위적 활동을 통해 문학 원리를 체득하고 문학능력을 기르도록 하는 것이 바람직하다. 그러므로 텍스트의 내면화 방법과 메타적 이해를 위한 방법이 발전적으로 반복되어야 문학능력이 고양될 수 있다. 수용의 가장 적극적인 형태가 생산이기 때문이다.[36) 아울러 이러한 방법들은 수행평가와 직결시키는 것이 바람직하다.

문학능력의 향상은 문학교육의 목적이 지식 그 자체를 이해하는 것으로 그쳐서는 안 되고 다른 문학 텍스트로 폭넓게 전이될 수 있어야 한

---

36) 교육과정에서 개별 작품에 대한 학습자의 문학적 반응을 다양한 방식으로 표현하는 활동을 권장하고 있음도 주목할 필요가 있다.
교육부, 『초등학교 교육과정 해설(Ⅲ)』, 대한교과서주식회사, 1998, 20면 참고.

다는 관점을 내포한다. 판소리 문학, 고전문학 교육도 이점을 망각해서는 안 될 것으로 본다. 이 글에서 '고전'으로서의 판소리 문학 교육에 초점을 둔 판소리 연행을 고려한 방법과 텍스트의 내면화를 위한 방법을 제시하는 데 그치지 않고, 텍스트상호성을 고려한 방법과 메타적 이해를 위한 방법을 제시하여 판소리 문학의 전이력을 높이려 한 것도 이러한 이유 때문이다.

〈홍길동전〉의 교과서 수용 양상과 목표 학습 활동의 재구성
2007년 개정 교육과정에 따른 7학년 교과서를 대상으로

1. 제도의 변화와 교수·학습 방법적 대응

2007년 개정 국어과 교육과정 성취기준에 고전문학을 위한 자리는 거의 없다. 1~10학년 중, 9학년의 "한국문학의 대표적인 고전 작품을 찾아 읽고 그 가치와 중요성을 이해한다."는 성취기준을 제외하면, 고전문학을 작품으로 가르치거나 자료로 활용해야 할 필연적 이유가 없다. 교과서 집필자 입장에서는 성취기준에 도달하기 위한 최적의 작품을 고전문학 작품에서든 현대문학 작품에서든 선정하면 된다.[1] 다만 교과서 집필자들은 작품 안배 차원에서 고전과 현대 작품을 고르게 선정하려고

---

[1] 10학년 "수용과 전승 과정에 유의하여 한국 문학의 전통을 이해한다."는 성취기준은 현대문학 속의 전통을 다룰 수 있으므로 고전문학을 필연적으로 활용해야 할 이유가 없다.

노력할 것이다. 2010년부터 사용하는 7학년 교과서도 이런 틀에서 벗어나지 않는다.

7학년 문학 영역 성취기준은 4개이다. 검정을 통과한 23종 교과서에 수용[2]된 문학 텍스트를 대략 살펴보니, 시조, 민요 등 고전시가는 운율과 관련된 성취기준 및 내용요소와 관련하여 주로 수용되었으며, 고전소설은 역사적 상황과 관련된 성취기준 및 내용요소와 관련하여 주로 수용되었다. 정서와 분위기 파악 관련 성취기준은 및 내용요소는 현대시를 중심으로, 인물의 심리 상태와 갈등의 해결 과정과 관련된 성취기준 및 내용요소는 현대소설을 중심으로 수용하였다. 한편, 구전설화, 탈춤, 판소리 사설은 듣기 영역 속의 재담과 관련된 성취기준 및 내용소요를 위해 다수 수용되었다.

그 가운데 교과서 수용 빈도가 가장 높은 작품은 <홍길동전>이다.[3] 그렇기 때문에 <홍길동전>의 수용 양상을 통해 학교 현장에서 고전소설 교육에 어떻게 접근할 것인가의 문제를 다루기에 적합하다. 이를 위해 먼저 어떤 고전소설 작품으로 어떤 성취기준에 도달하려 하는가를 대략 살펴볼 것이다. 이것은 고전소설 수용의 전체 맥락 속에서 <홍길동전>의 수용 양상을 살펴보기 위함이다. 특히 이 장에서는 중등학교 현장에서 문학 수업을 하는 교사와 학생의 입장에서 교과서를 어떻게

---

2) 본고에서 '수용'은 독자의 텍스트 수용이 아니라 교과서에의 텍스트 수용이란 맥락에서만 사용된다. 이를테면, 교과서에서 <홍길동전>의 어느 이본의 어느 부분을 어떤 방식으로 수록하여 어떤 활동을 하는가를 포함하는 개념으로 사용한다.
3) 작가를 기준으로 보면 김소월의 작품(<엄마야 누나야>, <진달래꽃> 등 19회)이 가장 많이 수용되었고, 허균의 작품(<홍길동전> 18회), 박완서의 작품(<자전거 도둑>, <옥상에 핀 민들레꽃> 등 17회) 순으로 많이 수록되었다. 매일신문(2009. 10. 12) 5면 기사 "검인정 국어 교과서 속 문학, 김소월 시 19회 최다, 허균 '홍길동전' 뒤 이어" 참고.

활용할 것인가의 관점에서 접근한다. 이렇게 하면 〈홍길동전〉을 넘어 국어과 내용 영역 전반으로 일반화할 수 있는 부분이 많을 것이다.

학습자의 수준과 정전(正典)의 목록이라는 제약이 있지만, 동일한 성취기준에 도달하기 위한 제재와 방법이 매우 다양할 것으로 예상된다. 이를 교수·학습의 관점에서 바라보면 개정 교육과정의 실질적 변화는 서로 다른 텍스트와 학습활동으로 동일한 성취기준에 도달하려는 형태로 나타날 터이다. 그러므로 우리는 검정 체제로의 전환이라는 정책적 변화가 학교 현장에 긍정적으로 기여할 수 있는 교수·학습 전략을 마련해야 한다.

단위 학교에서는 선정된 교과서를 통해 성취기준에 도달하기 위한 활동을 하게 될 것이다. 그러나 한 종의 교과서를 선택하는 일이 나머지 22종의 교과서를 원천적으로 배제하는 일이 되어서는 검정 체제의 장점을 살리기 어렵다. 학습자의 입장에서 본다면 선정 교과서가 절대적 위상을 갖는다는 점에서 국정 체제와 다를 바가 없기 때문이다. 23종 교과서는 그 나름의 장단점을 갖고 있을 것이므로 배제된 교과서들의 장점도 버리기 아까운 일이다. 그러므로 교과서의 활용은 결국 다양성 수용의 문제로 수렴될 것으로 예상되는 바, 우리는 이를 어떻게 수렴할 것인가를 모색해야 한다. 검토 교과서는 2009년 전시본이다.

2. 고전소설 수용의 전반적 양상

문학 영역에서 고전소설을 소단원 차원의 텍스트로 수용한 성취기준은 2개다. 그 성취기준과 내용요소를 제시하면 다음과 같다.[4]

성취기준	내용요소의 예
(1) 문학 작품에 드러난 인물의 심리 상태와 갈등의 해결 과정을 파악한다.	• 소설이나 희곡에서 갈등 구조 이해하기 • 갈등의 해결 과정 파악하기 • 갈등의 해결 과정에 따라 인물의 심리 상태가 어떻게 변하는지 파악하기
(3) 역사적 상황이 문학 작품에 어떻게 나타나는지 이해한다.	• 작품에 드러난 시대 상황 파악하기 • 작품에서 인물이 시대 상황에 대응하는 방식 파악하기 • 작품 속에 드러난 시대 상황과 오늘날의 현실 상황 비교하기

텍스트 수용에 있어서, 성취기준 "(4) 시어와 일상어의 관계에 대한 이해를 바탕으로 노랫말을 쓴다."는 시가(운문) 문학 이외의 것을 생각하기 어렵다. 성취기준 "(2) 문학 작품의 전체적인 정서와 분위기를 파악한다."도 시가를 제재로 하는 것이 적합하다고 판단했기 때문에 고전소설을 제재로 수용하지 않았을 것이다. 그런데 고전소설을 텍스트로 수용한 성취기준이 문학 영역만은 아니다. 그러면 교과서에 수용된 고전소설은 무엇이며 이들 작품으로 어떤 성취기준을 실현하고자 하는지 정리하고, 수용의 특징을 살펴보기로 한다. '내용요소' 항목은 교육과정에서 제시한 순서에 따라 원괄호를 부여했다.

---

4) 교육인적자원부, 『국어과 교육과정』, 세원문화사, 2007, 47면. 이하 문학 영역 성취기준은 '(1)', '(3)' 등으로 줄여 지칭한다.

작품	성취기준	내용요소	수용형태	성취기준 통합 단위	수용처	원전 또는 출처	출판사
홍길동전	(1), (3)	①② ③	소단원, 활동	※별도 제시	국, 생국	※별도 제시	17종
전우치전	(3)	②	활동	미통합, 〈홍길동전〉과 비교	생국	〈신문관본〉	박영(송)
박씨전	(3)	①	활동	대단원, (1), 읽기(5)	생국	장경남 역(현암사)	두산(우)
홍계월전	(1)	①② ③	수준별활동	대단원, 읽기(5)	생국	임정자 각색 (한겨레아이들)	새롬(권)
허생전	(3)	①②	활동	대단원, 읽기(5)	국		창비(김)
허생전	(3)	③	활동	〈홍길동전〉과 비교	국		신사(이)
민옹전	듣기(4)	①②	소단원	대단원, (4)	국		디딤(이)
춘향전 (가)	문법(2)	②③	소단원	대단원, 읽기(1)	국	〈열녀춘향수절가〉	미래(이)
춘향전 (가)	읽기(5)	①③	통합활동	대단원, (3)	국	조현설 각색5)	창비(김)
심청전 (가)	듣기(4)	추가	생각더하기	대단원, (3), 문법(2)	국	〈한애순창본〉	유웨(이)
심청전 (가)	말하기 (2)	①② ③	선택활동	대단원, (3)	생국	정출헌 각색6)	지학(이)
심청전 (가)	듣기(4)	②	적용활동	대단원, 문법(2), 말하기(2)	국	〈김수연창본〉	창비(김)
토끼전	문법(4)	①② ③	소단원	대단원, 소단원, 말하기(4)	국	〈경판토생전〉	미래(이)
흥부전 (가)	듣기(4)	①② ③	소단원	대단원, (3)	국	〈박봉술창본〉	디딤(김)
흥부전 (가)	듣기(4)	①② ③	소단원	대단원, 문법(3)	국	신동흔 각색	지학(방)
흥부전 (가)	듣기(4)	②	활동	※국어만 대단원, (4)	생국	〈박봉술창본〉	천재(김)
흥부전 (가)	듣기(4)	②	소단원	대단원, (3)	국	〈박봉술창본〉	천재(박)

---

5) 『사랑 사랑 내 사랑아』, 나라말, 2002.

위의 표에서 드러나는 고전소설 수용의 몇 가지 특징을 정리하면 다음과 같다.

첫째, 전기계 소설과 판소리 문학, 야담계 소설이 수용되었으며 앞의 두 계통이 큰 비중을 차지한다. 전기계 소설은 4편이 수용되었는데, 모두 영웅소설로서 남성영웅소설과 여성영웅소설이 각 2편씩이다. 판소리 문학은 전승 5가 가운데 <적벽가>(<화용도>)를 제외한 4편이 수용되었다. 야담계 소설은 2편이 수용되었는데, 모두 박지원의 한문단편소설이다. 수용 빈도에 있어서는 <홍길동전>이 소단원으로 14회, 활동으로 5회 수용되어 문학 작품 가운데 수용 빈도가 가장 높다. 그러나 나머지 전기계 소설은 각 1회 수용에 그치고 있다. 그나마도 소단원으로 수용된 것은 없고 모두 활동으로 수용되었다. 반면 판소리 문학은 <흥보전(가)> 4회, <심청전(가)> 3회, <춘향전(가)> 2회, <토끼전> 1회 수용되어 전기계 소설에 비해 상대적으로 수용 횟수에 편차가 크지 않다. 소단원으로 수용된 5편 가운데 판소리 문학이 3편, 전기계 소설과 야담계 소설이 각 1편이다. 박지원의 한문단편소설로는 <민옹전>이 소단원으로 수용되었고, <허생전>은 활동으로 수용되었다.

<홍길동전>이 많이 수용된 까닭을 작품이 갖는 위상 때문이라고만 볼 수는 없다. 작품의 위상으로 따진다면 <춘향전>이 <홍길동전>만 못하지 않지만 2종에 수용되는 데 그친 까닭을 설명할 수 없다. <홍길동전>을 수용한 성취기준은 "(3) 역사적 상황이 문학 작품에 어떻게 나타나는지 이해한다."에 집중되어 있다. 이것으로 보아 <홍길동전>의 수용 빈도가 높은 가장 큰 요인은 <홍길동전>으로 성취기준 (3)을 성취

---

6) 『어두운 눈을 뜨니 온 세상이 장관이라』, 나라말, 2006.

하기에 적합하다는 판단을 다수의 교과서 집필자들이 했기 때문이다.[7]

둘째, 고전소설이 문학 이외 영역 성취기준을 위한 텍스트로 활용되고 있다. 고전소설 10편 가운데 문학 영역으로 5편, 문학 이외의 영역으로 5편이 수용된 셈이므로 문학 이외의 영역으로 수용된 비중이 매우 높다. 듣기 영역 가운데 "(4) 재담에 나타난 재미있는 말의 발상과 의미를 파악한다."는 성취기준을 위한 제재로 〈흥보가〉, 〈심청가〉, 〈민옹전〉을 수용했다. 판소리 문학의 비중이 높은 까닭도 이 성취기준 때문이다. 이 성취기준은 "재치와 유머가 있는 재담"을 '담화의 수준과 범위'[8]로 설정하고 있는데,[9] 특히 〈흥보가〉와 〈민옹전〉은 이에 잘 부합한다. 그밖에 영화 읽기와 관용 표현 관련 성취기준으로 〈춘향전(가)〉를, 사동과 피동 관련 성취기준으로 〈토끼전〉을 수용하였다. 또한 말하기 영역의 성취기준 "(2) 대화 상대의 공감을 이끌어낼 수 있도록 호소력 있게 말한다."의 제재로 〈심청가〉를 수용하였다.

이상으로 보면 쓰기 영역을 제외한 전 영역 성취기준에서 고전소설을 수용한 셈이다. 특히 판소리 문학이 이들 영역 성취기준에서 다채롭게 활용되는 점이 눈에 띈다. 이처럼 문학 텍스트를 통해 다른 영역의 성취

---

7) 〈홍길동전〉의 문학사적 위상으로 볼 때 이를 수용하기에 적합한 성취기준이 있다면 우선적으로 수용될 가능성이 있다. 8학년의 "문학 작품에 나오는 인물의 행동을 사회문화적 상황과 관련지어 파악한다."는 성취기준은 반영론적 관점에서 인물의 행위에 접근하는 것이므로 〈홍길동전〉의 인물들을 통해 접근하기 적합하다. 그러나 7학년에서 〈홍길동전〉을 소단원으로 수용한 교과서에서 다시 소단원으로 수용하기는 쉽지 않을 것이므로 활동 차원으로 수용할 가능성이 크고, 활동 차원으로 수용한 교과서에서는 소단원 차원으로 수용할 가능성이 있다.
8) '담화의 수준과 범위'란 "학습자가 성취기준에 도달한 결과 수용·생산할 수 있는 담화·글", "성취기준에 도달하기 위하여 학습 과정에서 다루어야 하는 담화·글"(교육과학기술부, 2008, 24면)을 의미한다.
9) 교육과학기술부, 2008, 28면.

기준을 실현할 수 있다면 권장할 일이다. 해학성과 풍자성이 뛰어난 판소리 문학과 박지원의 <민옹전>이 듣기 영역의 재담 관련 성취기준을 위해 수용된 것은 본보기가 될 만하다.

셋째, 상대적으로 적기는 하지만, 고전소설을 수용한 성취기준과 다른 영역 성취기준이 한 단원 안에서 통합되었다. 23종 교과서는 대부분 단원별 『국어』와 『생활국어』 성취기준이 같고 한 학기 당 5~7단원, 평균 6단원 정도로 구성되어 있다. 7학년 전 영역의 성취기준이 모두 27개이므로 이를 단원별로 배분하면 한 단원에서 2~3개의 성취기준이 통합되어야 한다는 산술적 계산이 나온다. 이 기준에 비추어보면, 문학 영역에서 고전소설을 소단원으로 수용하여 대단원 차원에서 다른 영역과 통합한 경우가 상대적으로 적다.

통합의 양상을 살펴보면, 동일 대단원 안에 소단원을 달리하면서 다른 영역과 통합하는 대단원 차원의 통합과 소단원 안에 활동을 달리하면서 다른 영역과 통합하는 소단원 차원의 통합으로 나눌 수 있다. 두 형태 가운데 고전소설을 수용한 소단원은 대부분 대단원 차원에서 다른 영역과 통합되었다. 문학 영역 성취기준을 위해 수용된 고전소설은 읽기 영역과 주로 통합되었다. <홍길동전>, <박씨전>, <홍계월전>, <춘향전>, <허생전>이 그러하다. 고전소설이 문학 이외의 영역으로 수용되어 문학 영역과 통합된 경우로는 <춘향전(가)>, <심청전(가)>, <흥부전(가)>, <민옹전>이 있다. 이들은 대단원 차원에서 (3) 또는 (4)와 통합되었다.

고전소설의 수용 양상을 살펴본 결과 동일한 성취기준을 위해 동일한 작품 수용한 경우와 다른 작품을 수용한 경우가 있음을 확인하였다.[10] 고전소설의 수용 양상은 동일한 성취기준과 내용요소를 위해 수용한 동일한 텍스트 또는 다른 텍스트를 어떻게 활용할 것인가에 대한 과제를 던져준다. 텍스트의 같고 다름을 막론하고 동일 성취기준과 그에 따른 내용요소를 실현하기 위해 여러 교과서에 수용된 텍스트 어떻게 활용할 것인가 하는 중대한 과제가 제기된다. 이에 대한 논의는 4절에서 펼치고자 한다.

3. 〈홍길동전〉 수용의 양상 검토

(1) 텍스트를 중심으로 본 수용 양상

〈홍길동전〉을 수용한 17종 교과서를 대상으로 수용 양상을 정리하면 다음과 같다. 교과서에서 원전을 밝히지 않은 경우 출처를 찾아 확인하였다. 확인하지 못한 경우는 이본을 검토하여 추정하였다.

수록 부분	원전	수록 상의 특징	출처	출판사
처음-모친에 가출 의사 밝힘	〈경판24장본〉 추정	원전 생략, 뒷 이야기	박동우 역(청목사)	교학(김)
길동 팔 세-모친에 가출 의사 밝힘	〈경판24장본〉	역주본 수준	김일렬 역주11)	교학(남)
길동 팔 세-모친에 가출 의사 밝힘, 호부호형 허락-가출	〈경판본〉 저본	풀어씀, 윤문함, 중략 줄거리	강상순 지음12)	금성(윤)

---

10) 다른 성취기준으로 동일한 작품 수용한 경우도 있으나, 본고의 관심은 동일한 성취 기준에 초점이 놓여 있으므로 별도로 언급하지 않는다.
11) 『홍길동전 전우치전 서화담전』, 고려대민족문화연구소, 1996. 〈경판24장본〉의 경

길동 팔 세-모친에 가출 의사 밝힘	〈경판24장본〉	역주본 수준	국1-1(중)13)	대교(박)
길동 팔 세-모친에 가출 의사 밝힘	〈경판24장본〉	역주본 수준	국1-1(중)	대교(왕)
길동 팔 세-모친에 가출 의사 밝힘, 특재 등장-가출	〈경판24장본〉	역주본 수준, 전체 및 중략 줄거리	김일렬 역주	디딤(이)
길동 팔 세-모친에 가출의사 밝힘, 인형에 길동 잡게 함-여덟 길동 작란	〈경판24장본〉	약간 풀어씀, 중략 줄거리	불명(不明)14)	미래(윤)
길동 십일 세-가출	〈완판36장본〉 중심15)	소제목 부여	류수열 글	박영(송)
길동 율도국 왕이 됨-승천	〈완판36장본〉 중심	줄거리 요약	류수열 글	박영(송)
길동 출생-모친에 가출 의사 밝힘	〈김동욱89장본〉 중심	윤문함, 교합본	정종목 글16)	비상(조)
길동 팔 세-길동 관상풀이	〈경판24장본〉	역주본 수준	김일렬 역주	웅진(이)
길동 팔 세-초란 흉계 꾸밈, 길동 십일 세-가출, 길동 도적 소굴로 감- 우두머리가 됨	〈완판36장본〉	윤문함	집필진 풀어씀	유웨(이)
길동 팔 세-모친에 가출 의사 밝힘	〈경판24장본〉	역주본 수준	김일렬 역주	좋은(이)
길동 팔 세-모친에 가출 의사 밝힘	〈경판24장본〉	역주본 수준	국1-1(중)	지학(방)
길동 길현에 재차 자현-왕에 하직 고함	〈완판36장본〉 중심	방·교서 콜라주, 앞부분 줄거리	류수열 글	천재(김)

우 이 역주본을 기준으로 문장과 어휘를 풀어쓴 정도를 가늠하였다.
12) 『홍길동전』(참 좋은 우리 고전1), 두산동아, 2007.
13) 제7차 교육과정에 따른 중학교 1학년용 교과서로서, 김일렬이 역주한 것을 토대로

여덟 길동의 의적 활동, 길동 길현에 자현-왕에 하직 고함	〈완판36장본〉 중심	소제목 부여, 방·장계 콜라주, 중간 줄거리	류수열 글	천재(노)
여덟 길동의 의적 활동-율도국 건설	〈경판24장본〉 추정	원전 생략 및 축약, 앞 줄거리	정호웅 역주17)	천재(박)
길동 팔세-모친에 가출 의사 밝힘	〈경판24장본〉	역주본 수준	김일렬 역주	해냄(오)

　교과서에 수용된 〈홍길동전〉 이본은 경판본 계열, 완판본 계열, 필사본 계열에 걸쳐 있다. 그러나 경판본 계열은 〈경판24장본〉이고, 완판본 계열은 〈완판36장본〉이며, 필사본 계열은 〈김동욱89장본〉이므로 결국 3종의 이본이 수용된 셈이다. 세 이본은 각각 12종, 4종, 1종의 교과서에 수용되었다.

　나타난 결과로 보면 〈경판24장본〉이 압도적 비중을 차지한다. 〈경판24장본〉은 그간 학계에서 연구의 주 텍스트로 삼아왔던 이본이다. 그러나 경판본 계열 가운데 최고본(最古本)이자 최선본(最善本)은 〈경판30장본〉이다.18) 그러므로 경판 계열을 수용한다면 〈경판30장본〉을 수용하는 것이 마땅하다. 〈완판36장본〉은 완판 계열19) 가운데 최선본(最先本)

했다.

14) 김일렬 역주본을 좀 더 풀어쓴 것으로 추정된다.

15) 〈완판36장본〉을 중심으로 〈경판24장본〉 등 다른 이본을 교합하였다고 밝혔다. 류수열, 『춤추는 소매 바람을 따라 휘날리니』, 나라말, 2003, 154면.

16) 『홍길동전』(재미있다 우리 고전3), 창작과비평사, 2003.

17) 출처는 확인되지 않는다. 집필진에서 역주한 듯하다.

18) 〈경판24장본〉은 〈경판30장본〉의 후반부가 대폭 축약된 이본으로, 〈경판24장본〉의 20장까지는 〈경판30장본〉과 자구가 거의 일치한다. 이윤석, 『홍길동전 연구』, 계명대학교출판부, 1997, 22면.

19) 완판 계열에는 〈완판36장본〉을 비롯하여 〈김동욱28장본〉, 〈박순호52장본〉, 〈박순호41장본〉, 〈정문연68장본〉, 〈국립도서관70장본〉 등이 있다. 이윤석, 앞의 책,

이며, 사회 부조리에 대한 고발과 저항 의식이 뚜렷하다.[20] 대부분의 교과서에서 길동의 가출 이전 부분을 수용했다. 이 부분은 이본에 따른 편차가 크지 않은 부분이라 어느 이본을 수용하든 큰 차이는 없다. 그러나 고전소설을 교과서에 수용할 때 학계의 연구 성과를 받아들여 최선본(最善本)을 수용하려는 정신을 가져야 한다.[21]

<홍길동전> 수록 부분을 보면, 가정에서 일어난 사건을 수용한 교과서가 15종, 사회(국내)에서 일어난 사건을 수용한 교과서가 2종, 사회에서 일어난 사건과 해외에서 일어난 사건을 수용한 교과서가 1종이다. 가정에서 일어난 사건은 적서차별의 문제가 중심이고, 사회(국내)에서 일어난 사건은 관리의 부패 문제가 표면이고 적서차별 문제가 이면이다. 이 두 문제가 해외에서 일어난 사건을 통해 해결된다. 그러므로 시대 상황은 가정과 사회에서 일어난 사건을 서사한 부분에서 잘 드러난다. 그럼에도 가정에서 일어난 사건을 많이 수용한 것은 공간의 친숙성과 중요성(갈등의 근본 원인이 배태된 곳이라는 점에서) 때문으로 보인다.

다음으로 원전 수용 방식을 살펴보자. 원전에 가까운 정도를 기준으

66면.

20) 이문규, 『허균산문문학연구』, 삼지원, 1986, 127~132면. 이문규는 길동의 저항성이 작품의 내적 불통일을 야기하는 요인이 되기도 했다고 했으나, 김일렬은 신분의 단계적 상승이라는 일대기적 구조와 인물과 사회의 대립이라는 대립적 구조 사이에 상보적 관계가 있음을 밝혔다. 김일렬, 「홍길동전의 구조와 의미」, 『국어국문학』 99, 국어국문학회, 1998.

21) 7차 교육과정에 따른 중학교 『국어 2-1』에 수용된 <경판토생전>은 제6차 교육과정에 따른 중학교 『국어 2-2』(1996)에 실렸던 <신명균본토끼전>에 비해 선본(善本)이라 할 수 있으나, 축약이 심하고 봉건 군주에 대한 긍정적 형상화 뚜렷한 이본이다. 목표 학습에서 <신명균본토끼전>과 <가람본별토가>를 통해 결말 양상과 조상들의 바람을 관련짓는 활동을 설정함으로써 문제를 다소 극복하였으나, 최선본(最善本)을 바탕글로 삼아야 한다는 데는 이론의 여지가 없을 것이다.

로 보면 교과서에 따라 원전과 친소 관계에 상당한 편차를 보이고 있
다. 원전을 밝히지 않은 것은 원전을 크게 변형시켰거나 여러 이본을
교합했기 때문으로 보인다. <경판24장본>을 수용한 대부분 교과서는
대체로 원전을 훼손하지 않고 문장과 어휘를 쉽게 다듬어 수용하고 있
다. 김일렬 역주본을 기준으로 이를 그대로 수용한 경우도 있고, 문장
과 어휘를 좀 더 쉽게 풀어서 수록한 경우도 있다. 7학년 수준에서는
후자가 적합할 것으로 판단된다. 그러나 다음과 같은 경우는 문제가 아
닐 수 없다.

　　홍길동 문제로 고심(苦心)하던 임금은 신하 가운데 한 사람의 의견대
로 길동에게 병조 판서 벼슬을 내렸다. 이에 길동은 임금에게 감사 인사
를 드리고는 무리를 이끌고 남쪽으로 떠났다. 길동은 남경으로 가다가
한 곳에 다다랐는데 그곳이 율도국이었다. 산천(山川)이 맑고 깨끗하고
오가는 사람이 많아 가히 살 만한 곳이었다. 율도국을 떠난 길동은 남경
으로 들어가 곳곳을 돌아다니며 구경하다가 오봉산에 이르렀는데 그곳
이 크게 마음에 들었다. 기름진 들판이 넓게 펼쳐져 있어 사람 살기에
알맞은 곳이었다. 길동은 속으로 생각했다. ‘내 이미 조선을 떠났다. 이
곳에 와 숨어 지내다가 큰 일을 도모하리라.’ 길동은 삼천 명의 도적 무
리를 거느리고 벼 천 석을 실은 배를 몰아 남경 땅 제도 섬으로 들어갔
다. 수천 채의 집을 지어 들어 살 곳이 정해지자 함께 힘써 농사를 짓고
무술을 익혔다. 얼마 지나지 않아 창고마다 재물이 가득 쌓이게 되어 가
난하게 사는 사람이 한 사람도 없을 정도가 되었다. 마침내 길동은 잘
훈련시킨 무리를 이끌고 오랫동안 마음에 두었던 율도국 정벌에 나섰다.
율도국 군사들이 힘껏 맞서 싸웠으나 끝내는 져서 길동에게 항복하였다.
길동이 율도국의 왕이 되어 나라를 다스린 지 삼 년이 되자 산에는 도
적이 없어지고 길에는 떨어진 물건을 주워가는 이가 없게 되었다. 율도
국 백성들은 태평성대(太平聖代)를 누리며 행복하게 살게 되었다.

<경판24장본>을 수용한 것으로 보이는 위의 교과서는 원전을 교묘하면서도 심하게 축약했다. 인용 부분은 줄거리에 가까울 정도로 축약되어 있으면서도 줄거리를 제시했다거나 축약했다는 안내가 전혀 없다. 또한 인용문 앞 부분에서는 아무런 표지 없이 생략하기도 했다. 제한된 지면에 충분한 분량을 실을 수 없는 상황은 이해할 수 있으나, 이런 방식으로 수용하는 것은 <홍길동전>을 비롯한 고전소설 전반의 작품성에 대한 그릇된 인식을 심어줄 우려가 있다.

길동이 자라 걸음마를 하고 말을 하니, 하나를 들으면 열을 알고 열을 들으면 백 가지를 두루 헤아렸다. 또한, 한 번 보고 들은 것은 잊지 않으니 귀여워하지 않을 수 없었다. 다만 홍 판서는 길동이 본부인에게서 나지 않고 첩의 몸에서 태어난 것을 몹시 안타까워하였다. ⓐ첩이나 종의 자식은 천하게 여기며 차별하던 시절이었다. 홍판서는 어린 길동이 ⓑ종종 눈치도 없이 아버지를 부르면 일부러 얼굴을 돌려 버리고는 하였다. 또한, 길동이 제 형을 부를라치면 눈을 치켜뜨며 그렇게 하지 못하도록 꾸짖었다. (…중략…) "밤이 깊었는데 어찌 잠을 자지 않느냐?" 길동이 공손히 손을 모으고 대답하였다. "달이 하도 밝아 달빛을 즐기고 있었나이다." "호오? 네에게 그런 흥이 있었단 말이냐?" "하늘이 세상 만물을 내시었으되 그중 제일 귀한 것이 사람이라 하였습니다. 소인은 그런 복을 받고 태어났지만 아직도 떳떳이 하늘을 우러러 보지 못하겠습니다." ⓒ열 살밖에 안 된 아이가 평생을 다 산 것 같은 말을 하니 홍판서는 어이가 없었다. "그 무슨 말이냐?" 길동의 얼굴이 이내 붉어졌다.

위 교과서는 어떤 이본을 수용하였는지 밝히지 않았다. 이본을 두루 대조해 보아도 정확하게 대응되는 이본을 찾을 수 없다. 필사본 계열인 <김동욱89장본>과 가까운 듯하지만 완전히 일치하지는 않는다. 아마도

<김동욱89장본>을 중심으로 여러 이본에서 필요한 부분을 수용하여 교합한 듯하다. 특히 ㉠과 ㉡은 원전에 없는 말을 풀어쓴 사람이 임의로 첨가한 것이 분명하다. ㉠은 작품의 내적 질서와 논리에 의해 학습자 스스로 유추할 수 있는 부분이다. ㉡은 길동이 호부호형하는 것을 눈치가 없는 행동으로 한정하는 것은 적절하지 않다. 길동이 호부호형하는 것은 부형의 정이 그리워서일 수도 있고, 자신도 인간다운 대접을 받고 싶어서일 수도 있다. 이런 점을 학습자 스스로 생각할 수 있는 여지를 남겨 두어야 한다.

㉢은 <김동욱89장본>에 "公이 드르미 비록 惻隱ᄒ나 未滿 十歲 小兒가 平生 苦樂을 짐작ᄒ고 將來를 豫度ᄒ니 마일 그 쓰질 위로ᄒ면 더욱 放蕩홀가 ᄒ야 니예 크계 꾸즈져"22)로 되어 있다. ㉢도 원전과 전혀 다른 뜻과 의도를 갖고 있다. 즉, 원전은 길동의 비범함과 홍판서가 길동의 처지를 측은하게 여기지만 꾸짖을 수밖에 없는 이유가 잘 드러난다. 그러나 ㉢에서는 홍판서가 애늙은이처럼 말하는 길동을 보며 어처구니없어하는 모습으로 그리고 있어서, 원전이 지향하는 의미 경계와는 완전히 달라졌다.

이처럼 위의 예에서는 원전에 없는 말을 넣거나 변형함으로써 원전의 의미를 훼손하거나 제한했다. 여러 이본을 교합하여 또 하나의 이본을 만들어 내거나, 군말을 보태어 학습자 스스로 생각하며 여백을 메울 여지를 없앰으로써 사고를 막아 버리거나, 원전의 서술을 변형하여 원전의 의경(意境)을 훼손하는 것은 모두 적절하지 않다.23)

---

22) 이윤석, 1997, 251면.
23) 그밖에 원전에 없는 소제목을 부여한 경우나, 교서(敎書)나 방(榜), 장계(狀啓) 등의 내용을 콜라주(collage) 형식으로 제시한 경우도 있다. 반드시 그래야 할 이유가 없다

<홍길동전> 전문을 수록한 교과서는 없다. 제한된 지면 때문에 성취 기준과 이에 따른 내용요소에 적합한 부분을 중심으로 싣다보면 앞이나 뒤를 잘라내야 하고, 때에 따라 중략해야 하는 부분도 있을 것이다. 그러다보니 작품 전체 줄거리, 앞부분 줄거리, 중략 부분 줄거리, 뒷부분 줄거리 등을 제시한다. 부분을 수용하더라도 작품 전체 맥락에 대한 이해가 필요하다는 점에서 전·중·후의 생략된 줄거리를 제시해 주는 것은 바람직하다. 그러나 전체 줄거리를 제시할 때 교과서 수용 부분을 제외하는 것이 바람직하다. 학습자 스스로 줄거리를 요약할 수 있는 여지를 없애버리고 상상력과 추리력을 제한하지 않도록 하기 위함이다.

고전소설 원전과 교과서 수록 지문의 친소 관계는 학습자의 발달 수준과 연계되어야 할 것은 자명하다. 학년 급이 올라갈수록 원전에 가깝게 수록하는 형태가 될 것이다. 7~10학년 시기에 원전을 그대로 수용하는 것은 적절하지 않지만 원전을 훼손하는 것도 곤란하다. "작품의 정조나 분위기를 살려서 현대적인 어휘로 되살리는" "현대어로 고전소설 읽기"24)가 필요하다. 학습자가 수용할 수 있는 능력만 된다면 원전에 가까울수록 바람직하다. 텍스트 수용 형태를 결정 짓는 가장 중요한 기준은 언어적 장벽으로 인해 연속적 작품 읽기가 지나치게 방해받아서는 안 된다는 것이다.25)

면 이런 형태도 바람직하지 않다.

24) 임치균, 「고전소설의 이해 확산을 위한 교육 방안」, 한국고소설학회, 『고전소설 교육의 과제와 방향』, 월인, 2005, 75면.

25) 필자는 제7차 교육과정에 따른 교과서인 『국어(상)』에 실린 <구운몽>을 고등학교 1학년 학생들에게 가르친 경험이 있다. 이들은 최상위권 학생이었음에도 <구운몽>의 어휘를 이해하는 데 상당한 어려움을 겪었다. 그리하여 작품 이해를 위한 활동을 하기 이전에 많은 시간을 기본적인 말뜻을 파악하는 데 할애해야 했다. 차후에는 학생들에게 낱말의 뜻을 파악해 오도록 미리 과제를 내주는 방법으로 문제를 다

이상에서 살펴본 바, 고전소설을 교과서에 수용할 때 학계의 연구 성과를 받아들여 원전 비평을 철저히 해야 한다. 그리고 언어적 장벽이 읽기를 방해하지 않는 범위 안에서 최대한 원전에 가깝게 수록해야 한다. 학습자의 이해를 돕기 위해 원전을 변형할 때 학습자 스스로 사고할 여지를 없애거나 사고를 제한하는 것은 지양해야 한다. 요약, 축약, 생략 등 텍스트 변형이 있으면 반드시 밝혀야 한다.

(2) 성취기준을 중심으로 본 수용 양상

성취기준을 중심으로 수용 양상을 정리하면 다음과 같다. 앞에서처럼 내용요소는 교육과정에 제시된 순서에 따라 원괄호 번호를 매긴다.

성취 기준	내용 요소	목표 학습 활동	수용 단위	성취기준 통합	구분	출판 사
(3)	①	시대상황을 알 수 있게 해 주는 단어 찾기, 시대 상황 말하기	심화 활동		국2	교학 (김)
(3)	①② ③	대화에서 알 수 있는 당시 사회의 모습 알아보기, 오늘날 우리 사회의 특징과 비교하기(결혼, 신분, 학문, 등용, 가족), 시대 상황에 대한 인물들의 태도, 독자의 반응	소단원		국2	교학 (남)
(3)	①②	표현을 통해 시대 상황 파악하기, 인물의 말을 통해 인물의 현실 대응 태도 알아보기, 관용 표현의 뜻 알고 짧은 글 짓기	소단원	소단 문법(2)	국2	금성 (윤)
(3)	①②	반영된 시대 상황 써 보기, 인물이 시대 상황에 대응하는 태도 정리하기	소단원		국2	대교 (박)

소 해결하였지만 그 또한 어려움이 많았다.

(1)	①②	길동의 갈등과 그 근본 원인, 갈등 해결을 위한 행동, 작품 내용에 나타난 당시 사회의 모습	소단원	대단 읽기(5)	국1	대교 (왕)
(3)	①② ③	인물의 특징 정리를 통한 사회 상황 알아보기, 우리 사회의 차별과 그것을 극복한 사람 찾기, 그림 보고 인물이 시대 상황에 대응하는 방식 말해보기	소단원		국2	디딤 (이)
(3)	②③	인물이 사용하는 호칭을 나타낸 표를 보고 길동의 고민과 그 근본원인, 고민해결을 위해 선택한 방법 말하기, 인물들의 대화에서 당시 신분 제도에 대한 생각이 드러난 부분 찾기, 인물들이 시대 상황에 대응하는 방식 나누어보기, 도적이 된 까닭을 말하는 부분을 통해 길동의 행동의 적절성 평가하기, 오늘날의 현실 상황과 비교하기	소단원	대단 듣기(3) 홍길동전 관련 면담	국1	미래 (윤)
(3)	①② ③	길동의 삶을 제약하고 있는 것과 그 상황을 알 수 있는 부분 찾기, 홍길동이 바라는 삶과 그 내용을 알 수 있는 부분 찾기, 인물들이 시대에 대응하는 방식 비교하기, 당시 시대적 상황이 갖는 문제점 생각해보기, 오늘날의 시대적 제약과 그 극복 방법 이야기하기	소단원		국2	박영 (송)
(3)	①② ③	홍길동이 벗어나지 못한 시대적 제약 비판하기와 홍길동의 현실 대응 방식에 대한 의견 말하기, 홍길동과 전우치가 처한 현실의 차이와 현실 대응 방식 비교하기	소단원		생2	박영 (송)
(1)	①② ③	갈등 상황과 그 속에 드러나는 인물의 가치관이나 성격 알아보기	소단원	대소 읽기(1)	국1	비상 (조)
(3)	①② ③	길동이 자신이 처한 상황에 대처하는 방식, 당시 사회의 특징이 드러난 부분 찾기, 당시 사람들의 생각에 대한 자신의 생각 말하기	소단원		국2	웅진 (이)
(3)	③	홍길동전에 나타난 시대적 상황 중 오늘날과 다른 점 찾기, 길동이 추구하는 바를 오늘날 우리가 생각하는 가치와 비교하기	소단원	대단 문학(2)	국2	유웨 (이)
(3)	①②	길동의 대응 방식에 대해 토론하기, 조선시대 사회상이 잘 드러나게 소설신문 만들기	소단원	대단 문학(2)	생2	유웨 (이)

(3)	①②③	길동이 살았던 시대의 특징 찾기, 적서차별에 대한 인물들의 생각 써 보기, 〈허생전〉의 허생과 해결 방법 비교하기, 오늘날 문제를 찾아 해결 방안 쓰기	소단원		국2	좋은 (이)
(3)	①	시대 상황의 특징 적기	활동	대단 듣기(3)	생2	지학 (방)
(3)	①②③	길동의 말에서 시대 상황 짐작하기, 오늘날 문제에서 길동의 삶 및 원인과 비슷한 것 말해보기, 길동이 살았던 시대 상황과 오늘날의 시대 상황 비교하기	소단원	소단 쓰기(2)	국1	천재 (김)
(3)	①③	반영된 시대적 상황 파악하기, 홍길동전에 비추어 오늘날의 시대적 상황 생각해 보기	활동	대단 쓰기(1) 문법(2)	생2	천재 (노)
(3)	①②③	작품 속 구절을 통해 시대 상황 짐작하기, 신분차별과 관리 등의 부패에 대한 홍길동의 대응 방식 말하기, 지금의 시대 상황과 비교하기	소단원		국1	천재 (박)
(3)	①②③	시대적 배경이 드러나는 단어 찾고 길동이 갈등을 일으키는 이유 정리하여 시대 상황 말하기, 인물들이 시대 상황에 대응하는 방식 적기, 오늘날의 현실과 연관 짓기	소단원	대단 쓰기(4)	국2	해냄 (오)

    〈홍길동전〉을 텍스트로 수용한 성취기준은 (1)과 (3)이므로 고전소설 전체의 그것과 같다. 판소리 문학이나 〈민옹전〉과 달리, 〈홍길동전〉은 문학 이외의 영역에 수용되지 않았다. 소단원 차원으로 수용한 교과서는 14종이고, 활동 등의 차원으로 수용한 교과서는 3종이다. 문학 작품 가운데 〈홍길동전〉이 가장 수용 빈도가 높다.[26] 소단원으로 수용한 14종 가운데 성취기준 (3)을 위해 수용한 것이 12종이고, 성취기준 (1)을 위해 수용한 것은 2종이다. 동일한 작품의 동일한 부분으로 동일한

---

26) 소단원 기준으로, 김소월의 〈엄마야 누나야〉가 9종, 시나리오인 〈말아톤〉이 8종, 박완서의 〈자전거 도둑〉이 7종의 교과서에 수용된 것으로 확인하였다.

성취기준에 도달하고자 한다는 것은 그만큼 <홍길동전>이 이 성취기준을 실현하기에 적합하다는 뜻이다. 즉, 성취기준 (3)에서 '작품의 수준과 범위'로 "인물의 삶과 행실이 잘 드러나는 작품", "문화와 전통의 차이가 드러나는 작품"을 설정하고 있는데, <홍길동전>은 이에 잘 부합한다고 교과서 집필자들이 판단한 것이다.

"성취기준은 학습자가 국어 수업을 통해 도달해야 할 국어능력의 내적·외적 특성을 의미"[27]하고, "내용요소는 해당 성취기준에 도달하기 위하여 교수·학습 상황에서 배우고 가르쳐야 할 학습 내용을 의미한다."[28] 내용요소는 각 내용요소 선정 범주에서 1개 이상 선정하는 것을 원칙으로 하였으나 성취기준의 성격이나 특성에 따라 1개 이상 선정된 경우도 있고 선정되지 않은 경우도 있다. 제시 순서는 지식→기능→맥락의 순을 따르고 있다.[29] 교육과정에서 제시한 내용요소의 예는 추가, 변형, 삭제할 수 있는 것이다. 그러나 교과서를 만드는 사람들은 교육과정에서 예시한 내용요소를 필수적으로 포함시켜야 할 학습 내용으로 받아들일 것이다.[30]

교육과정에 제시된 내용요소는 학습활동의 자연스런 흐름과도 대체로 일치한다. 즉, 성취기준 (1)의 내용요소 ①은 지식, ②와 ③은 기능 범주에 해당하는데, 이것은 갈등 구조의 개념을 이해하고(①), 갈등의 해결

---

27) 교육과학기술부, 2008, 23면.
28) 교육과학기술부, 2008, 24면.
29) 교육과학기술부, 2008, 24면.
30) 7학년 문학영역 성취기준 (1)과 (3)에서 예시된 내용요소가 교과서에 반영되어 있는지 검토해 본 결과, 23종 교과서 중 어느 것도 예외 없이 교육과정에서 예시한 내용요소를 모두 포함하고 있다는 사실은 내용요소의 예가 갖는 구속력을 잘 보여준다. 이것은 문학 영역 다른 성취기준뿐만 아니라 모든 영역의 모든 성취기준에 일반화될 수 있는 현상일 것이다.

과정을 파악하고(②), 이에 따른 인물의 심리 상태 변화를 파악하는(③) 교수·학습 과정으로 설계할 수 있다. 성취기준 (3)도 ①과 ②는 기능, ③은 맥락 범주에 해당하는데, 작품에 드러난 시대 상황을 파악한(①) 다음, 인물이 시대에 대응하는 방식을 파악하고(②), 작품의 시대 상황을 오늘날의 현실 상황과 비교하는(③) 교수·학습 활동으로 전개할 수 있다. 그러므로 단원 전체적으로는 ①~③을 모두 수행하겠지만, 적어도 한번은 한 작품을 통해 세 학습요소를 모두 경험할 수 있도록 설계하는 것이 좋다. 성취기준 (3)의 경우 ①→③→②의 흐름도 가능한데, 이것이 시대 상황(①→③)에서 대응 방식(②)으로 나아가는 문제 중심적 전개라면, ①→②→③의 흐름은 당대의 맥락(①→②)에서 오늘날의 맥락(③)으로 나아가는 맥락 중심적 전개라 할 수 있다. 교과서에서는 주로 후자의 방식을 따르고 있다.

교육과정의 내용요소는 교과서에서 목표 학습 활동으로 구체화될 터이다. 그러므로 성취기준과 이에 도달하기 위한 내용요소를 어떤 목표 학습 활동으로 구체화하고 있는지 살펴보기로 한다. 성취기준 (1)과 (3) 중, <홍길동전>을 다수 수용한 (3)을 중심으로 살펴보는 것만으로도 현장 활용 방안을 모색하는 데 어려움이 없을 것으로 판단된다.

①-1) '홍길동전'에 나오는 표현을 통해 시대 상황 파악하여 보자.(천한 출생임을 잊고 버릇없어질까봐, 아버지를 아버지라 부르지 못하고 형을 형이라 부르지 못했다, ……)
①-2) 이 글에 반영된 시대 상황은 오늘날의 시대 상황과 여러 면에서 차이가 있다. 이 글에 반영된 시대 상황을 써 보자.
①-3) '홍길동전'을 읽고 홍길동이 처한 시대적 상황에 대해 알아보자. (홍길동의 삶을 제약하고 있는 것은 무엇인지 이야기해 보고 소

    설에서 그 상황을 알 수 있는 부분을 찾아보자. 홍길동이 바라는
삶은 어떤 것인지 이야기해 보고 소설에서 그 내용을 알 수 있
는 부분을 찾아보자.)
①-4) 다음 그림을 참고하여 '홍길동전'에서 당시 사회의 특징이 드러
난 부분을 찾아 써 보자.

   위의 예들은 내용요소 ①을 위해 마련된 것으로, 시대 상황이 나타난
부분을 찾아 그 상황을 파악하는 활동들로 구성되어 있다. ①-1)에서
는 시대 상황을 파악할 수 있는 구절이나 문장을 모두 제시해주고 있다.
이렇게 하면 문제에 보다 쉽게 접근할 수 있을 것이다. ①-2)와 ①-3)
은 작품에 반영된 시대 상황을 단도직입적으로 묻고 있다. ①-3)은 시
대 상황을 알 수 있는 부분도 학습자 스스로 찾도록 하고 있다. 다른 텍
스트와 활동을 통해 ①-1)처럼 시대 상황을 파악하는 방법을 익혔다면
이들은 적용 활동으로 적합할 수 있다. 그러나 그런 경험이 없이 첫 단
계에서 아무런 방법적 절차를 거치지 않고 접근하는 것은 무리가 있다.
물론 교사가 방법적 절차에 따라 학습을 경험하도록 할 수 있지만 교과
서에서 구현해 주는 것이 교사와 학생의 부담이 적다. 대부분의 교과서
에서 단원별로 『국어』와 『생활국어』 성취기준이 같으므로 학교 현장에
서 『국어』 → 『생활국어』로 학습을 전개할 가능성이 크다.31) 『국어』에서
기본 원리와 방법을 익히고 『생활국어』에서 상세한 절차 없이 접근할

---

31) 제7차 교육과정에 따른 『국어』와 『생활국어』 교과서의 경우, 읽기와 문학은 『국어』
에 말하기, 듣기, 쓰기, 문법은 『생활국어』에 포함시켰다. 그래서 학교 현장에서 어
떤 교사는 『국어』를, 어떤 교사는 『생활국어』를 가르치기도 했다. 그러나 개정 교육
과정에 따른 교과서는 영역 별로 교과서를 분권하지 않고 『국어』와 『생활국어』 단
원이 같기 때문에 그렇게 하기 어렵게 되었다. 아마도 단원별로 분담하여 한 교사
가 『국어』와 『생활국어』를 모두 가르치게 될 것이다.

수 있다.

그런데 ①-4)에서는 그림을 통해 시대 상황을 파악하고, 그런 상황이 드러난 부분을 찾게 하는 방식으로 접근하고 있다. 시대 상황을 파악하는 능력이 학습자가 도달해야 할 능력이므로 이와 같이 접근하는 것은 목표와 방법이 전도된 것이다. 이런 접근 방법으로는 시대 상황을 파악하는 능력을 기를 수 없다. 그림은 작품의 내용을 토대로 집필진에서 그려 넣은 것이므로 <홍길동전>의 일부가 아니다. 그러므로 그림을 통해 시대 상황을 파악하는 것은 그림 읽기 능력이지 <홍길동전>의 내적 상황을 파악하여 시대 맥락을 유추하는 읽기 능력이라 할 수 없다.

> ①-5) 시대상황을 알 수 있게 해 주는 <u>단어</u>를 찾아 모두 색칠해 보자.
> 위의 활동을 통해 알 수 있는, 이 작품의 시대 상황을 말해 보자.
> ①-6) 다음 <u>대화</u>에서 알 수 있는 당시 사회의 모습 알아보자.
> ①-7) 이 작품에 나오는 <u>인물의 특징</u>을 정리하면서, 조선 시대의 사회적 상황을 알아보자.
> ①-8) 다음 <u>길동의 말</u>에서 당시의 시대 상황을 짐작하여 발표해 봅시다.
> ①-9) 다음은 홍길동이 살았던 시대 상황을 알 수 있는 <u>구절</u>입니다. 당시의 시대 상황이 어떠했는지 적어봅시다.

대다수의 교과서는 위와 같이 시대 상황을 짐작할 수 있는 근거를 제시하고, 이를 바탕으로 시대 상황을 유추하는 방법으로 문제에 접근하도록 구성되어 있다. 구체적 발문은 다르지만, 위의 활동은 '×××에서(를 통해) 알 수 있는 시대 상황 파악하기' 형태로 일반화할 수 있다. '×××'에는 밑줄 친 것처럼 서술자의 서술이나 인물의 발화 가운데 시대 상황 유추의 근거가 되는 다양한 작품 내적 정보 단위들이 포함될 것이다.

그런데 각 교과서들은 그 가운데 특정 요소만 찾도록 하고 있어서 제한된 정보만 활용하게 된다. 상황의 최대치를 파악하기 위해서는 가능한 한 많은 작품 내적 정보들을 근거도 활용해야 할 것이다. 시대 상황을 파악하는 데 활용할 수 있는 정보가 무엇인가를 찾아내는 기능적 지식을 습득하고, 그러한 정보를 활용하여 시대 상황을 파악하는 수행적 능력을 기르는 것이 내용요소 ①을 통해 성취기준 (3)의 일부를 성취하는 일이다.

내용요소 ②는 대부분의 교과서에서 내용요소 ① 다음 단계로 수행하도록 설계되어 있다. 시대 상황에 대응하는 방식을 파악하기 위해서는 먼저 상황이 어떠한가를 파악하는 단계가 필요하기 때문이다.

②-1) 홍길동은 '신분 차별'과 '관리들의 부패'에 대해 어떻게 대응했는지 말해 봅시다.

②-2) 다음 인물들이 시대 상황에 대응하는 태도를 정리하여 보자.(서자를 차별하는 사회 상황에 대응하는 태도)

②-3) 등장인물의 말을 통하여 각 인물의 현실 대응 태도를 알아보자.

②-4) 다음 그림을 보면서 집을 떠난 홍길동이 어떤 일을 했을지 말해 보자. 위의 그림에서 홍길동은 어떤 문제에 어떻게 대응할 것을 강조하고 있는지 말해 보자.

②-5) 이 소설에서 인물들이 시대적 현실에 대응하는 방식을 비교해 보자.(홍판서 / 춘섬, 홍길동)

②-6) 이 글에 등장하는 인물을 시대 상황에 대응하는 방식에 따라 나누어보고, 그렇게 나눈 이유를 말해 보자.(시대 상황에 순응하는 인물, 시대 상황에 맞서는 인물)

내용요소 ②의 접근 방식에서도 내용요소 ①의 그것과 유사한 변이형이 나타나고 있다. ②-1)과 ②-2)는 시대 상황을 구체적으로 적시해 주고, 이에 대한 대응 방식이나 태도를 묻고 있다. 시대 상황은 내용요소 ①에 관한 목표 학습 활동을 통해 파악했을 터이므로 제시하지 않더라도 인지하고 있을 터이지만, 구체적으로 적시해 주면 대상을 더욱 명료하게 인식할 수 있다. 그러나 대응 방식을 파악하는 아무런 방법적 안내가 없기 때문에 학습자 스스로 찾아내든가 교사가 제시해 주어야 한다. 그러므로 ②-3), ②-4)처럼 대응 방식을 파악할 수 있는 정보를 제시하거나, ②-5)처럼 대응 방식의 동이(同異)에 따라 인물을 묶어 제시하면 보다 쉽게 접근할 수 있다.

②-6)은 접근 방법을 위와 반대로 설정한 것이다. 내용요소 ②를 위한 목표 학습 활동은 시대 상황에 대응하는 방식을 파악하는 능력을 기르는 것이 되어야 할 터이다. ②-5)처럼 시대 상황에 대응하는 방식을 순응하기와 맞서기로 제시해 주고 여기에 인물을 대응시키는 활동은 그 인물을 시대 상황에 순응하는 인물 또는 맞서는 인물로 파악한 이유를 묻는 것이다. 그 과정에서 학습자는 무엇을 통해 인물의 대응 방식을 파악해야 하는가를 인식할 수 있으나 내용요소 ②가 의도하는 본래의 목적을 성취했다고 하기는 어렵다.

내용요소 ②에 대한 학습활동을 수행한 다음, 대응 방식의 장단점을 비교하고, 나의 의견을 말하는 단계로 나아갈 수 있다.

내용요소 ③은 〈홍길동전〉의 시대 상황을 '지금 여기', '나(우리)'의 현실 맥락과 연결 짓는 활동이다. 이 활동은 고전문학을 왜 배우는가에 대한 의문에 답하는 일이기 때문에 고전문학 교육에서 반드시 필요한 활동이다.

③-1) '홍길동전'에 나타난 사회와 오늘날 우리 사회의 특징을 다음과
　　　 같이 비교하여 써 보자.(결혼 제도, 신분 제도, 배우는 학문, 등용
　　　 제도, 가족 제도)

③-2) 이 소설에 나타난 시대 상황과 지금의 시대 상황을 비교해 봅
　　　 시다.

③-3) ('살색'을 '살구색'으로 바꾼 사례 제시) 이 상황은 오늘날의 어
　　　 떤 문제를 해결하고자 한 사례인지 말해 보자. 홍길동이 부당하
　　　 게 차별을 받았던 것처럼 오늘날에도 또 다른 종류의 차별이 있
　　　 는지 찾아보고, 그 해결 방안에 대해 토의해 보자.

③-4) 홍길동이 살았던 시대에 '적서 차별'의 문제가 있었던 것처럼,
　　　 오늘날에도 사회 공동체의 발전을 저해하는 크고 작은 문제들이
　　　 있다. 이러한 문제들을 찾아보고 그 해결 방안을 써 보자.

③-5) '홍길동전'에 비추어 오늘날의 시대적 상황을 생각해 보자. (길동
　　　 이 오늘날에 살고 있다면, 가장 심각하게 여겼을 사회 문제는 무
　　　 엇일지 생각해 보자. 여기서 생각한 사회 문제를 해결하기 위해
　　　 서 나는 무엇을 할 수 있을지 말해 보자.)

　비교할 시대 상황을 ③-1)처럼 구체적으로 제시하면 ③-2)처럼 포
괄적으로 제시하는 것보다 쉽게 접근할 수 있다. 그러므로 ③-1)은 초
기 학습 또는 초급 수준에, ③-2)는 후기 학습 또는 상급 수준에 적합
하다. ③-3)부터 ③-5)까지는 내용요소 ③을 위한 활동에서 말하기나
쓰기 활동과 연계하는 것이 적절함을 보여준다. 교육과정 해설서의 '교
수·학습 운용'에서 "문학 지도에서는 개별 작품을 학습자의 삶과 관련
지어 봄으로써 심미적 상상력과 건전한 심성을 계발하고 바람직한 인생
관과 세계관 형성을 돕는 학습 활동"과 "개작, 모작, 생활 정서의 표현
등 작품의 심층적 감상을 돕는 학습 활동을 강조"32)하고 있다. 평가 목
표 또한 "문학 지식에 대한 이해, 문학 작품의 수용과 생산 능력에 중점

을 두"33)고 있다. ③은 '나(우리)'의 맥락과 관련짓기, '나(우리)'가 속한 시대의 사회·문화적 맥락에서 토의·토론하거나 글 쓰는 활동으로 확장시킬 수 있다.

〈홍길동전〉이 내포한 적서차별 문제는 오늘날 사회 문제로서의 가치를 상실했다. 그러나 오늘날에도 여전히 다른 형태의 부당한 차별은 존재한다. 3-③에서 제기한 피부색에 따른 차별뿐만 아니라, 외국인 노동자, 여성, 장애인에 대한 차별, 빈부에 따른 차별 등 전통 사회와 같으면서도 다른 여러 형태의 차별이 존재한다. 그러므로 〈홍길동전〉을 읽으면서 오늘날 우리 사회의 부당한 차별에 어떤 것이 있으며, 그러한 차별에 어떻게 대응하고 해결을 위해 어떻게 해야 하는가에 대한 문제의식을 가질 수 있다.34) 이런 점에서 〈홍길동전〉은 현재도 살아 있고 앞으로도 살아 있을 문제작이다. 고전문학의 현재적 의의를 묻는 이러한 접근은 고전문학을 고답적이고 박제화된 텍스트로 보는 데서 벗어나 '지금 여기', '나'의 삶에 어떤 의미가 있는가를 적극적으로 탐색하는 맥락 중심적 활동이라 할 수 있다.

4. 성취기준에 따른 목표 학습 활동의 재구성

텍스트를 중심으로 본 수용 양상은 교과서 집필과 관련성이 강하고

---

32) 교육인적자원부, 2007, 69면.
33) 교육인적자원부, 2007, 71면.
34) 교육과정 해설서에서 "오늘날의 상황이나 인물과의 유추를 통하여 자신의 현재 삶과 동시대 사회의 문제와 연관시키면서 작품에 대한 이해를 더욱 깊이 이해할 수 있다."는 안내를 하고 있다. 교육과학기술부, 2008, 49면.

성취기준을 중심으로 본 수용 양상은 교과서를 매개로 교사와 학생이
엮어가는 교수·학습 활동과 관련된다. 전자는 앞 절에서 방향 제시가
이루어졌다. 교육과정의 성취기준과 내용요소는 교과서에서 목표 학습
활동으로 구현된다. 그러므로 여기서는 교과서의 활용방안을 논의한다.
방안의 핵심은 성취기준과 내용요소를 구현한 목표 학습 활동을 재구성
하자는 것이다. <홍길동전>을 통해 그 가능성을 보이고자 한다.[35]

검정을 통과한 교과서들은 그 나름의 장단점을 갖고 있다. 단위 학교
에서 선정한 교과서도 그러할 것이다. 교과서에 따라 선정된 텍스트는
다를 수 있지만 교과서에 반영된 성취기준과 내용요소는 동일하다. 그
러므로 가장 이상적인 것은 교사가 성취기준과 그에 따른 내용요소를
중심으로 교과서를 재구성하는 일이다. 바꿔 말하면, 교육과정의 특정
성취기준과 내용요소를 교과서의 어떤 텍스트와 목표 학습 활동으로 구
현하는 것이 가장 적절한가를 판단하여 교과서를 재구성하는 것이다.
목표 학습 활동의 재구성에서 출발하여 학습활동의 재구성을 거쳐 단원
의 재구성에 이를 수 있을 것이고, 이런 단원이 누적되면 교과서의 재구
성에 이른다.

그러나 이상적인 것이 현실적일 수 없는 문제가 있다. 왜냐하면 교사
와 학생의 교수·학습 활동은 단위 학교에서 선정한 특정 교과서를 기

---

35) 제7차 교육과정에서 제시한 성취기준이 최고의 전제 조건은 아니며, 교육과정이 바
꿔면 성취기준도 바뀔 수 있다. 또 2007년 개정 교육과정처럼 '성취기준'과 '내용요
소의 예'로 학년별 내용을 구성하란 법도 없다. 그러나 명칭이야 어떻든 검정 체재
하에서는 국가 수준에서 성취기준과 내용요소를 제시하고 교과서 집필진에서는 이
를 토대로 텍스트를 선정하고 활동을 구성하여 교과서를 만들 것이다. 그러면 검정
을 통과한 교과서들은 공통성과 다양성, 장점과 단점을 아울러 가질 것이다. 이것은
교육과정이 바뀌더라도 변하지 않을 것이다.

반으로 이루어질 수밖에 없기 때문이다. 교사가 이상적 교과서를 재구성하여 만든다 하더라도 그것이 교수·학습 현장에서 활용될 수 없다면 유용성이 적다. 이상이 실현되려면 교사가 재구성한 교과서로 교수·학습이 이루어져야 하는데 우선 저작권 문제에 부딪힌다. 그렇다면 현실적 대안은 성취기준과 이에 따른 내용요소를 중심으로 여타 교과서를 수용하여 선정 교과서의 학습활동을 수정, 보완, 지원하는 차원에서 학습활동을 재구성하는 일이다.

학습자는 교과서를 매개로 교사와의 상호작용으로 이루어지는 교수·학습 과정을 통해 교육과정에서 설정한 성취기준에 도달할 수 있어야 한다. 내용요소는 교과서에서 목표 학습 활동으로 구체화될 것인 바, 학습활동의 적절한 구성에 성취기준 도달 정도가 달려 있다. 앞 절에서 살펴본 바와 같이, 활동을 세분화하면 문제에 접근하기는 쉽지만 자기주도적 활동의 폭이 제한되고, 통합하면 그 반대가 된다. 궁극적으로는 주어진 텍스트로 어떤 방법적 절차와 사고 활동을 거쳐 목표 학습에 도달할 수 있을지 학습자 스스로 그 방법을 찾아 실행하는 것을 목표로 삼아야 할 것이다. 그러나 학습요소에 처음 접근하는 단계에서는 문제 해결을 위한 전범적 접근에 따라 방법적 지식과 수행적 기능을 익히도록 설계하는 것이 바람직하다. 이를 통해 익힌 지식과 기능을 다른 텍스트에 적용하여 수준별 학습활동을 함으로써 문학능력을 향상시킬 수 있다.

교과서에서 특정 텍스트를 수용하여 교육과정에서 설정한 성취기준과 그에 따른 내용요소를 구현하려 할 것이다. 기본 원리와 방법을 익히기 위한 목표 학습 활동에 활용되는 텍스트는 모든 학습자가 공통으로 수용한다는 점에서, 선정 교과서와 배제 교과서를 떠나 최적의 텍스트로 판단되는 것을 활용하는 것이 바람직하다.

성취기준 (3)의 경우 교과서에서 대체로 내용요소 ① → ② → ③의 순서에 따라 활동하도록 설계되어 있다. 전체적인 교수·학습 단계는 이를 따르되 각 내용요소 별로 공통으로 목표 학습활동을 한 후, 수준별로 적용 학습 활동을 설계할 수 있다. 만약 선정된 교과서에 <홍길동전>이 수용되었다면 <홍길동전>을 수용한 다른 교과서를 참고하여 목표 학습 활동을 수립할 수 있다. 수용되지 않았다면 <홍길동전>이 성취기준 (3)을 실현하는 데 최적의 텍스트라고 판단되면 공통의 목표 학습 활동으로 설계하고, 적합하다고 판단되는 수준이면 수준별 적용학습으로 활용할 수 있다. 여타 교과서에서 동일한 성취기준에 대해 다른 작품으로 동일한 내용요소를 위한 활동을 하고 있다면 이 또한 수준별 적용학습의 보충·심화 학습활동으로 활용할 수 있다.

요컨대, 교사는 선정 교과서를 기준으로 학습하고자 하는 단원의 성취기준과 내용요소에 해당하는 다른 교과서의 단원을 두루 검토하여 전범적 절차에 따른 공통의 목표 학습 활동을 수행하고, 수준별 적용학습을 선택할 수 있도록 설계할 수 있다.

그러면 성취기준 (3)을 통해 목표 학습 활동의 재구성을 구체화하여 보기로 한다. 내용요소 ①을 위해, 선정 교과서에서 ①-3)의 방식으로 접근한다고 하자. 그러면 다른 교과서를 검토하여 ①-1)과 ①-2) 등의 접근 방식이 있음을 확인할 수 있을 것이다. 이들을 수용하여 내용요소를 위한 목표 학습 활동을 다음과 같이 구현할 수 있다.

① 목표 학습 활동 : 작품에 드러난 시대 상황을 파악해 보자.
　가) 무엇을 통해 시대 상황을 파악할 수 있을지 말해 보자.
　나) 시대 상황이 나타난 부분을 찾아보자.
　다) 그 부분에 나타난 시대 상황을 파악해 보자.

가)는 인물의 말이나 행동, 서술자의 서술 등에서 시대 상황을 파악할 수 있음을 학습자들이 인지하도록 하기 위한 활동 단계이다. 가능한 많은 정보를 활용하여 시대 상황을 유추하게 하면 시대 상황이 더욱 정확하고 구체적으로 드러날 것이다. 나)는 가)의 '무엇'에 해당하는 정보가 무엇인지 알고, 그에 해당하는 부분을 작품에서 찾는 활동 단계이다. 다)는 찾은 부분을 통해 알 수 있는 시대 상황이 어떤 것인지 유추하는 활동 단계이다. 이런 활동 단계를 거치는 과정에서 시대 상황을 무엇을 통해서 파악할 수 있는지 알고 그것을 통해 시대 상황을 파악할 수 있는 능력을 획득할 수 있다.

위의 활동을 통해 시대 상황을 파악하는 원리와 방법을 익혔으면, 수준별 적용학습을 설계할 수 있다. 이때 텍스트로는 성취기준 (3)으로 수용한 〈박씨전〉과 〈허생전〉을 비롯한 여러 텍스트를 활용할 수 있다. 앞서 지적한 바와 같이 수준별 적용학습은 접근 단계의 세분화 정도에 따라 난이도를 조절할 수 있다. 초급 수준은 시대 상황이 잘 드러나는 작품의 부분을 제시하여, 거기서 드러나는 시대 상황을 파악하게 할 수 있다. 이것은 해당 부분을 최대한 많이 제시해 주는 것에서 한두 가지만 제시하고 학습자 스스로 더 찾아보게 하는 것으로 단계를 더 세분할 수 있다. 중급 수준은 '×××를 통해 알 수 있는 시대 상황 파악하기'의 형태가 될 것이다. '×××'에는 인물의 말이나 행동, 서술자의 서술 등 시대 상황을 파악할 수 있는 정보들이 들어간다. 상급 수준은 가)~다)를 생략하고 전체 물음만 제시하여 학습자 스스로 가)~다)와 같은 세부 활동을 설계하여 시대 상황을 파악하는 형태가 될 것이다. 이처럼 단계가 높아질수록 학습자 주도적 학습 역량을 최대한 발휘해야 하며, 그럴수록 학습 효과는 증대된다.

내용요소 ②도 이런 단계화가 가능하다. ②의 경우 다음과 같이 목표 학습 활동을 설계할 수 있을 것이다.

> ② 목표 학습 활동 : 작품에서 인물이 시대 상황에 대응하는 방식을 파악해 보자.
> 　가) 무엇을 통해 시대 상황에 대응하는 방식을 파악할 수 있을지 말해 보자.
> 　나) 인물이 시대 상황에 대응하는 모습이 잘 나타난 부분을 찾아보자.
> 　다) 인물이 시대 상황에 어떻게 대응하는가?
> 　라) 그러한 대응 방식의 장단점(의의나 문제점)은 무엇인가?
> 　마) '나'가 길동의 입장이라면 어떻게 대응했을지 말해 보자.

가)는 상황에 대응하는 인물의 말과 행동을 바탕으로 시대 상황에 대응하는 방식을 파악할 수 있음을 이해하기 위한 활동 단계이다. 인물의 말과 행동은 다른 인물의 그것과 얽히면서 대립과 갈등을 유발하므로 대립과 갈등을 통해 시대 상황에 대응하는 방식을 파악할 수 있음을 이해해야 한다. 가) 이전에 ①을 재확인하는 물음을 던져 시대 상황을 분명히 인지하도록 할 수 있다. 나)는 가)의 '무엇'에 대항하는 정보를 작품에서 찾는 활동 단계이다. 다)는 나)를 근거로 시대 상황을 파악하는 활동 단계이다. 가)~다)의 활동 단계로 공통의 목표 학습 활동은 완료되었다고 할 수 있다. 라)는 인물의 대응 방식을 '그때 거기', '그들'의 맥락에서 평가하는 활동 단계이다. 마)는 학습자 자신을 작중인물로 치환하여 공감적으로 이해하는 활동이다.

② 또한 수준별 적용학습으로 설계할 수 있다. 초급 수준에서는 시대 상황을 제시해 주며 거기에 대응하는 태도가 유사한 인물을 묶어 제시

하면서 대응 방식의 차이를 파악하게 할 수 있다. 중급 수준에서는 문제적 현실을 제시하고 그 현실에 어떤 언행을 보여주는지를 통해 시대 상황을 파악하게 하는 것이다. 상급 수준에서는 학습자 스스로 문제적 현실이 무엇인지 파악하게 하고 그 현실에 대해 어떤 언행을 보여주는지를 통해 대응 방식을 파악하게 하는 것이다.

③ 목표 학습 활동 : 작품 속에 드러난 시대 상황과 오늘날의 현실 상황을 비교해 보자.
　가) 오늘날과 비교할 만한 작품 속 시대 상황을 몇 가지 항목으로 정리해 보자.
　나) 현실 상황이 어떻게 달라졌는지 비교해 보고, 그 이유를 말해 보자.
　다) 홍길동이 처한 것과 비슷한 문제적 현실을 오늘날에서 찾아보고, 이를 해결하기 위해 '나(우리)'가 할 수 있는 일을 글로 써 보자.

③은 고전문학을 학습자의 맥락과 관련지어 주체적으로 이해하는 활동이다. 가)는 학습자들이 홍길동이 산 시대는 적서 차별과 노주(奴主) 구별이 있었고, 첩을 둘 수 있었으며, 과거를 통해 인재를 등용했으며, 문(文)을 숭상하여 주된 학문은 유학이었고, 본처와 첩이 한 집에서 대가족을 이루며 살았음을 재확인할 수 있도록 하는 활동 단계이다. 이 활동을 통해 신분제도, 결혼제도, 등용제도, 배우는 학문, 가족제도 등 여러 면에서 오늘날의 상황과 비교할 수 있는 항목을 마련할 수 있다. 나)에서는 가)에서 추출한 항목을 기준으로 두 시대 현실을 비교하는 활동 단계이다. 다)는 나)를 바탕으로 〈홍길동전〉의 문제적 현실과 유사한 오늘날의 문제적 현실에 메타적 이해 활동이다. 이 활동은 토론·토의하기

나 글쓰기 활동으로 구현할 수 있다.

③의 경우도 수준별 적용학습으로 설계할 수 있다. 비교할 수 있는 항목을 제시하고 두 시대 상황의 특징을 비교하게 하는 단계를 설정할 수 있다. 이때 비교할 수 있는 항목을 모두 제시하는 것과 일부만 제시하는 것으로 단계를 세분하여 초급과 중급 수준을 구분할 수 있다. 상급 수준은 비교할 수 있는 항목을 학습자 스스로 설정하여 비교하도록 설계할 수 있다.

이상에서 우리는 선정 교과서를 중심으로 배제된 교과서를 수용하여 지식과 기능 중심의 원리 학습 형태의 목표 학습 활동을 먼저 한 다음, 수준별 적용학습을 구성하는 방법으로 교수·학습을 설계할 수 있음을 살펴보았다.

여기서 명심할 것은 특정 성취기준과 그에 따른 내용요소를 실현하기 위한 목표 학습 활동은 문학교육의 전체 틀 속에서 차지하는 위상을 가 늠하면서 이루어져야 한다는 점이다. (3)의 내용요소 ①은 작품 내적 상 황으로 작품 외적 맥락을 유추하는 활동이다. 작품 내적 상황은 자아와 세계의 대립을 중심으로 한 텍스트의 구조론적 이해를 통해 파악된다. 내용요소 ②는 작품 내적 상황으로 유추한 작품 외적 맥락에 인물이 대 응하는 방식을 파악하는 활동이다. ②는 인물의 대립이나 갈등 관계를 파악하면 드러나므로 이 또한 텍스트의 구조론적 이해가 선행되어야 한 다. 그러므로 ①과 ②를 위한 목표 학습 활동 이전에 텍스트의 구조론 적 이해를 위한 기본 활동을 설계할 수 있다. ③은 고전문학 작품 및 관 련 맥락을 학습자의 맥락과 연관 지어 이해하는 활동으로 나아갈 수 있 다. ②와 ③은 학습자 자신의 텍스트를 생산하는 메타적 활동으로 전개 될 수 있다.

이처럼 목표 학습 활동은 특정 성취기준에 따른 내용요소에 초점을 두고 있으므로, 고전문학 교육의 전체 틀 속에서 어떤 위상을 차지하는가를 가늠하면서 교수·학습 활동이 이루어지면 문학교육의 방향을 잃지 않게 된다.

5. 방법론적 설계도에서 길 찾기

2007년 교육과정의 개정과 더불어 국정으로 묶여 있던 국어 교과서가 검정으로 전환되었다. 이에 따라 7학년 국어 교과용 교과서 23종이 검정을 통과하여 2010년부터 학교 현장에서 사용되고 있다. 검정 체제를 국정으로 되돌릴 가능성은 거의 없는 반면, 검정 체제가 더욱 확대되거나 인정 체제 또는 교과서 자유 발행제로 갈 가능은 크다. 어쩌면 모든 단위 학교에서 학교운영위원회의 심의를 거쳐 시중에 나와 있는 일반 서적이나 학교에서 독자적으로 개발한 도서를 교과용 도서로 삼는 것을 허용할 가능성도 있다. 여하튼 국가 차원에서는 교육과정만 제시하고 교육과정에서 제시한 성취기준에 도달하는 데 필요한 수단인 교과서는 그 선택의 폭이 갈수록 자유로워질 것만은 틀림없다.

이런 흐름에서 교사의 역할과 능력은 무엇보다 중요할 것으로 보인다. 필자는 이런 흐름의 기본 방향은 옳다고 보면서, 학교 수업 현장에서 특정 교과서를 선정함으로써 다른 모든 교과서가 배제되는 문제점을 어떻게 극복할 것인가에 대한 논의가 필요하다는 판단을 하였다. 이에 따라 교과서 수용 빈도가 가장 높은 〈홍길동전〉 수용의 양상을 살피고, 그 과정에서 교과서 활용에 대한 착상을 얻고자 하였다. 논의 대상은 <홍길동전>을 중심으로 한 것이었으나 논의 결과는 국어 교과 전 영역으로 일반화될 수 있는 성질의 것이다.

고전소설 및 <홍길동전>의 수용 양상을 정리하는 과정에서 필자는 동일한 성취기준과 그에 따른 내용요소를 위해 수용한 동일한 텍스트 또는 다른 텍스트를 어떻게 활용할 것인가에 대한 과제를 발견하였다. 특히 <홍길동전>은 텍스트와 성취기준을 중심으로 수용 양상을 살펴본 결과 다음과 같은 시사점을 얻었다.

텍스트를 중심으로 살펴본 결과 통해서는 학계의 연구 성과를 토대로 최선본(最善本)을 수용할 것, 학습자의 읽기를 방해하지 않는 범위 내에서 최대한 원전에 가깝게 수용할 것, 원전의 고유한 의미를 훼손하거나 원전의 여백을 함부로 메우지 않을 것 등을 교과서 집필자들이 유념해야 할 필요가 있음을 발견하였다.

성취기준을 중심으로 살펴본 결과, 성취기준과 그에 따른 내용요소를 중심으로 교과서를 재구성해야 할 필요성을 발견하였다. 즉, 교육과정의 특정 성취기준과 그에 따른 내용요소를 각 교과서에서 목표 학습 활동으로 구현하고 있으므로, 선정 교과서를 중심으로 배제 교과서를 수용하여 최선의 목표 학습 활동을 구안할 수 있다. 목표 학습 활동은 방법과 원리를 익히는 데 초점을 두어 모든 학습자가 공통적으로 경험할 수 있도록 해야 한다. 그런 다음 선정 교과서 및 배제 교과서에서 텍스트와 목표 학습 활동을 수용하여 수준별 적용학습 활동을 수행하게 할 수 있다. 이때 수준은 접근 단계의 세분 정도나 접근 방법의 노출 정도로 조절할 수 있다. 그리고 성취기준과 그에 따른 내용요소 실현을 위한 교수·학습 활동들은 고전문학 교수·학습의 단계적 방법론의 전체 틀 속에서 접근할 때 방향을 상실하지 않을 수 있다.

현장 교사들이 교육과정을 읽지 않는다는 말을 자주 하고 듣는다. 성취기준과 그에 따른 내용요소를 중심으로 교과서를 재구성하여 가르치는 일은 교육과정과 교과서를 긴밀하게 연계시키는 일이다. 그러므로 본고에서 제안한 교과서 활용 방안은 교육과정에 충실하지 않을 수 없게 한다는 점에서 더욱 의의가 있다.

제2장

〈민옹전〉 소재 재담의 발상과 재담 교육 텍스트로서의 가치

1. 재담, 발상 그리고 교육

박지원(朴趾源, 1737~1805)의 한문소설에 대한 연구 업적은 방대하게 축적되어 있다. 그러나 그의 대표작인 〈허생전〉을 비롯한 몇몇 작품에 관심이 집중되었고,[1] 〈민옹전(閔翁傳)〉에 대한 단독 연구로는 10편이 채 되지 않는 논문이 나왔을 뿐이다. 이가원이 연구의 선편[2]을 잡은 이래로, 작품의 구성에 대한 연구,[3] 작가와 작중 인물의 관련성 연구,[4] 이야기꾼으로서의 민옹 연구[5]가 이루어졌다. 최근에는 문학치료 또는 심

---

1) 국회도서관 검색(2008. 10. 20. 학술지 기준) 결과, 〈허생전〉이 88편, 〈호질〉이 52편, 〈양반전〉이 39편으로 집계되었다. 이 결과는 연구 편중 현상을 반영한다.
2) 이가원, 『연암소설연구』, 을유문화사, 1965.
3) 두창구, 「민옹전 구성고」, 『세종어문학』 3, 세종대 국어국문학회, 1978.
4) 문영오, 「연암소설에서의 한의 굴절 양상(2)−〈민옹전〉과 〈우상전〉을 중심으로」, 『한국문화연구』 2, 경기대 한국문화연구소, 1985.

리치료의 관점에서 작품에 접근[6]하는 새로운 시각이 나타났으며, 장르에 대한 재론[7]이 시도되기도 했다.

<민옹전>에 따르면, '나'가 <민옹전>을 지은 것은 그의 나이 21세 때인 1757년 가을이다. 주인공인 민유신(閔有信)이 죽은 때는 1755년으로 그의 나이 74세이고, 이때 '나'는 19세였다. '나'가 민유신을 처음 만난 것은 17, 8세 무렵인 1753, 4년 어름이었다. 그렇다면 '나'와 민유신의 교유 기간은 2년 정도이며, '나'는 민유신이 죽은 지 2년 뒤에 <민옹전>을 지은 셈이다. 작품 외적 자료[8]에 의하면 작품 속의 '나'는 연암(燕巖) 자신의 실제 상황과 일치하고, 민유신은 실존 인물로 추정된다.

민옹은 실존 인물이고 '나' 또한 연암 자신의 형상이지만 <민옹전>은, 연암의 여타 한문소설처럼 일반적인 전(傳)의 형태와 다르다. 자아와 세계의 대결 방식으로 본다면 <민옹전>은 민옹과 '나', 좌객(坐客)들, 민옹의 아내 사이에 이루어진 대화 제제 14가지를 중심으로 이루어진 소설이다. 이러한 <민옹전>에 대해 이야기꾼으로서의 민옹이나 재담이 갖는 심리치료 기능에 주목한 바는 있지만, 민옹의 재담을 '재담 그 자체'로 집중 조명하고 재담 교육 텍스트로서의 가치를 점검한 바는 없다. 이에 이 글에서는 <민옹전> 소재 재담의 발상을 분석하고, 작품의 맥

---

5) 황인덕, 「'이야기꾼'으로 본 <민옹전>의 '민옹'」, 『구비문학연구』 8, 한국구비문학회, 1999.

6) 박기석, 「민옹전 연구」, 『고전문학과 교육』 6, 한국고전문학교육학회, 2003 ; 조은심, 「불안과 우울 증세에 대한 문학치료의 사례」, 『문학치료연구』 1, 한국문학치료학회, 2004 ; 이민희, 「심리 치료 측면에서 본 <민옹전> 소고」, 『고전문학연구』 31, 한국고전문학회, 2007.

7) 이승우, 「민옹전의 장르 재고」, 『전농어문연구』 20, 서울시립대 인문대 국어국문학과, 2008, 113~139면.

8) 『과정록(過庭錄)』 상·하(上·下), 『한국한문학연구』 6-7, 한국한문학회, 1982~1984. 번역서로 박희병, 『나의 아버지 박지원』(돌베개, 1998)을 참고하였다.

락에서 재담이 갖는 기능을 탐색한다. 이 두 작업을 바탕으로 〈민옹전〉의 재담 교육 텍스트로서의 가치를 점검하고자 한다.

2. 〈민옹전〉의 소재 재담의 발상

격차 이론(gap theory)은 웃음에 관한 대표적 이론이다. 이에 따르면 웃음은 기대하는 것과 드러난 것의 차이에서 발생한다. 웃음을 유발하는 이야기는 어떤 기대를 갖게 하는 부분과 기대와 다른 결과가 드러나는 부분으로 구성된다. 앞의 것을 '구조 만들기', 뒤의 것을 '급소 찌르기'라 한다.[9] 웃음은 구조를 만드는 부분과 급소를 찌르는 부분의 호응 관계에서 일어난다.

재담은 웃음을 유발하는 말이나 이야기[10]이다. 재담 또한 웃음을 불러일으키기 위한 상황이나 맥락을 만드는 부분과 기대하는 것과 다른 결과가 드러나는 부분으로 짜여 있다. 그러나 웃음은 말과 무관한 행동이나 상황으로도 만들 수 있다. 그러므로 웃음을 유발한다고 모두 재담이 되는 것은 아니다. 재담은 입말 또는 글말로 전달되며, 대체로 대화 장면을 포함한다.

재담의 개념에 비추어 볼 때, 〈민옹전〉의 14가지 대화 제재 중, 문답을 통해 민옹이 '나'의 상태를 확인하는 것과 음식을 맛있게 먹음으로

---

9) 이에 관해서는 다음 논문을 참고할 수 있다. 구현정, 「유머 담화의 구조와 생성 기제」, 『한글』 248, 한글학회, 2000.

10) 『초·중등학교 국어과 교육과정 해설』, 교육인적자원부(한글 파일), 157면(이하 『해설』이라 함). 『표준국어대사전』(국립국어원)에서는 "익살과 재치를 부리며 재미있게 이야기하는 말"(http://www.korean.go.kr)로 정의했다.

써 '나'의 식욕을 돋우는 것을 제외한 12편의 제재는 재담의 구조를 갖추고 있다. 각 재담의 제재와 재담에 참여하는 주요 인물, 재담의 얼개를 제시하면 다음과 같다.

번호	제재	주요 참여자	재담의 얼개
(1)	까마귀 (벽서)	민옹, 민옹의 처	아내가, 70년 동안 벽서하며 분발했지만 아무런 성취가 없는 민옹을 조롱하자, 민옹이 자신은 강태공에 비하면 어린 아우뻘이라고 함.
(2)	악공	민옹, 나	민옹이 악공의 뺨을 후려치자 놀라서 묻는 '나'에게 눈을 부라리고 기를 쓰니 성을 낸 것이 아니냐고 함.
(3)	잠/ 식욕	민옹, 나	'나'가 밤에 잠을 못 자고 밥을 먹지 못한다고 하자, 민옹이 장수를 누리고 살림이 늘 것이라며 축하함.
(4)	암기	민옹, 나	민옹이 암기 내기를 제안하여 '나'는 열심히 외우려 애쓰다 잠들었는데, 다음날 민옹은 처음부터 외지 않았다 함.
(5)	귀신	민옹, 좌객	좌객이 귀신을 본 일이 있느냐고 묻자, 민옹이 등잔 뒤에 앉은 사람을 가리키며 귀신이라 함.
(6)	신선	민옹, 좌객	좌객이 신선을 본 일이 있느냐고 묻자, 민옹이 가난한 사람이 신선이라 함.
(7)	나이	민옹, 좌객	좌객이 나이 많은 사람을 본 읽이 있느냐고 묻자, 민옹이 글 많이 읽은 이웃집 아이가 나이 많은 사람이라 함.
(8)	맛있는 것	민옹, 좌객	좌객이 세상에서 제일 맛있는 것을 보았느냐고 묻자, 민옹이 소금이 제일 맛있는 것이라 함.
(9)	불사약	민옹, 좌객	좌객이 불사약(不死藥)은 못 보았을 것이라고 하자, 민옹이 밥이 불사약이라 함.
(10)	두려운 것	민옹, 좌객	좌객이 두려운 것을 보았느냐고 묻자, 나 자신이 가장 두려운 것이라 함.
(11)	황충	민옹, 좌객	좌객들이 벼농사를 망치는 황충(蝗蟲)을 걱정하자, 민옹이 종루 앞길을 가득 메운 것이 모두 황충인데 큰 바구니가 없어 못 잡고 있다 함.
(12)	춘첩자 방제	민옹, 나	'나'가 민옹에게 '춘첩자방제(春帖字㤼猻啼)'라고 놀리자, 민옹이 이것을 '용(龍)'의 뜻으로 파자하여 자신을 칭송한 것이라 함.

 (1)은 서술자인 '나'가 문객(門客)으로부터 전해들은 것이고 나머지는 '나'가 직접 목격한 것이다. (2)~(4)는 첫 만남의 자리에서 생산된 것이다. (5)~(11)은 그 이후 어느 날 하루 동안 생산된 것이다. (12)도 어느 다른 날 생산된 것이다. 그렇다면 연암은 '나'와 민옹의 2년 정도 지속된 만남 가운데 사흘을 선택하여 그 사흘 동안에 생산된 재담으로 〈민옹전〉을 형상화한 셈이다.

 재담의 웃음은 여러 요인과 요소가 관여하여 유발된다. 그 가운데 가장 중요한 것은 발상이다. 발상이란 말이나 이야기가 웃음이 일어나도록 생각을 얽어내는 것이다. 구조가 이야기의 전체적 틀이라면 발상은 사고의 내적 흐름이다. 발상 파악하기는 이야기하는 사람의 입장에서는 웃음 유발 방법 찾기이고, 이야기를 듣는 사람의 입장에서는 웃는 이유 찾기이다. 이러한 발상의 측면에서 〈민옹전〉을 분석해 보기로 한다.

 (1), (12)는 궁지에 몰린 민옹이 상황을 타개하는 과정에서 웃음이 유발되고 있다. (1)은 화내고 조롱하는 아내에 대해 기죽지 않고 시치미 떼는 민옹의 언행이 웃음을 유발한다.11) "올해는 까마귀를 그리지 않느냐?"는 아내의 조롱에 한 술 더 뜨며 "빨리 먹을 갈라."는 민옹의 대응이 아내의 화를 돋우는 것은 당연하다. 민옹이 벽에 쓴 문구를 두고서 "계책이 아무리 기발한들 장차 언제 쓰시겠냐."는 아내의 조롱에, "옛날에 강태공은 80살에 매가 날아오르듯이 용맹하였으니 지금 나는 그에 비하면 젊고 어린 아우뻘 아니냐."12)는 민옹의 대꾸는 독자에게 웃음을

---

11) 이는 〈허생전〉에서 허생 아내의 추궁에 수동적으로 대응하는 허생의 태도와 대조된다.

12) 이상 해당 원문은 다음과 같다. 翁今年畵烏未 ; 若疾磨墨 ; 計雖奇 將何時施乎 ; 昔呂

선사한다.[13] (12)는 파자(破字) 놀이 형태의 언어유희(pun)를 통해 웃음을 자아낸다. '나'가 '민옹은 시끄러운 늙은 개[春帖字狵啼]'라며 파자로 조롱했지만, 민옹은 이를 즉석에서 새롭게 파자하여 자신을 칭찬하는 의미인 '용(龍)'으로 바꾸어 버림으로써 웃음이 유발된다. 이 두 재담의 발상을 '상황 탈출하기'로 명명한다.

(3)에서는 '나'가 식욕 부진과 불면증으로 고통 받고 있음을 호소하자, 민옹은 "집이 가난한데 다행히 음식을 먹지 못하니 재산이 남아돌 것이고, 잠을 자지 못하면 밤까지 겸해 사니 남보다 곱절을 사는 셈 아닌가. 재산이 남아돌고 남보다 곱절을 살면 부유해지고 수를 누리는 셈이지."[14]하며 축하한다. 부정적 상황을 긍정적 상황으로 인식 전환하는 데서 웃음이 유발되었다. 이 재담의 발상을 '관점 바꾸기'로 명명한다.

(4)에서는 서책 내용을 암기하는 내기에서 '나'는 외우느라 애쓰다 잠이 들지만, 민옹은 처음부터 외우지 않았음이 밝혀진다. 상대방을 속여 골탕 먹이고도 자신은 처음부터 외우지 않았다고 능청스럽게 대답하면서 속임과 속음의 상황이 드러난다. 이 재담은 상대방을 함정에 빠뜨리고 난 후 함정에 빠졌음을 드러냄으로써 웃음이 유발되었다. 이 재담의 발상을 '함정 드러내기'로 명명한다.

(2)와 (5)는 대상 사이의 유사성을 발견하는 데서 웃음을 유발한다.

尙八十薦揚 今翁視呂尙 猶少弱弟耳 『연암집』(박영철 영인본), 경인문화사, 1989, 116면. 이하 원문은 이곳에서 인용한다. 번역은 다음을 참고하였다. 신호열·김명호 옮김, 『연암집』, 돌배개, 2007.

13) (1)의 경우, 민옹의 마지막 말을 '급소 찌르기'로 그 앞부분을 '구조 만들기'로 볼 수 있다. 그러나 세부적으로 보면, '급소 찌르기' 안에 또다시 '구조 만들기'와 '급소 찌르기'가 여러 번 되풀이되는 것으로 분석할 수 있다.

14) 君家貧 幸厭食 財可羨 不寐則 兼夜 行倍年 財羨而年倍 壽且富也(116면).

(2)에서 "주인은 즐거워하는데 너는 왜 성을 내고 있느냐?"며 갑자기 젓대 부는 자의 뺨을 후려치는 민옹에게 '나'가 놀라 이유를 묻자, "저놈이 눈을 부라리고 기를 쓰니 성낸 것이 아니고 무엇인가?"15) 하는 민옹의 대답이 '나'의 웃음을 유발했다. 이 웃음은 젓대 부는 자와 성내는 자 사이의 '눈을 부라리고 기를 쓰는' 공통점을 발견하는 순발력과 기지에서 유발된다. 나아가 젓대 부는 사람과 우는 사람 사이에 얼굴을 돌리고 있다는 공통점을, 장구 치는 사람과 근심하는 사람 사이에 인상을 찌푸리고 있다는 공통점을 발견하는 것 또한 같은 이유에서 웃음을 유발한다. 이처럼 (2)에서는 음악을 연주하는 모습과 희로애락의 표정 사이의 유사성을 발견하는 순발력과 기지가 웃음을 유발한다. (5)도 같은 발상을 갖고 있다. (5)는 귀신을 본 일이 있느냐는 좌객의 물음에 대답하는 과정에서 재담이 이루어졌다. 민옹은 귀신과 등잔 뒤에 앉아 있는 사람 사이의 "어두운 데 앉아 밝은 데를 보고 제 몸을 감추고 사람들을 엿보는"16) 공통점을 근거로 등잔 뒤에 앉아 있는 사람을 귀신이라 했다. 실체가 없는 귀신과 등잔 뒤에 앉아 있는 사람 사이의 유사성을 발견하기 위해서는 대상의 본질을 통찰하는 능력이 요구된다. 이 두 재담의 발상을 '유사성 발견하기'로 명명한다.

(6), (8), (9), (10)의 발상도 대상의 '유사성 발견하기'라 할 수 있다. 그러나 세부적으로 보면 위의 두 재담과는 차이가 있다. (6)은 신선을 본 일이 있냐는 좌객의 물음에 대답하는 과정에서 이루어졌다. 민옹은 신선이란 세상에 싫증을 느끼는 사람이라는 통찰을 근거로 가난한 사람은 세상에 싫증을 느끼니 가난한 사람이 신선이라고 했다. 가난한 사람

---

15) 主人懽 汝何怒也 ; 彼瞋目而盛氣 非怒而何(116면).
16) 處暗而視明 匿形而伺人(117면).

과 신선 사이의 동질성 발견이 웃음을 유발한다. (8)에서는 세상에서 제일 맛있는 것을 보았냐는 물음에 그럴듯한 이유와 함께 제시되는 소금이라는 대답이 웃음을 유발한다. (9)에서는 불사약은 못 보았을 것이라는 말에 여러 가지 신령한 약초를 먹고 밥을 먹지 않아 죽을 뻔 했는데 이웃집 할머니가 지어준 밥을 먹고 살아났다며, 아침과 저녁으로 먹는 밥을 먹고 70년을 살았으니 밥이 불사약이라는 대답이 웃음을 유발한다. (10)은 세상에서 가장 무서운 것을 보았냐는 물음에 자기 자신이라는 뜻밖의 대답이 그럴듯한 이유와 함께 제시됨으로써 웃음을 자아낸다. (6)은 사회학적 통찰, (8)과 (9)는 생리학적 통찰, (10)은 철학적 통찰을 기반으로 하고 있다는 차이점이 있지만, 이들 재담은 개념 분석을 통해 대상의 본질을 통찰함으로써 대상 사이의 유사성을 발견하여 연관 지음으로써 웃음을 유발하는 공통점이 있다. 위의 (2), (5)가 모습이나 행동의 표면적 유사성 발견에 그친다면,[17] 이들은 심층적 동질성의 발견에 이른다고 할 수 있다. '유사성 발견하기'는 <민옹전> 재담 가운데 가장 큰 비중을 차지한다.[18]

(7)은 짧게 대답할 수 있는 것에 대해 의도적으로 장광설을 늘어놓음으로써 웃음을 유발한다.[19] (11)에서는 벼농사에 피해를 주는 황충을 걱정하는 상황에서 민옹은 종로 앞길을 가득 메운 자들이 모두 황충이라

---

17) 귀신은 인간의 관념 속에서 개념화된, 실체가 없는 대상이지만, 이것을 사람의 표면적 행동과 결부시켰다는 점에서 표면적 유사성 발견으로 볼 수 있다.

18) (5)~(10)은 수수께끼식 재담과 유사하다. 수수께끼식 재담은 수수께끼에 적절한 대답을 못하는 상황에서 수수께끼를 낸 사람이 그럴 듯한 대답을 제시하고 수수께끼를 푸는 사람이 그것을 용인하는 데서 웃음이 유발된다. 그러나 <민옹전>에서는 묻는 사람이 답을 갖고 있지 않으며, 대답하는 사람이 그럴듯한 대답을 제시하는 데서 웃음이 유발된다는 점에서 수수께끼식 재담과 차이가 있다.

19) 가장 나이가 많은 사람이 이웃집 다섯 살 어린애라는 대답 또한 웃음을 유발한다.

고 빗대는 데서 웃음이 유발된다.[20] (7)과 (11)은 정상적인 화법에서 일탈함으로써 웃음을 유발하는 공통점이 있다. 이 두 재담의 발상을 '화법 부정하기'로 명명한다. (7)은 그 가운데 대화의 원리 부정하기이고,[21] (11)은 대화의 전제 부정하기이다.

이상에서 살펴본 바, 〈민옹전〉의 재담은 (1)과 (12)의 '상황 탈출하기', (3)의 '관점 바꾸기', (4)의 '함정 드러내기', (2)와 (5), 그리고 (6), (8), (9), (10)의 '유사성 발견하기', (7)과 (11)의 '화법 부정하기' 등 다양한 발상을 보여주고 있다.[22] '상황 탈출하기'는 이야기 속 인물이 불리하거나 곤란한 상황을 탈출하는 데서 웃음을 유발하는 방법이다. 설화 가운데는 김선달, 정만서, 방학중 같은 건달형 인물전설에 이런 발상의 재담이 많다. '관점 바꾸기'는 상황이나 대상에 대한 관점을 바꿈으로써 그 관점이 주는 새로움이나 신선함이 웃음을 유발하는 방법이다. '함정 드러내기'는 이야기 속 인물이 다른 인물을, 또는 이야기하는 이가 듣는 이를 함정에 빠뜨렸다가 상대방이 함정에 빠졌음을 드러냄으로써 웃음을 유발하는 방법이다. 이야기 속 인물이나 이야기하는 이는 이야기 속 다른 인물 또는 이야기를 듣는 이(읽는 이)를 함정에 빠뜨리기 위해 그들이 속고 있음을 모르게 정보를 선택적으로 제시하거나 제한하는 전략을 구사한다. 인물이나 듣는 이(읽는 이)가 속았음이 밝혀지고 그 사실을 확인하는 데서 웃음일 일어나는 것이다. '화법 부정하기'는 대화의 전제(상황이나 맥락)나 원리를 부정함으로써 웃음을 유발하는 방법이다. '유사성

---

20) 민옹이 하는 재담의 의미를 깨닫지 못한 좌객의 모습은 웃음을 배가시킨다.
21) 보다 구체적으로는 '양의 격률 위배'이다. 구현정, 2000, 175면 참고.
22) 처음과 끝 재담이 동일한 발상을 갖고 있다. '유사성 발견하기'는 (2) → (5) → (6), (8), (9) → (10)으로 가면서 대상에 대한 심층적 통찰 능력을 요구한다는 점에서 긴밀함과 아울러 단계성까지 갖추고 있다.

발견하기'는 서로 다른 대상 사이의 공통성을 발견하는 데서 웃음을 유발하는 방법이다. 두 대상의 공통성을 발견하기가 쉽지 않을수록 묘미가 있다.

3. 〈민옹전〉 소재 재담의 문학적 기능

〈민옹전〉에서 재담을 통해 웃음을 유발하는 중심 주체는 민옹이다. 좌객은 재담 12편 가운데 10편에 참여하지만, 그들은 웃음 유발 주체는 아니다. (1)에서 민옹의 아내와 (12)에서 '나'도 재담을 한다. 그러나 민옹의 아내와 '나'가 민옹을 조롱하는 재담은 민옹의 반격에 묻히고 만다. 재담의 주체인 민옹이 하는 재담은 민옹의 성격 형상화에 이바지한다.

물론, 민옹의 성격은 서술자의 서술을 통해서도 재담꾼으로 제시된다. '나'는 "그는 기이한 선비로서 노래를 잘하며 담론도 잘하는데 거침없고 기묘하여 듣는 사람마다 후련해하지 않는 사람이 없다"[23]고 서술했다. 실제로 '나'는 "옹이 좌객들을 조롱하기도 하고 매도하기도 하였으나 아무도 막아낼 사람이 없"[24]는 상황을 목격하고, "민옹이 말을 할 때면 장황하면서도 이리저리 둘러대지만, 어느 것 하나 곡진히 들어맞지 않는 것이 없었으며 그 속에는 풍자를 담고 있었으니, 그는 달변가라 할 만하다."[25]고 인정한다. "수십 가지 난제(難題)를 물어보아도 모두 메아리처럼 재빨리 대답해내 끝내 아무도 그를 궁지에 몰 수 없었다. 자신에

---

23) 閔翁奇士 工歌曲 善譚辨 倣怪譎恢 聽者人無不爽然意豁也(116면).
24) 翁弄罵坐 客人莫能難(116면).
25) 翁嘗支離其辭 薦就而爲之 莫不曲中 內含譏風 蓋辯士也(117면).

대해서는 추어올리기도 하고 칭찬하기도 한 반면, 곁에 있는 사람에게 는 조롱도 하고 업신여기기도 하였다. 사람들이 옹의 말을 듣고 배꼽을 잡고 웃어도 옹은 안색 하나 변하지 않았다.”26)며 민옹의 재담꾼으로서 의 성격을 거듭 말하고 있다.

민옹의 언행을 통해 간접 제시되는 민옹의 성격은 서술자의 직접 제 시와 완벽하게 일치한다. 다양한 발상을 가진 〈민옹전〉의 모든 재담은 민옹을 언변에 있어서 기지와 순발력, 상황 대처 능력이 뛰어난 탁월한 재담꾼으로 형상화하는 구실을 한다. 그 가운데 (1)은 민옹의 인물됨을 총괄적으로 소개하는 구실을 한다. 불우했지만 낙천적 재담꾼으로 일생 을 살다 간 민옹의 삶을 총괄하는 의미가 있다고 여겨, 연암은 민옹을 소개하는 첫머리에 (1)을 배치했을 것이다.

재담은 민옹을 낙천적 성격의 소유자로 형상화한다. 민옹의 낙천성은 여러 발상 중 ‘관점 바꾸기’에서 잘 드러난다. (1)에서 “어려서부터 영민 하고 총명했으며” “읽지 않은 책이 없는”27) 민옹은 나이 칠십이 되도록 아무런 성취를 이루지 못했지만 ‘관점 바꾸기’를 통해 낙천성을 보여주 었다. (3)은 ‘나’의 질병을 우울증으로 진단한 민옹은 ‘나’로 하여금 낙 천적이고 긍정적인 사고로의 전환이 필요함을 일깨운다. 우울증을 앓고 있는 ‘나’를 깨우치는 과정에서 민옹의 긍정적 사고 방식과 낙천성이 잘 형상화되고 있다.

또한 재담을 통해 민옹은 현실주의자로 형상화된다. 민옹의 이런 성격 은 ‘유사성 발견하기’에서 잘 드러난다. 이들 재담은 민옹에게 조롱과 매 도를 당하여 잔뜩 약이 오른 좌객들이 민옹을 궁지에 몰아넣어 말문이

---

26) 語數十難 皆辨捷如響 竟莫能窮 自贊自譽 嘲傲旁人 人皆絶倒 而翁顏色不變(117면).
27) 幼警悟聰給(116면) ; 於書蓋無所不窺(117면).

막히게 하자는 의도에서 던진 물음에 민옹이 대답함으로써 이루어졌다. 민옹의 말문이 막히게 하기 위해 좌객들이 던지는 물음은 귀신, 신선, 불사약 등 비현실적인 것이거나, 맛있는 것, 두려운 것 등 지극히 주관적인 것들이다. 비현실적인 것에 대한 물음은 대답하기 어렵고, 주관적인 것에 대한 물음은 대답하더라도 인정받기 어렵다. 이러한 물음에 대해 민옹은 등잔 뒤에 있는 사람, 가난한 사람, 밥, 소금, 나 자신 등 지극히 현실적인 대답을 내놓는다. 그럴 듯한 이유와 함께 내놓는 지극히 현실적인 대답이기에 반론의 여지가 없다. 더욱이 민옹의 이 대답은 비현실적인 귀신, 신선, 불사약 같은 것은 존재하지 않다는 뜻을 내포하고 있다.[28] 민옹의 현실적 답은 비현실적 세계를 부정하고 일상적·현실적 삶속에 진실이 있음을 일깨운다. 이런 점에서 민옹은 현실주의자이다.

현실주의자인 민옹이 현실을 대하는 태도는 풍자적이고 비판적이다. (11)에서 이런 성격이 유감없이 발휘된다. 좌객들이 벼농사를 망치는 해충인 황충을 걱정하자, 민옹은 "이런 작은 벌레들은 근심할 거리도 못 된다네. 내가 보기에 종루(鐘樓) 앞길을 가득 메우고 있는 것들이 있는데 이것들이 모두 황충이오. 길이는 모두 일곱 자 남짓이고, 머리는 까맣고 눈은 반짝거리고 입은 커서 주먹이 들락날락할 정도인데, 웅얼거리며 웅크리고 줄줄이 몰려다니며 곡식이란 곡식은 죄다 해치우는 것이 이것들만 한 것이 없더군. 그래서 내가 잡으려고 했지만, 그렇게 큰 바가지가 없어 아쉽게도 잡지를 못했네."[29] 하며 벼 해충인 황충에 대한 대화

---

28) "가난한 사람이 신선"이라는 <민옹전>의 의식은 <김신선전(金神仙傳)>에서 신선으로 이름난 김홍기(金弘起)는 실상 초월적 능력을 지닌 신선이 아니라 "뜻을 얻지 못해 울적하게 살다 간 사람(鬱鬱不得之者)", 즉, 불우한 인재일 뿐이라는 시각을 내보인 것과 상통한다.

29) 此小虫 不足憂 吾見鐘樓塡道者皆蝗耳 長蓋七尺餘 頭黔目熒 口大運拳 咿啞偶旅 蹛接

맥락을 부정하고 양반을 황충에 비유함으로써 무위도식(無爲徒食)하는 양반 사대부에 대한 통렬한 풍자와 비판을 가한다.

세상에 싫증을 느끼는 가난한 사람이 신선이라는 민옹의 말은 신선의 세계를 동경하고 지향하는 것을 사회적 차원에서 이해하도록 했다. 즉, 신선 세계의 동경 행위가 부조리한 현실 세계에 대한 문제제기로 읽히도록 했다. 쟁장설화를 차용한 재담은 학식과 경륜이 어른의 잣대임을 말하면서 독서의 중요성을 일깨우고 장유유서의 경직된 질서를 풍자했다. 귀신 재담은 위선적 양반 사대부가 귀신[30]이라는 생각을 드러낸다. 맛있는 것과 불사약 재담은 탐욕스런 양반 사대부에 대한 풍자[31]로 읽을 수 있다. "좌우의 눈은 용과 범이고 혀는 도끼고 팔은 활이고 마음은 되놈도 되게 하고 갓난아이도 되게 하니 경계하지 않으면 자신을 죽음에 이르게 하니" "나 자신이 가장 두렵다"[32]는 재담은 지나친 탐욕으로 스스로를 죽음으로 몰아넣는 양반 사대부에 대한 경고의 메시지이다. 이처럼 민옹은 재담으로 위선과 허위에 가득 차서 무위도식하는 당대 사회의 일부 양반 사대부에 대한 풍자적 태도로 일관하고 있다.[33]

한편, 〈민옹전〉의 재담은 '나'의 우울증과 이로 인한 불면증 및 식욕 부진을 치료하는 기능을 한다.[34] (1)을 제외하고 재담의 생성 공간은

尻連 損稼殘穀 無如是曺 我欲捕之 恨無大匏(117면).

30) 박기석, 2003, 155면.

31) 박기석, 2003, 156면.

32) 吾右目爲龍 左目爲虎 舌下歲斧 彎臂如弓 念則赤子 差爲夷戎 不戒 則將自噉自齧 自戕 自伐 ; 未嘗自畏也(117면).

33) 물론 양반 사대부로 국한하지 않고 인간의 이기적 속성이나 탐욕에 대한 경계로 읽을 수 있다. 그러나 재담의 생성 공간이 양반가의 사랑방이고 좌객들이 모두 양반이란 점에서 무능하고 허위의식에 가득 찬, 이기적이고 탐욕스런 양반 사대부를 겨냥하고 있는 것으로 이해하는 것이 적절해 보인다.

34) 연암의 불면증에 관한 기록은 『과정록(過庭錄)』 등에서 발견할 수 있음이 여러 차례

'나'의 집이며, '나'가 재담의 생산에 참여하고 있다. (2)~(4)는 '나'와 민옹의 첫 대면에서 나온 재담이다. 비록 첫 대면이기는 하지만, '나'는 민옹에 대해 대강 알고 있었으며, 민옹 또한 자신을 만나고 싶어하는 '나'에 대해 대략 알고 있었을 것이다. '나'는 거침없고 기묘한 담론으로 사람의 마음을 후련하게 해 준다는 민옹의 도움으로 우울증에서 벗어나고 싶어했다. (2)는 풍류판의 경직된 분위기를 깨뜨리기 위해 생산된 첫 재담으로, 음악이나 서화, 골동 등으로는 '나'의 질병을 치료할 수 없음을 보여준다. 문진(問診)35)을 통해 '나'의 상태를 확인한 민옹이 (3)에서 '나'의 우울증을 치료하기 위한 재담을 한다.36) 우울증의 치료는 긍정적이고 낙천전인 사고로의 전환을 통해서 가능함을 보여준다. 앞서 음식을 맛있게 먹는 행동을 통해 '나'의 식욕 부진을 치료하려 했듯이, (4)에서는 '나'의 불면증을 치료하기 위해 민옹은 '나'에게 책 암기 내기를 제안한다. 무료하기 짝이 없는 책 읽기를 통해 '나'는 자신도 모르게 숙면을 취할 수 있었다. 이상 세 재담은 '나'의 질병 치료를 직접적으로 겨냥한 재담이다.

이와 달리 (5)~(11)은 간접적·결과적으로 나의 우울증 치료에 도움을 주고 있다. (12)에서는 그 효과가 '나'의 능동적인 재담 참여로 나타

지적되었다. 조은심과 이민희의 앞의 논문에서 정신병리학적 근거를 토대로 '나'를 우울증으로 진단하고 있다.

35) 다음 부분은 의사인 민옹이 환자인 '나'를 문진한 것으로 볼 수 있다. "그대는 무슨 병인가? 머리가 아픈가?" "아닙니다." "배가 아픈가?" "아닙니다." "그러면 병이 든 게 아니구면." 그리고는 문을 열고 들창을 걷어 올리니, 바람이 솔솔 들어와 나의 마음이 점차 후련해지고 예전과는 아주 달랐다. 君何病 病頭呼 曰不 曰病腹呼 曰不 曰然則君無病也 遂闢戶揭牖 風來颼然 余意稍豁 甚異昔者也(116면).

36) 민옹이 들창을 열고 바람을 들이는 부분은 재담 구조를 갖추지 않아 제외했는데, 민옹의 이 행위는 '나'의 답답한 마음을 풀어주기 위한 것임을 쉽게 알 수 있다.

나고 있다. (2)~(4)에서 '나'는 민옹의 상대역으로 재담에 참여했다. (5)~(11)에서 '나'는 수동적으로 듣기만 하는 상황이었고, (12)에서 '나'가 적극적으로 재담을 시도하는 변화가 나타났다. 이것은 민옹의 재담이 '나'의 우울증 치료에 효과가 있었음을 보여준다.[37] 그러므로 (1)을 제외한 모든 재담은 '나'의 질병을 확인 또는 치료하는 과정이거나 그 결과로 나타난 것이다. 민옹의 재담은 '나'의 우울증과 이로 인한 불면증 및 식욕 부진 치료를 위한 전략으로 기능하는 셈이다.

이처럼 〈민옹전〉의 재담은 정신적 질병을 겪고 있는 '나'를 치료하는 기능을 한다. 치료의 핵심은 자신의 처지와 현실에 대한 인식의 전환을 통해 마음을 다스리는 것이다. 긍정적이고 낙천적인 태도를 가질 것, 생활 속에서 즐거움을 찾을 것, 그리고 불만과 응어리를 쌓아 두지 말고 세상에 대한 풍자와 비판으로 풀 것 등이 구체적 방법이다.

그런데 〈민옹전〉의 재담은 한 개인의 심리 치료에 국한되지 않는다. 심리 치료는 〈민옹전〉의 한 측면일 뿐이다. 여기서 우리는 "노래나 서화, 옛 칼, 거문고, 골동 그릇, 여러 잡물들에 취미를 붙이고, 손님을 불러들여 우스갯소리나 옛이야기로 마음을 가라앉히려고 백방으로 노력해 보았으나 그 답답함을 풀지 못"[38] 했던 '나'가 민옹의 재담에 우울증이 완화된 까닭은 무엇인가를 주목할 필요가 있다. 특히 '나'의 우울증은 다른 취미 활동은 물론, 다른 사람의 우스갯소리나 옛이야기로는 풀리지 않았다는 점에 주목해야 한다.

---

37) 이민희는 심리치료의 결과 "'나'는 삶과 현실에 애착을 갖고 적극적으로 살아가려는 청년의 모습으로 변화하고 있음을 간접적으로 보여주고 있다."고 했다. 앞의 논문, 453면.

38) 留好聲歌書畵古劍琴彛器諸雜物 益致客 俳諧古譚 慰心萬方 無所開其幽鬱(116면).

민옹을 만나기 이전에 '나'가 마음을 다스리기 위해 했던 취미 활동은 하나같이 현실 망각의 여가 활동이라는 성격을 갖는다. 다른 손님으로부터 들었던 우스갯소리나 옛이야기도 이점에서는 동질적인 것으로 보아야 한다. 즉, 민옹의 재담은 다른 손님으로부터 들었던 재담과 전연 성격을 달리했던 것이다.

민옹이 하는 재담은 현실 풍자와 비판에 그 초점이 있음을 앞서 살펴보았다. '나'의 우울증의 원인이 사회적 불만 때문임[39]을 간파하고 현실 비판적·풍자적 재담으로 나를 치료하였다.[40] 그럴 수 있었던 것은 민옹의 재담이 갖는 현실주의적, 풍자적, 비판적 성격이 '나'의 성향과 부합되었기 때문이다. '나'는 민옹과 사회적 경험을 공유하고 통찰하면서 깊이 공감한 것이다. 민옹과 '나' 사이에 공명(共鳴), 즉 문학적 울림이 이루어진 것이다.

그렇다면 민옹과 '나'의 관계는 작가와 독자의 관계를 우의하고 있는 셈이다.[41] 작가인 민옹이 독자인 '나'의 내면을 울려 나의 공명을 이끌어내고, '나'는 능동적 참여의 형태로 공명을 실천하는 변화가 나타났다. 두 사람의 공명은 위선과 허위에 가득 차 무위도식하는 양반 사대부가 물리쳐야 할 사회적 재앙이라는 인식을 공유하면서 이루어졌다. 민옹과

---

39) 『과정록(過庭錄)』의 다음 기록은 <민옹전>을 비롯한 연암의 9전(傳)은 사회적 불만을 문학적으로 형상화한 것임을 알게 한다. "세상의 벗 사귐은 오로지 권세와 이익만을 좇았다. 그리하여 여기에 붙었다 저기에 붙었다 하는 세태가 꼴불견이었다. 아버지는 젊을 때부터 이런 세태를 미워하셨다. 그래서 아홉 편의 전(傳)을 지어 세태를 풍자하셨는데, 그 속에는 왕왕 우스갯소리가 들어 있다(先君 自少時 嫉世之交友 專視勢利炎凉聚散情態可見嘗作九傳以譏之 往往以諧笑)"는 이를 보여준다. 『과정록』 상, 8면.

40) 『과정록(過庭錄)』 곳곳에 박지원이 불의와 위선에 대한 결벽증에 가까운 혐오가 잘 나타나 있다.

41) 이에 관해서는 조동일, 『한국문학사상사시론』, 지식산업사, 1978, 275~279면 참고.

'나'의 공명은 문학이란 작가와 독자의 만남을 통한 공명이며, 독자가 작가의 위치가 되어 또 다른 독자와 공명하는 확대 재생산을 그 본질로 하고 있음을 우의하고 있는 것이다. 그 과정에서 치유되는 '나'를 통해 문학은 사회적 문제 제기와 그 해결을 지향하는 글임을 형상화하였다.[42)]

결국 〈민옹전〉은 작가와 독자의 관계, 문학의 형상화 대상, 문학의 효용 가치에 관한 메타 언술이다. 문학적 울림은 이러한 경험의 공유와 통찰에 바탕을 두어야 함을 〈민옹전〉은 말하고 있다. 〈민옹전〉의 재담은 인물의 성격 형상화와 심리 치료에 머물지 않고 사회적 문제 제기와 그 해결을 지향하는 문학의 본질과 깊이 관련된 문제를 제기한다. 즉, 〈민옹전〉은 문학의 본질이 무엇인가를 소설로 형상화한 작품이다. 문학이란 현실을 반영하며 현실적 문제를 제기하고 풍자하고 비판함으로써 바람직한 현실을 추구하는 글임을 형상화하고 있는 것이다. 문학이란 결코 일상의 삶과 유리될 수 없는 것이며, 일상의 삶을 바탕으로 하되 그것을 넘어서는 의의가 있음을 형상화하고 있다. 이런 점에서 〈민옹전〉은 문학이란 무엇인가에 답하는 메타 문학언술로 기능한다.

4. 재담 교육 텍스트로서의 가치

지금까지 〈민옹전〉 소재 재담의 발상과 〈민옹전〉의 작품 맥락에서

---

42) 양반이 사회적 재앙이라는 관점은 〈호질(虎叱)〉과 일치하며, 탈춤의 그것과도 상통한다.

재담이 갖는 기능을 고찰했다. 여기서는 <민옹전>이 갖는 재담 교육 텍스트로서의 가치를 점검해 보기로 한다. 2007년 개정 교육과정에 설정된 성취기준과 학습요소의 예 및 그 해설서를 참고하여 교재로서의 활용 가능성도 검토하기로 한다. 미리 말해 둘 것은 <민옹전>이 재담에 관한 성취기준이 설정된 각 학년 급에서 모두 가능하다는 것은 아니라는 점이다. 교육과정에서 6학년 읽기 영역으로 "웃음을 유발하는 글을 읽고 표현의 익살스러움과 재미를 느낀다."[43]는 성취기준을 설정했는데, <민옹전>을 텍스트로 6학년 학생에게 이 성취기준에 도달하도록 할 수 있다는 뜻은 아니라는 것이다. 중요한 것은 교육과정에서 재담 교육을 매우 비중 있게 다루고 있다는 점을 확인하고, <민옹전>으로 어떤 성취기준에 도달할 수 있는가를 탐색하는 것이다.

<민옹전>의 재담은 재담의 원리와 발상에 대한 학습 자료로서 가치가 크다. <민옹전>은 '상황 탈출하기', '함정 드러내기', '화법 부정하기', '관점 바꾸기', '유사성 발견하기' 등 다양한 발상을 포함하고 있다. 이들 발상은 오늘날 재담에서 빈번히 활용되는 것들이다. 오늘날 재담에서 <민옹전>과 같은 발상을 하나씩 제시함으로써 그 연속성을 검토하기로 한다.

(가)

　[집에서]

　엄마 : 예림아 우유 한 통 사와라.

　예림 : 이제 심부름 안 할 거야.

　엄마 : 유치원 선생님이 그렇게 가르치시던? 부모님 말씀 잘 들으랬지?

---

43) 『해설』, 142면.

[유치원에서]

예림 : 우리 엄마는 왜 자꾸 심부름을 시키는 걸까? 하루가 정말 피곤해.

친구 : 그럼 이렇게 해 보면 어떨까?

[집에서. 엄마가 심부름을 시키려 하자]

예림 : 선생님께선 이렇게도 가르치셨지. '자기의 일은 스스로 하자.'[44]

(나)

[낚시터에서]

아버지 : 아~함! 이상하게도 오늘은 한 마리도 안 잡히는구나.

아들 : 그야 당연하죠, 아빠.

아버지 : 어째서?

아들 : 고기도 이 시간에 잠을 자야죠. 한밤중에 나와 노는 고기가 어
　　　디 있겠어요?[45]

(다)

　달도 없는 밤에 대형 군함이 항해하던 중 정면에 불빛이 나타났다. 함
장은 신호를 보냈다. "방향을 서쪽으로 10도 돌리시오." 그러자 상대가
답신을 보내왔다. "당신이 방향을 동쪽으로 10도 돌리시오." 화가 난 함
장은 다시 신호를 보냈다. "난 해군 대령이오. 당신이 방향을 돌리시오."
상대가 다시 신호를 보내왔다. "난 해군 일병이오. 당신이 방향을 돌리
시오." 머리끝까지 화가 난 해군 함장은 최후의 신호를 보냈다. "이 배
는 전함이다. 절대 방향을 바꿀 수 없다. 죽고 싶으면 그대로 있어라."
그러자 상대도 신호를 보내왔다. "여기는 등대다. 네 멋대로 해라."[46]

---

44) 이공명, '자기 일은 스스로 하자'(2006. 07. 09), 카툰저널 뉴스툰
　　(http://new3.newstoon.net/index.html)
45) '어째서?', 뚱딴지(2008. 10. 09), 소년조선일보(http://kid.chosun.com)
46) 인터넷 재담은 특성상 최초 생산자를 파악하기 어렵다. 이런 경우는 출처를 밝히지
　　않는다.

(라)

　최불암이 약국을 차렸다. 어느 날 손님이 찾아왔다.

　손님 : 쥐약 주세요.

　최불암 : 당신의 쥐는 어디가 아픈가요?

(마)

　우리 학교 수학 선생님에게 아들이 1명 있다. 지금은 중학교 1학년이다. 그 애는 초등학교 1학년에 입학하고 학교에서 부모님 직업을 조사하기 전까지 아버지 직업이 석공인 줄 알았다고 한다. 왜냐하면 수학 선생님이 매일 아침 출근하실 때마다 그 애에게 이렇게 말했다고 한다. "영수야! 아빠 오늘도 돌 깨러 갔다 올게."

　(가)는 '상황 탈출하기'이다. 오늘날 '상황 탈출하기'는 어른과 어린아이의 대화 상황에서 특히 많이 활용되고 있다. 그것은 지거나 속을 것 같은 사람이 난처하거나 불리한 상황에 놓였다가 이기거나 속이는 반전이 이루어짐으로써 웃음을 유발할 수 있기 때문이다.

　(나)는 '관점 바꾸기'이다. 물고기의 관점으로 봐야 할 현상을 인간의 관점으로 바라봄으로써 웃음을 유발시켰다. '관점 바꾸기'는 현대 재담에서 '식인종 시리즈'나 '참새 시리즈' 등 인간 이외의 관점을 도입하거나 어린 아이의 시각을 도입하는 방법이 흔하다.[47] 다른 예로, 대학 입시를 앞 둔 시점이라 '떨어지다'는 말이 금기시되는 상황에서, 책상에서 연필이 굴러 떨어진 사건이 발생하자, "연필이 땅에 붙었네."[48]라고 표

---

47) 『좋은 생각』(좋은생각사람들)의 한 코너인 '아이오아'에 실린 재담이 대표적 예이다. '상황 탈출하기'에서 어린 아이는 맹랑함이 드러나고, '관점 바꾸기'에서 어린 아이는 천진함이 드러난다고 할 수 있다.

48) '광수생각 30', 박광수, 『광수생각』, 소담출판사, 1998.

현함으로써 웃음을 유발하고 있는 재담을 들 수 있다.

(다)는 '함정 드러내기'이다. 위 재담은 듣는 이(읽는 이)를 함정에 빠뜨리기 위해 정면에 나타난 불빛의 정체와 대화 상대에 대한 정보를 극히 제한하는 반면, 이쪽 정보는 모두 공개하고 있다. 대신 상대방의 계급(일병)에 대한 정보를 공개해 이쪽 계급(대령)과 대비시킴으로써 이쪽의 명령에 복종하는 것이 당연하다는 생각을 듣는 이(읽는 이)가 갖도록 유도하고 있다. 이처럼 듣는 이를 함정에 빠뜨려 놓고 함정에 빠진 사실을 드러냄으로써 웃음이 유발된다. 오늘날 이 발상은 듣는 이(읽는 이)가 성적(性的)인 상황으로 착각하도록 유도하는 재담에 많이 활용되고 있다.

(라)는 '화법 부정하기'이다. 세부적으로는 '대화의 전제 부정하기'이다.[49] 인용 예시한 것은 '최불암 시리즈' 중 하나이다. '화법 부정하기'는 오늘날 재담에서 널리 쓰이는 웃음 유발 방식이다.[50] 이 발상을 대표하는 재담은 '사오정 시리즈'이다.

(마)는 '유사성 발견하기'이다. '돌[石]'을 깨는 사람은 석공이고 '돌(나쁜 머리)'을 깨는 사람은 수학 선생님이다. 두 사람 사이에는 돌을 깨는 공통점이 있다. '돌'의 다의성을 바탕으로 두 사람 사이의 유사성을 발견하는 기발함과 엉뚱함이 웃음을 유발하는 것이다.

이처럼 〈민옹전〉 재담의 발상은 오늘날 재담에서 광범위하게 활용되고 있다. 더욱이 교육과정에서 재담 관련 성취기준을 설정하고 있어서 주목된다. 2007년 개정 교육과정 7학년 듣기 영역에서 "재치와 유머가 있는 재담"으로 "재담에 나타난 재미있는 말의 발상과 의미를 파악

---

49) 구현정은 유머 담화의 생성 기제로 '대화 전제의 부정'과 '대화의 원리 위배'라는 방식을 들고 있다. 앞의 논문, 171면.
50) 박광수의 앞의 책과 이우일, 『도날드 닭』(홍디자인 출판부, 1999)이 대표적 예이다.

한다."는 성취기준을 설정하고 "재미있는 말의 발상 파악하기"[51]를 내용요소의 예로 제시하고 있어서 재담의 발상과 의미에 대한 학습의 필요성과 가치를 인정하고 있음을 알 수 있다. 해설서에서는 "재담에서 재미를 주는 요소, 즉 발상과 의미 측면에서 재담을 분석하여 무엇이 웃음의 동력이었는지를 분석하게 한다."[52]고 하여 웃음의 동력이 되는 발상의 차이, 웃음의 발상이 다른 다양한 재담에 대해 학습하도록 하고 있다. 다양한 발상을 가진 <민옹전>을 매재(媒材)로 이 성취기준에 도달할 수 있다.

전통 웃음 문화는 민중예술로 자라난 탈춤과 판소리에서 가장 뚜렷한 성취를 이루었다. 박지원은 탈춤과 판소리에서 구현한 웃음을 개인 창작물을 통해 구현했다. 9학년 말하기 영역 "우리나라 전통적인 해학 문화를 이해하고, 이를 재담에 활용한다."는 성취기준은 전통 웃음 문화의 가치에 대한 인식을 제고하기 위한 것으로 보인다. 내용요소로 예시된 "우리나라 해학문화의 전통 이해하기"와 "전통 해학을 재담에 활용하기"[53]는 다양한 발상을 두루 갖춘 <민옹전>을 통해 학습할 수 있을 것이다. 기발한 파자(破字)를 통해 상황을 탈출하는 (12)는 발상을 달리하면서 다음과 같은 형태로 변형되고 있는 데서 그 활용 가능성을 엿볼 수 있다.[54]

---

51) 이상 인용은 『중학교 교육과정』, 35면.
52) 『해설』, 157면.
53) 이상 인용은 『중학교 교육과정』, 48면.
54) '만들면 되지'(2006. 07. 04), 비빔툰
   (http://www.hani.co.kr/arti/cartoon/bibimtoon/138370.html)

 이상으로 볼 때, 〈민옹전〉 소재 재담에는 다양한 발상이 두루 발견되므로 한 편의 짧은 소설을 통해 재담의 원리와 발상을 학습할 수 있는 장점이 있다. 더욱이 현대 재담에서 동일한 발상이 확대 재생산되고 있다는 점에서 〈민옹전〉 재담의 발상이 갖는 보편성을 담보할 수 있으며, 전통 재담의 발상이 현대 재담에서 변형·재창조되는 모습을 살펴볼 수 있다. 〈민옹전〉에 포함된 재담의 여러 발상을 학습하고, 이러한 발상이 오늘날 재담에서 광범위하게 활용되고 있음을 살피고, 〈민옹전〉 재담의 발상을 활용하여 스스로 재담을 생산하는 활동도 가능하다. 이러한 활동을 통해 전통 문화의 가치를 재인식할 수 있다.

다음으로 <민옹전>의 재담은 재담의 사회적 기능과 가치에 관한 교육 자료로 적절하다. 웃음은 다른 무엇을 목적으로 하지 않아도 된다. 이런 웃음을 '웃음을 위한 웃음'이라 할 수 있다. 웃음을 위한 웃음의 가치를 부정하지는 않는다. 그러나 웃음을 위한 웃음은 대부분 말장난에 그치는 경우가 많다. 인터넷 매체나 유머 자료집 속의 재담, 특히 시리즈물은 대부분 사회적 맥락과 유리된 말장난처럼 보인다.

재담이 당대 사회의 현실을 반영하고, 사회 비판과 교정 기능을 할 때 현실 속에서 살아 있는 웃음이 될 수 있고, 웃음의 의미와 가치가 높아진다. 오늘날 학생을 비롯한 대중들이 즐기는 재담 대부분이 현실 맥락이 제거된 것이라는 점에서 <민옹전>은 웃음의 사회적 가치에 대한 생각을 되돌아보게 하는 교재가 될 수 있다. 탈춤, 판소리 등 전통 재담의 큰 흐름은 당대 현실 사회의 풍자와 비판이다. 이럴 때 웃음은 개인의 정신적 질병 치료를 넘어 사회적 질병 치료, 즉 사회적 병리 현상에 대한 문제 제기와 교정이 가능하게 한다. 앞서 든 7학년 듣기 영역 성취기준에서 "재미있는 말의 사회적 기능 이해하기"[55]라는 내용요소를 예시하고, 해설서에서 "때때로 재미있는 말에는 기지, 과장, 풍자, 조롱 등이 들어 있어서 사회 비판 기능을 수행하기도 한다. 재미있는 말로 표현했지만 때로는 그 속에 담긴 비판은 직접적인 비판의 표현보다 효과적일 수 있다. 재미있는 말은 즐거움 제공과 비판이라는 양면적 성질의 기능을 동시에 가질 수 있음을 이해하게 한다. 따라서 재미있는 말을 들을 때는 그 속에 담긴 의미와 기능을 파악하며 그에 적절히 반응하도록 지도한다."[56]는 방향을 제시하고 있다. 이것은 교육과정에서 재담의 사회

---

55) 『중학교 교육과정』, 35면.
56) 『해설』, 193면.

적 기능에 대한 학습의 중요성을 인식하고 있음을 의미하는 것이다.

8학년의 "다양한 풍자물의 매체 특성과 그 효과를 이해하고 비판적으로 수용한다."[57]는 성취기준은 오늘날의 다양한 매체 속에서 풍자물이 활발하게 만들어지고 있음을 고려한 것으로 보인다. 오늘날은 인쇄 매체뿐만 아니라, 라디오, 텔레비전, 영화는 물론 인터넷 등 다양한 매체에서 풍자물이 수용되고 있다. 〈민옹전〉을 인쇄 매체 자료로 활용하고, 오늘날 여러 매체 속의 현대 풍자물과 견주어 매체 특성에 따른 표현 방식의 비교하는 학습활동도 가능하다. 또한 현대인은 풍자물을 수동적으로 소비하는 데 머무르지 않고 이를 변형·제작하여 유포시키기도 한다.[58] 〈민옹전〉의 재담은 교육과정에서 예시한 내용요소 중 "풍자물에 담긴 현실 비판의 내용과 비판 방식에 대해 평가하기" 및 "풍자와 표현의 자유에 대해 토의하기"에 적합하다.

〈민옹전〉의 재담은 예비된 것이 아니라 민옹의 실제 삶의 체험에서 우러나온 것이다. 재담의 상황을 보면 이점은 분명하다. "물끄러미 젓대 부는 자를 보고 있더니", "옹이 눈을 부릅뜨고 물끄러미 둘러보다가"[59] 등, 웃음을 유발하는 민옹의 말이 나오기 직전 상황에 대한 서술과 민옹의 행동 묘사는 민옹이 재담거리를 현장에서 찾고 있으며, 재담의 발상이 즉석에서 떠오르고 있음을 보여준다. 그의 사회 풍자적 웃음은 평소 삶에서 사회 현실에 대한 성찰과 통찰에 바탕한 것이다. 삶의 현장과 생활 체험에서 자연스럽게 발생한 웃음이라야 우리네 삶에서 재담이 떨어

---

57) 『해설』, 157면.
58) 특히 패러디 방식을 통한 풍자가 주류를 이루는데, 그 대표적 공간으로 '디시인사이드(http://www.dcinside.com)'를 들 수 있다.
59) 熟視管者(116면) ; 翁瞠目熟視(116면)

질 수 없으며 그 가치와 의미가 절실하게 된다. 교육과정 해설서에서 재담의 수준과 범위를 "일상의 삶에서 자연스럽게 나온 대화 중에서 재담의 요소가 많이 들어 있는 부분을 주된 대상으로 삼"[60]을 것을 강조하고 있는 것도 이런 맥락에서 이해할 수 있다. 학생 개개인이 일상 생활에서 재담을 소비하고 생산하는 주체가 되어야 함을 <민옹전>의 재담에서 배울 수 있다. 이런 점에서 <민옹전>은 더 없이 좋은 텍스트이다.

물론 다른 작품이나 소화(笑話)를 재담 교육 텍스트로 사용할 수 있다. 그러나 <민옹전>처럼 다양한 발상을 갖추고 있으면서 재담의 원리와 발상, 생활 속의 재담 생산, 웃음의 사회적 기능과 의미 등 다양한 가치를 한 작품에서 보여주는 작품은 없다. 특히 <민옹전>은 문학의 본질에 관한 우의를 함축한 작품이므로 재담을 중심으로 문학의 본질이 무엇인가를 생각해 볼 수 있는 학습 교재로서 가치가 크다.

문학 작품은 다양한 층위로 학생들에게 제시될 수 있으므로 <민옹전>을 쉬운 문체로 번역하면 7학년 이상을 대상으로 재담 교육 텍스트로 활용할 수 있다. 그러나 <민옹전>에서 문학의 본질을 깨닫고 심층적 의미 층위까지 읽어내는 것은 10학년 이상을 대상으로 하는 것이 적절할 것으로 보인다. 교육과정이 바뀌고 성취기준의 출입이 있을 수 있지만, 이들이 어떻게 달라지든 재담과 문학의 본질에 관한 성취기준이 들어있는 한 <민옹전>을 재담 교육 텍스트로 활용할 수 있는 가능성은 항상 열려 있다.

---

60) 『해설』, 157면.

5. 재담의 계승과 창조 교육

이 글은 〈민옹전〉을 이루고 있는 재담들의 구조를 분석하여 웃음을 불러일으키는 동력인 발상을 찾아내고, 그러한 발상의 재담이 작품 맥락에서 갖는 기능을 탐색하여, 〈민옹전〉의 재담 교육 텍스트로서의 가치를 가늠하기 위해 마련되었다. 논의의 결과를 요약하고 남은 과제를 제시하는 것으로 마무리를 삼는다.

〈민옹전〉은 이야기 속 인물이 불리하거나 곤란한 상황을 탈출하는 데서 웃음을 유발하는 '상황 탈출하기', 상황이나 대상에 대한 관점을 바꿈으로써 그 관점이 주는 새로움이나 신선함이 웃음을 유발하는 '관점 바꾸기', 이야기 속 인물이 다른 인물을, 또는 이야기하는 이가 듣는 이를 함정에 빠뜨렸다가 상대방이 함정에 빠졌음을 드러냄으로써 웃음을 유발하는 '함정 드러내기', 대화의 원리나 전제를 부정함으로써 웃음을 유발하는 '화법 부정하기', 서로 다른 대상 사이의 공통성을 발견하는 데서 웃음을 유발하는 '유사성 발견하기' 등 다양한 발상의 재담을 포함하고 있다.

이와 같은 다양한 발상의 재담은 민옹을 낙천주의자, 비판적 현실주의자, 탁월한 재담꾼으로 형상화한다. 또한 재담은 '나'의 우울증과 그로 인한 식욕 부진 및 불면증을 치료하기도 했다. 나아가 우의(寓意)를 통해 문학이란 무엇인가에 대해 답하기도 했다. 이처럼 〈민옹전〉의 재담은 인물의 성격을 형상화하는 기능, 인물의 심리를 치료하는 기능, 문학의 본질을 우의하는 기능을 한다.

〈민옹전〉 소재 재담의 발상과 기능은 재담 교육 교재로 활용 가치가 크다. 〈민옹전〉 소재 재담의 발상은 오늘날 재담에서 그대로 활용되고 있다. 그러므로 전통 재담의 발상이 오늘날 재담의 원천이 되고 있음을 깨닫게 할 수 있다. 이것은 전통 웃음 문화의 가치를 재인식하는 일이 된다.

이 글에서 <민옹전>의 재담을 어떻게 가르칠 것인가에 관한 논의를 할 겨를을 갖지 못했다. 이에 관해서는 별도의 논문을 통해 깊이 있게 다룰 필요가 있다. 나아가 재담 교육 방법에 대한 일반 논의까지 그 폭을 확장해야 할 것이다. <민옹전>이 다양한 발상의 재담을 포함하고 있지만, 재담의 발상을 모두 포괄하고 있지는 않다. 재담은 그 자료가 방대하고 그 양상이 다양해서 체계적인 분류가 어렵다. 이 글을 통해 발상에 따른 재담 분류가 가능하지 않을까 하는 생각을 갖게 되었으나 자료를 확대하면서 좀 더 연구를 진행해 보아야 할 것이다.

어문학 비교우위론의 문학교육적 활용

최행귀와 김만중을 중심으로

1. 시의 수용과 생산, 그리고 어문학 비교우위론

필자는 중·고등학생들이 쓴 시를 보면서 그들의 시에 대한 인식을 궁금하게 여겨 왔다. 왜냐하면 학생들이 쓴 시 가운데 그들의 삶, 언어, 시각과 거리가 있는 시들을 흔히 보아왔기 때문이다. 그러던 차에 오래 전부터 관심을 가져온 우리어문학과 중국어문학[1]의 비교우위론의 역사적 전개에 관한 글을 준비하면서, 어문학 비교우위론의 근거를 통해 학생들이 문학 텍스트를 수용하고 생산하는 데 따른 문제점을 교정할 수

---

1) 이 글에서 우리어문학과 중국어문학은 다음과 같은 의미로 사용한다. 우리어문학은 우리말과 글 및 이것으로 이루어진 문학이란 의미로서 우리글이 없던 시기에 생산된 차자(借字) 문학도 포함한다. 중국어문학은 중국말과 글 및 이것으로 이루어진 문학 이란 의미로서 한국한문학(韓國漢文學)까지 포괄하는 용어로 쓴다.

있지 않을까 하는 생각에 이르렀다. 최행귀(崔行歸)와 김만중(金萬重, 1637~
1692)의 비교 우위론을 통해 학생들의 시(가)에 대한 인식을 제고할 수
있는 길을 찾아보려 한다.

조선후기 국문시가의 가치를 옹호하는 비평 언술 가운데 김만중의 그
것은 가장 주목을 받아왔다. 김만중의 비평 언술을 반주자주의적 · 탈중
세지향적 성격으로 인정하는 견해[2]가 우세한 가운데, 그의 언술의 목표
가 송강가사(松江歌辭)가 지닌 사대부의 충정 예찬에 있다는 견해[3]나, 주
자학과 복고주의의 연장선에서 그의 비평 언술이 산출되었다는 견해[4]도
나타났다. 반면에 최행귀가 균여의 <보현십원가(普賢十願歌)>를 한시로
번역하면서 쓴 서문은 '삼구육명(三句六名)'의 해명 때문에 관심을 끌었을
뿐, 우리어문학에 대한 가치 인식을 담은 글로는 거의 주목받지 못했
다.[5] 그러나 최행귀와 김만중은 우리어문학이 중국어문학의 위세에 눌
려 소외되어가거나 이미 회복하기 어려운 열세에 놓인 시대 맥락에서
우리어문학과 중국어문학을 견주어 우리어문학의 가치와 의의를 발견하
고자 했다는 공통점이 있다. 더욱이 이들 언술은 학습자의 시(가) 이해
와 문학 텍스트 수용과 생산 교육에 함께 활용할 수 있다.

어문학 비교우위론 이해와 이를 통한 시 또는 시가에 대한 학습자의

---

2) 조동일, 「김만중」, 『한국문학사상사시론』, 지식산업사, 1978 ; 윤호진, 「김만중 문학론
   연구」, 한국학대학원 석사학위논문, 1982 ; 고미숙, 「조선후기 민족어문학론의 전개
   양상」, 『18세기에서 19세기초 한국시가사의 구도』, 소명출판, 1998 ; 김선기, 「서포
   김만중의 우리말 시가 옹호론」, 『한국언어문학』 43, 한국언어문학회, 1999.
3) 김성규, 「서포의 국문문학 예찬론의 성격」, 『수선논집』 11, 성균관대, 1986.
4) 안대회, 「한국문학에서 민족적인 것과 세계적인 것」, 『국문학과 문화』, 집문당, 2000.
5) 김선기(1997), 「최행귀의 향가론 고찰」(『한국언어문학』 38, 한국언어문학회)에서 최행
   귀의 서문을 비평론, 역가론, 작가론, 가체론으로 나누어 검토한 것이 유일하지 않나
   한다.

이해도 증진 및 인식 교정을 위해, 다음과 같은 방법으로 접근한다. 먼저, 최행귀와 김만중을 중심으로 어문학 비교우위론을 검토한다. 특히 비교우위론의 근거가 무엇인가를 정밀하게 논의하는 데 초점을 둔다. 왜냐하면 이것이 오늘날 학습자의 시 또는 시가에 이해도를 높이고 문학 텍스트의 생산에 대한 인식을 교정하는 밑거름이 될 것이기 때문이다. 두 사람의 비교우위론이 아무런 어문학사적 맥락 없이 돌출하지는 않았을 것이므로 우리말글 문학을 옹호하는 전후 맥락 위에서 이들의 언술을 논의하는 일이 필요하다. 결과적으로 이것은 우리어문학과 중국어문학의 관계 맥락 속에서 논의하는 일이 될 터이다.

다음으로 비교우위론의 문학교육적 활용 가치를 가늠해 본다. ≪균여전(均如傳)≫ 소재 최행귀의 비평 언술은 향가와 관련된 것이므로 학생들의 향가에 대한 이해 정도를 파악하기 위한 간단한 설문조사를 하였다. 설문조사 결과에 나타난 문제점은 학교의 문학교육과 밀접한 관련이 있을 터이므로, 현재 고등학생들이 배우는 제7차 교육과정에 따른 『국어』와 『문학』 교과서에서 그 원인을 찾아볼 것이다. 그리고 진단 결과에 대한 처방적 전략을 균여와 최행귀의 비평 언술을 통해 수립 가능함을 보일 것이다. 시에 대한 학생의 인식은 청소년 문학상의 심사평과 필자가 실시한 설문조사를 통해 점검한다. 이런 작업을 통해 실태를 파악한 후, 비교우위론을 어떻게 활용할 수 있는지를 검토함으로써 이들 비평 언술의 문학교육적 활용 가치를 가늠해 보기로 한다.

2. 최행귀와 김만중의 어문학 비교우위론

(1) 비교우위론의 어문학사적 맥락

최행귀는 967(광종 18)년에 균여(均如, 923~973)의 <보현십원가>를 한역시(漢譯詩)로 재생산하면서 쓴 서문에서 향가와 한시 비교론을 폈다. 김만중은 《서포만필(西浦漫筆)》에서 우리말글과 중국말글을 비교하고, 민요 및 가사와 한시의 비교론을 폈다. 이들 시대에 우리어문학과 중국 어문학의 위상과 상호 관련성을 살펴 이들의 비평 언술이 어떤 어문학 사적 맥락에서 생산된 것인가를 최소한의 논의를 통해 가늠해 보기로 한다.

최행귀의 비평 언술 생산의 직접적 맥락은 <보현십원가>이고, 그 서문6)에 향가 관련 맥락이 잘 드러나므로 이를 중심으로 어문사적 맥락을 점검하면 논의를 간소화할 수 있다.

(가) 무릇 사뇌라 하는 것은 세상 사람들이 놀고 즐기는 데 쓰는 도구요, 원왕이라 하는 것은 보살이 수행하는 데 중추가 되는 것이다. 그러므로 얕은 데를 건너야 깊은 데로 갈 수 있고, 가까운 데서부터 시작해야 먼 곳에 이를 수 있는 것이니, 세속의 이치에 기대지 않고는 저열한 바탕을 인도할 길이 없고, 비루한 언사에 기대지 않고는 큰 인연을 드러낼 길이 없다. 이제 쉽게 알 수 있는 비근한 일을 바탕으로 생각하기 어려운 심원한 종지(宗志)를 깨우치게 하고자 열 가지 큰 서원의 글에 의지하여 열 한 마리 거친 노래를 지으니 뭇 사람의 눈에 보이기는 몹시 부끄러우나 모든 부처님의 마음에는 부합되기를 바란다. 비록 생각이

---

6) 균여가 <보현십원가>를 지으면서 쓴 서문은 다른 곳에 전하는 바 없고 《균여전》 제7 <가행화세분(歌行化世分)>에만 일부 실려 있다.

잘못 되고 말이 적절치 않아 성현의 오묘한 뜻에 알맞지 않더라도 서문을 쓰고 시구를 짓는 것은 범속한 사람들의 선한 바탕을 일깨우고자 함이니, 비웃으려고 염송하는 자라도 염송하는 바의 결실을 맺을 것이며, 헐뜯으려고 염송하는 자라도 염송하는 바의 이익을 얻을 것이다. 夫詞腦者 世人戲樂之具 願王者 井修行之樞 故得涉淺歸深 從近至遠 不憑世道 無引劣根之由 非寄陋言 莫現普因之路 今托易知近事 還會難思之遠宗 依二五大願之文 課十一荒歌之句 慙極於衆人之眼 冀符於諸佛之心 雖意失言乖 不合聖賢之妙趣 而傳文作句 願生凡俗之善根 欲笑誦者 則結誦願之因 欲毀念者 則獲念願之益

— 〈가행화세분(歌行化世分)〉, ≪균여전(均如傳)≫7)

한문학이 성장하면서 우리어문학과 중국어문학은 영향을 주고받으며 대립적으로 공존해 왔다.8) 상층 지식인은 한시를 비롯한 한문학을, 하층 민중은 민요를 비롯한 구비문학을 향유함으로써 상·하층의 문학이 분리되는 현상이 나타났다. 이런 가운데서도 한자 표기 수단을 이용하여 우리말 노래 문학을 적고자 하는 노력이 계속되어 향찰로 향가를 창작·기록하는 데까지 나아갔다. 일반 백성들 사이에 널리 유행하는 노래가 지식인에 의해 향찰로 기록되기도 했고, 상층 지식인이 향찰로 지은 향가(사뇌가)가 일반 백성들은 사이에서 노래로 널리 향유되기도 하면서 상하의 문학적 교류가 이루어졌다.9) 이처럼 상하층의 문학이 분리된

---

7) 최철·안대회 공역, 『역주 균여전』, 새문사, 1986, 100~101면. 이 책에 영인한 원문과 번역을 인용하되, 번역은 일부 수정하였다. 이하 같다.

8) 조동일이 생극론의 관점에서 국문문학, 구비문학, 한문학의 대립적 공존 관계를 시대 구분 기준으로 삼은 바 있다. 조동일, 『한국문학통사(제4판)』 1, 지식산업사, 2005, 27~43면 참고.

9) 조동일은 향가가 "한시로서 나타낼 수 없는 구어적인 표현, 독자적인 사상과 감정, 노래부르는 행위와 직결된 시가 청조의 육구를 살리기 위해 필요했다."면서, "시상을 가다듬는 방식은 한시의 자극을 받아 발전시켰다 할 수 있으나, 노래를 엮어 나가는

시대에, 향가는 상하층이 공유하는 문학으로서의 구실을 해 왔다. (가)를 통해 우리는 균여의 시대에도 향가의 이런 구실이 지속되고 있었음을 확인할 수 있다. 균여가 민중들 사이에 널리 유행하던 향가로 <보현십원가>를 지은 것은 이런 전례를 이은 것이다.

(가)의 문면으로 보면 균여는 향가와 원왕(願往)을 견주고 있다. 원왕은 서원(誓願)이나 게송(偈頌)을 뜻하는 것으로 보인다. 향가는 세상 사람들이 놀고 즐기는 데 쓰이는 도구로서 보살의 가르침[道]에 비해 비근한 세속의 이치를 담는 도구라 했다. 그러나 균여는 보살의 가르침을 깨우치는 세속의 문학으로 한시가 아닌 향가를 택했다. 그것은 한시와 달리 향가는 가창이 가능하고, 광범위한 전파력을 지니고 있으며, 폭넓은 향유층을 확보하고 있다는 점 때문이었다. 즉, 민중에게 보현보살의 가르침을 깨우친다는 공리주의적 입장에서 한시보다 향가가 그 기능을 더 잘 발휘할 수 있다고 판단한 것이다.[10]

상하층의 문학이 엄격히 분리된 시대에 상하층의 문학적 교류를 담당해 온 향가의 이런 지위는 고려전기에 결정적으로 흔들리게 되었다. 최행귀 시대부터 실시된 과거제(科擧制)는 그 결정타라 할 수 있다. 반면에 고려후기에서 조선전기에 이르는 시기는 한문학이 최고로 융성했던 시기였다. 고려후기에 와서 향가는 명맥만 유지하다 소멸되고, 시조와 가사 등 시가문학이 새롭게 등장하여 향가를 대신하게 된다. 그러나 고려후기에 이들의 비교우위론은 등장하지 않았을 뿐만 아니라, 한문학과

방식은 구비시가인 민요나 무가에서 받아들여, 두 가지 문화를 융합하는 구실을 했다."고 했다. 조동일, 『한국시가의 역사의식』, 문예출판사, 1993, 20면.

10) 균여의 <보현십원가>가 교술적 서정시의 성격이 강한 것은 균여의 이런 의도가 강하게 작용했기 때문이다.

비교의 대상으로 거론되지도 않았다. 이제현(李齊賢, 1286~1367)이나 민사평(閔思平, 1291~1359) 등이 소악부(小樂府) 창작을 통해 우리말 노래 문학에 대한 관심을 보여주었을 따름이다. 최행귀의 비평 언술은 이런 문학사적 흐름 위에서 균여의 서문과 향가를 선행 언술로 삼아 우리어문학의 의의를 적극 주장하였기에 주목하지 않을 수 없다.

김만중의 우리어문학 우위론 또한 17세기 전후의 어문학사적 맥락에서 파악해야 한다. 고려후기 신흥 사대부가 조선건국의 주체 세력이 된 조선전기는 성리학을 기본 이념으로 채택하고 한문학을 정통으로 삼아 재도론적(載道論的) 문학관을 확립한 시기였다. 이런 시기에 한글을 창제하면서 국가의 공식 입장으로 우리글의 의의를 주창한 점을 주목하지 않을 수 없다.

(나) 스물 여덟자로 전환이 무궁하며 간단하면서도 요긴하고 정밀하면서도 통하여 지혜로운 사람은 하루 아침에 이해할 수 있고 어리석은 자라도 열흘이면 배울 수 있으니, 이로써 글을 풀이하여 그 뜻을 알수 있으며, 이로써 송사를 들어 그 정을 알 수 있다. 자운에 있어서는 청탁을 잘 변별할 수 있고 악가에 있어서는 율려가 고르게 되어, 사용함에 갖추지 않은 바가 없고 나아가 통달하지 아니함이 없다. 비록 바람 소리와 학의 울음 소리, 닭 우는 소리와 개 짖는 소리라도 모두 쓸 수 있게 된 것이다. 以二十八字 而轉換無窮 間而要 精而通 故智者 不終朝而會 愚者 可浹旬而學 以是解書 可以知其義 以是聽訟 可以得其情 字韻則淸濁之能辨 樂歌則律呂之克諧 無所用而不備 無所往而不達 雖風聲鶴唳 鷄鳴狗吠 皆可得而書矣

— 〈훈민정음해례서(訓民正音解例後序)〉[11]

---

11) 유창균, 『훈민정음』, 형설출판사, 1988, 108~109면.

한글 창제 주체 세력의 일원이 쓴 (나)는 한문에 대한 한글의 비교우위를 주장하고 있다. (나)의 인용하지 않은 부분에서 "천지자연의 소리가 있으면 반드시 천지자연의 글이 있다"[12]는 말을 대전제로 삼고, 우리 말소리는 중국과 같지 않다[13]는 말을 소전제로 삼아, 우리 말소리에 맞는 우리글을 만드는 것은 당연하다는 결론을 도출해 냈다. 이것은 대전제가 참인[14] 전건긍정식 연역추리이다. "옛사람은 소리로써 글자를 만들어 만물의 정(情)을 통하게 하고 삼재(三才)의 도를 담았다"[15]는 보조 논거를 곁들여 우리글을 만드는 데 반론의 여지가 없게 했다. 독자적인 우리글이 우리말을 더 잘 구현할 수 있다는 생각을, 한글은 누구나 쉽게 익힐 수 있는 언어이며 남녀·상하·노소가 두루 소통할 수 있는 언어이며, 어떤 상황이나 사건 소리를 다 구현할 수 있는 언어라는 말로 구체화했다.

한글은 표음문자이면서 음소문자이기 때문에 표의문자이고 음절문자인 한자가 지닌 한계와 한자를 빌려와 우리말을 적는 방식의 한계를 일거에 극복할 수 있었다. 일본은 한자를 간소화시켜 가나(假名)를 만드는 방향으로 나아가고 베트남이 자남(字喃)을 버리지 않은 것과 달리, 우리는 향찰을 더 이상 발전시키지 않고 독자적인 한글을 만들었다.[16] 그것은 한자를 빌려와 우리말을 체계적으로 적는 것은 불가능에 가깝기 때

---

12) "有天地自然之聲 則必有天地自然之文" 유창균, 1988, 104면.

13) "蓋外國之語 有其聲而無其字 假中國之字而通其用 是猶鑿之鉏鋙也"(유창균, 1988, 104면)는 이렇게 요약될 수 있다.

14) 당대 지식인의 보편적 인식을 기준으로 반론을 제기하기 어려운 참인 명제이다.

15) "古人因聲制字 以通萬物之情 以載三才之道" 유창균, 앞의 책, 104면.

16) 조동일은 『공동문어문학과 민족어문학』(지식산업사, 1999)에서 문명권 별로 공동문어문학과 민족어문학 사이에 나타나는 현상을 거시적으로 살펴 이 문제를 논의하였다.

문이었다.[17)

한글 창제로 우리는 우리어문학과 중국어문학의 판도를 역전시킬 수 있는 획기적인 전환점을 마련하였다. 우리어문학은 한글을 몸입음으로써 무한한 잠재력과 가능성을 갖추게 되었다. 그러나 한문학은 여전히 확고한 지위를 누리고 있었고, 한문학과 국어국문학의 역전은 쉽사리 일어나지 않았다. 오히려 조선초기에 단행된 구악(舊樂) 정리 사업에서 고려의 속악가사가 호된 시련을 맞는 불행을 겪었다.

조선중기에 이르러 재도론적 문학관은 성정론(性情論)으로 심화되면서 정통으로 확고히 자리 잡았다. 그렇게 하는데 선두에 섰던 이황(李滉, 1501~1570)은 <도산십이곡발(陶山十二曲跋)>에서 한시를 염두에 두고 시조의 의의를 논했다.

> (다) 나는 본래 음률은 잘 모르며 세속의 음악은 오히려 듣기 싫어했다. 한가하게 살면서 병을 요양하는 여가에 무릇 성정에서 느끼는 바가 있으면 매번 시를 지었다. 그러나 지금의 시는 옛날의 시와 달라 읊을 수는 있으나 노래할 수는 없다. 노래하려면 반드시 이속의 말로 엮어야 한다. 대개 우리 말소리가 그렇지 않을 수 없는 것이다. 그래서 일찍이 별의 <육가>를 본떠서 <도산육곡> 두 편을 지었다. 하나는 언지(言志)이고 하나는 언학(言學)이다. 아이들에게 아침 저녁으로 익혀서 노래하게 하고 궤석에 기대어 듣는다. 또한 아이들에게 스스로 노래하고 스스로 춤추게 하면 비루한 마음을 씻어버리고 감발하고 융통할 수 있어서,

---

17) 일본어의 음절수는 대략 50개밖에 되지 않기 때문에 한자를 빌려와 자기네 말을 적는 것은 쉬운 일이지만, 우리말의 음절수는 기본음절수만 해도 2,500개나 되고 자음군을 두 허용하면 75,000개나 되기 때문에 인간의 두뇌로는 도저히 감당할 수 없는 숫자라고 한다(김진우, 『언어』, 탑출판사, 1985, 298면). 이것은 향찰을 발전시켜 체계적인 음절문자를 만들어내는 길로 나아가지 않고 독자적인 음소문자인 한글을 창안하는 방향으로 나아간 근본적인 이유를 설명해 준다.

노래하는 사람이나 듣는 사람이나 가르침에 유익함이 없을 수 없을 것이다. 老人素不解音律 而猶知厭聞世俗之樂 閑居養疾之餘 凡有感於情性者 每發於詩 然今之詩異於古之詩 可詠而不可歌也 如欲歌之 必綴以俚俗之語 蓋國俗音所節不得不然也 故嘗略倣李歌 而作爲陶山六曲歌二焉 其一言志 其二言學 欲使兒輩 朝夕習而歌之 憑几而聽之 亦令兒輩 自歌而自舞蹈之 庶幾可以湯滌鄙吝 感發融通 而歌者與聽者 不能無敎有益焉

— 〈도산십이곡발(陶山十二曲跋)〉[18]

양반 사대부는 시(詩)가 가(歌)보다 격이 높다고 여겨, 시를 즐겨 짓고 가는 돌아보지 않는 것이 관례였다. 그러나 이황은 읊기밖에 할 수 없는 한시보다 노래와 춤까지 동반할 수 있는 시조가 성정(性情)을 순화하는 데 더욱 소중한 기여를 한다고 했다. 이황이 성정론적 관점에서 시조의 가창성(歌唱性)을 높이 산 것은 균여가 보살의 대도(大道)를 널리 전파하고 오래 기억시킬 수 있다는 점에서 향가의 가창성을 높이 산 것과 비견될 만하다.

이상에서 살핀 정인지와 이황의 글은 김만중의 비교우위론이 어떤 어문학사적 맥락에서 배태된 것인가를 짐작케 한다. 즉, 정인지의 우리말을 적는 데는 우리글이 최상·최적이라는 언술은 세밀하고 곡진한 정을 표출하여 상하의 정을 두루 통하게 하는 어문학의 생산을 주창하는 허균(許均, 1569~1618)이나 김만중 같은 이들의 생각의 씨앗을 마련하고 있다. 이황의 성정론에 입각한 시조 옹호는 허균과 김만중에 와서 성을 따로 말하지 않고 정 그 자체를 긍정하는 방향으로 나아갔다. 김만중 이후에는 시조를 두고 전개된 이정섭(李廷燮, 1688~1744), 홍대용(洪大容, 1731~1783) 등의 천기론(天機論)으로 발전하였다.

---

18) 열상고전연구회 편, 『한국의 서발』, 바른글방, 1992, 264면.

(2) 비교우위론의 대상과 근거

균여는 대중을 심원한 깨달음의 세계로 이끌기 위해 향가를 지었다면, 최행귀는 언어의 장벽 때문에 중국 선비들에게 향가가 전해지지 않음을 안타깝게 여겨 이를 한시로 번역했다.[19] 그 서문에서 최행귀 향가와 한시를 직접 비교하면서 향가 우위론을 펴 균여보다 한걸음 더 나아갔다.

(라) 그러나 한시는 중국말을 5언과 7자에 맞추어 다듬으며, 향가는 3구와 6명에 맞추어 다듬는다. 소리를 논하면 참성과 상성처럼 현격하여 동서로 쉽게 구별되지만, 이치에 의거한다면 창과 방패가 맞섬과 같아 강약을 분별하기 어렵다. 비록 서로 시의 수준을 자랑하지만 함께 뜻의 바다로 돌아감을 인정할 만하여, 각각 제 나름의 구실을 하고 있으니 어찌 잘된 일이 아니겠는가. 그러나 한스러운 바는 우리나라의 재주 있고 이름난 선비들는 한시를 이해하여 읊조리는데, 중국의 박식하고 덕망 있는 선비들은 우리나라 노래를 이해하지 못한다는 것이다. 하물며 한문은 인드라의 구슬망이 얽혀 펼쳐진 것 같아서 우리나라 사람이 쉽게 읽을 수 있으나 향찰은 범서를 잇달아 펼쳐 놓은 것 같아서 중국 사람이 알기 어렵다. 양·송의 뛰어난 글이 동쪽으로 오는 배편에 자주 전해 오고, 신라의 훌륭한 글이 서쪽으로 가는 사신 편에 전해지길 바란다 해도 그 의사소통에 있어서는 또한 답답하고 한탄스러움을 어쩔 수 없다. 이 어찌 공자께서 이 땅에 살고자 하셨어도 끝내 동방에 이르지 못하게 된 이유가 아니며, 한림학사 설총께서 한문을 애써 바꾸려 했어도 결국 쥐꼬리를 만드는 데 그친 까닭이 아니겠는가. (…중략…) 열한 수의 향가는 가사가 맑고 구절이 아름다워 그 지은 것을 사뇌라고 일컬으니, 정관 때의 시를 능욕할 만하고 정치함은 부 중 가장 뛰어난 것과 같아서

---

19) "중국 사람이 보려할 때는 서문 이외에는 알기 어렵고, 우리나라 선비들이 들을 때는 노래에 빠져서 쉽게 외우고는 그만이다. 而唐人見處 於書外而難詳 鄕士聞時 就歌中而易誦"는 말은 향가가 노래 부를 수 있기 때문에 갖는 흡인력을 말해준다.

혜제와 명제 때의 부에 비길 만하다. 然而詩構唐辭 磨琢於五言七字 歌排 鄕語 切磋於三句六名 論聲則隔若參商 東西易辨 據理則敵如矛楯 强弱難分 雖 云對衒詞鋒 足認同歸義海 各得其所 于何不臧 而所恨者 我邦之才子名公 解吟 唐什 彼土之鴻儒碩德 莫解鄕謠 矧復唐文如帝網交羅 我邦易讀 鄕札似梵書連 布 彼土難諳 使梁宋珠璣 數托東流之水 秦韓錦繡 希隨西傳之星 其在局通 亦 堪嗟痛 庸詎非魯文宣欲居於此地 未至鼇頭 薛翰林强變於斯文 煩成鼠尾之所 致者歟……十一首之鄕歌 詞淸句麗 其爲作也 號稱詞腦 可欺貞觀之詞 精若賦 頭 堪比惠明之賦

— 〈역가현덕분(譯歌現德分)〉, 《균여전(均如傳)》[20]

최행귀의 서문은 균여의 <보현십원가>에 국한된 논의가 아니라 향 가와 한시 비교의 일반론이다. 한시는 5자와 7자에, 향가는 3구와 6명에 맞추어 갈고 다듬는다고 했다. '삼구육명'은 해석상 논란을 빚고 있지만, 향가의 형식 또는 율격에 관한 정보인 것만은 틀림없다. 그러므로 최행 귀의 이 말은 한시와 향가는 각기 독자적인 형식적·율격적 원리를 지 니고 있다는 말로 받아들일 수 있다. 한시와 향가는 그 소리[聲]가 현격 히 달라서 쉽게 분별할 수 있으나 이치[理]에 근거하여 말할 것 같으면 대등하여 우열을 가리기 어렵다고 했다. '성(聲)'을 성률(聲律)로 한정하지 않고 '말소리'로 보아 향가는 우리말 문학이고 한시는 중국어문학이기 에 그 말소리가 다르다는 말로 풀이하는 것이 합당할 것이다. '이(理)'라 고 한 것은 한시와 향가의 시적 원리를 지적한 말이므로 한시와 향가는 자기 표현의 서정시라는 점에서 우열을 가리기 어렵다는 말로 이해된다. 요컨대, 한시와 향가는 언어적·형식적·율격적 측면에서는 현격히 구 별되지만, 시적 원리로 본다면 둘 다 서정시로서 서로 대등하다고 했다.

20) 최철·안대회 공역, 1986, 106면.

최행귀는 향가와 한시를 두고 우리나라 사람과 중국 사람이 서로 자기네 문학이 우수하다 자랑한다고 했다. 최행귀를 포함한 당대인의 민족어문학에 대한 자부심을 엿볼 수 있는 대목이다. 여기까지 보면 향가와 한시가 대등한 위상을 차지하며 각각 독자적인 문학으로서 그 가치를 인정하고 있음을 알 수 있지만, 향가가 한시보다 우위에 있다는 주장을 하지는 않았다. 양측의 주장은 객관적 근거를 제시하지 않고 이루어진 자기중심적 판단일 뿐이다.

그래서 최행귀는 보다 객관적 근거를 제시하며 향가 우위론을 폈다. 우리나라 선비는 향가뿐만 아니라 한시도 짓고 이해할 수 있지만 중국 선비는 향가를 이해하지 못한다고 했다. 이것은 향가가 중국에 전해지지 않는 것에 대한 안타까움을 넘어, 문학적·문화적 역량의 면에서 우리가 중국보다 앞선다는 자부심의 표현이다. 나아가 문학 작품 자체 비교에서도 향가가 중국의 시부[詞賦] 중에서도 뛰어난 것을 압도할 수 있다고 했다.21) 작품성의 면에서도 향가가 한문학보다 우월하다는 것이다. 사정이 이런데도 한시는 우리나라로 전해졌으나 향가가 중국으로 전해지지 않는 불균형이 시정되지 않았으므로 최행귀는 향가를 한시로 번역하는 수고를 맡지 않을 수 없었다.

이상에서 살펴본 바와 같이, 최행귀는 한시를 향가의 비교 대상으로 삼아 향가의 우위를 주장하고 있다. 균여가 향가가 널리 유행하는 우리말 노래문학이라는 점에서 그 광포성과 전파력 면에서의 우위를 말했다면, 최행귀는 균여의 기본 생각을 이으면서 향가의 문학적 독자성과 함

---

21) 최행귀가 향가와 한시를 비교하다가 이 대목에 와서 시[詞]와 함께 부(賦)를 포함시킨 까닭은 <보현시원가>가 갖는 '교술적' 서정시의 특성을 염두에 둔 것이 아닌가 한다.

께, 문학 작품 그 자체로서의 우위와 문학 담당층의 문학적 역량 면에서
의 우위를 주장했다.

한편, 김만중의 우리어문학 우위론은 번역의 한계를 지적하는 데서
시작한다.[22]

(마) 외국의 말은 비단 운이 없을 뿐만 아니라 또한 5언, 7언의 구별이
있겠는가. 오직 번역하는 자가 번역하기 나름이다. 경전 번역은 오직 본
뜻을 잃지 않는 것을 귀하게 여기고 말의 장단과 번간은 원래 관계하지
아니한다. 하물며 운이 있고 없음이랴. 外國之語 非但無韻 亦豈有五言七言
之別乎 惟在譯者之所爲耳 譯經唯以不失本旨爲貴 語之長短煩簡 元無所關 況
有韻無韻乎 萬曆間華使在館 聞街巷唱曲聲 問館伴曰 彼歌云何

— ≪서포만필(西浦漫筆)≫[23]

(바) 송강의 관동별곡과 전후 사미인가는 곧 우리 동방의 이소이다.
그것을 문자로는 옮길 수 없다. 그러므로 악인들이 입으로 서로 전하고
받거나 혹 우리글로 전할 수 있을 따름이다. 어떤 사람이 칠언시로 관동
별곡을 번역했으나 아름다울 수 없다. …… 구마라습이 "천축국의 풍속
은 문을 가장 숭상하여 그 찬불가는 지극히 화려하고 아름답다. 지금 중
국어로 번역하였으나 다만 그 뜻을 알 수 있으나 그 말씨는 알 수 없
다." 하였다. 이치가 진실로 그러할 것이다. 松江關東別曲前後思美人歌 乃
我東之離騷 其不可以文字寫之 故惟樂人輩口相授受 或傳以國書而已 人有以
七言詩飜關東曲 而不能佳 …… 鳩摩羅什有言曰 天竺俗最尙文 其讚佛之詞
極其華美 今以譯秦語 只得其意 不得其辭 理故然矣

— ≪서포만필(西浦漫筆)≫[24]

---

22) 김만중이 국어국문학 옹호하기 위한 전제로서 번역의 한계를 지적했다는 사실은 이
   미 여러 연구자에 의해 언급되었다.
23) 홍인표, 『서포만필』, 일지사, 1987, 190면.
24) 홍인표, 위의 책, 389면.

　(마)는 운(韻)의 유무를 기준으로 중국인 작품 여부를 판단하는 주자(朱子)의 무지를 여러 가지 근거로써 공박하는 기사 가운데 번역과 관련된 부분을 발췌한 것이다. 번역은 본뜻을 전하는 것이 중요하므로 장단이나 운 따위는 부차적인 것이다.[25] 이것은 변역으로는 원작의 고유한 맛을 멋을 온전히 살릴 수 없다는 말과 표리 관계를 이룬다. (바)는 이를 뒷받침하고 있다. 즉, 송강가사와 천축국의 찬불가 원본은 지극히 아름답지만, 대략의 뜻만 전할 수밖에 없는 그 번역은 결코 아름다울 수 없다는 사례를 들어 번역의 한계를 지적하였다.

　여기서 중요한 것은 번역의 한계에 대한 지적이 우리말글로 문학을 해야 할 근거를 마련해 주고 있다는 점이다. 번역은 원래 어문학이 지닌 본뜻의 전달에 충실하기 때문에 원래 언어가 지닌 의미의 총체, 즉 독자적인 사회적·문화적 환경에서 형성된 미묘한 맛과 멋까지 전달하기란 불가능하다고 본 것이다. 우리 시가가 갖고 있는 율격적 아름다움은 번역을 통해 도저히 살릴 수 없으며, 중국어문학으로는 정(情)을 곡진한 데까지 표현할 수 없는 것은 우리말글로 문학 활동을 해야 할 이유이다. 김만중은 중국어문학이 우리어문학보다 우위일 수 없는 근거를 번역과 번역 문학의 한계에서 찾아 우리 언어로 문학 활동을 해야 할 근거로 삼았다.[26]

---

25) 인용문 뒷부분에서 중국 사신이 골목의 노랫소리를 듣고 무슨 노래인지 물었을 때, 관반(館伴)이 이를 한시로 번역하여 들려주자 중국 사신이 좋은 노래라며 칭찬했다는 기사를 싣고는, 순간적으로 급해 대답해야 했고 본지를 잃을까하여 압운까지는 할 수 없어 운이 맞지 않지만 노래의 뜻에는 차이가 없는 점을 지적하고 운의 유무로 중국인이 지은 여부를 판단하는 주자의 시각이 부당함을 함께 지적하였다. 홍인표, 위의 책, 190면.
26) 최행귀는 향가를 한시로 번역했고, 김만중은 번역의 한계를 지적했다. 최행귀의 향가 번역은 우리어문학에 대한 자부심의 발로이다. 김만중의 시대는 우리말 노래문

번역의 한계를 지적하는 데 그치지 않고 김만중은 언어 자체로도 한글이 우위에 있다는 주장을 폈다.

(사) 서역의 범어 문자는 초성, 중성, 종성이 합해져서 글자를 이루니 그 생성이 무궁하다. 원의 세조 때 서역의 승려 파사파가 그 문체를 변화시켜 몽고문자를 만들었고, 우리나라도 이로 말미암아 언문을 만들었다. 청국 또한 이른바 만주문자라는 것이 있어서 그 문체는 비록 다르나 그 방법은 이와 같으니, 또한 동해와 서해의 이치가 통하지 않음이 없음을 볼 수 있다. 오직 중국만이 어세와 자체가가 스스로 일가를 이루어 아주 다르다. 이것이 만국에서 독존하는 까닭이다. 그러나 불법은 사바 세계에 행해졌는데도 주공과 공자의 글은 동쪽으로는 삼한을 넘지 못하고 남쪽으로는 교지를 넘지 못하였으니, 대개 언어와 문자의 이치가 서로 통하지 않기 때문에 그러할 것이다. 西域梵字 以初聲中聲終聲合以爲字 生生無窮 元世祖時 西僧八思巴 變其體而爲蒙書 我國因之而爲諺文 淸國亦有 所謂淸書者 其體雖別 其法則同此 亦可見東海西海理無不通也 惟中國語勢字 體自作一家 逈然不同 此所以獨尊萬國者 然佛法行於沙界 而周公孔子之書 東 不過三韓 南不過交趾 蓋以言語文字之理 不相通而然也

— ≪서포만필(西浦漫筆)≫[27]

중국어는 술목 관계의 짜임을 가지는 데 반하여 우리말과 서축어(산스크리트어)는 목술 관계의 짜임을 가진다는 점[28]을 지적하고 나서 (사)와 같이 말했다. 중국어는 언어적 한계 때문에 널리 퍼지지 못하고, 오히려

학을 적을 수 있는 완벽한 수단을 갖고 있었으므로 번역이 갖는 한계를 지적하는 것은 정당하다.

27) 홍인표, 앞의 책, 198면.

28) 산스크리트어는 영어, 독일어, 프랑스어와 함께 인도 유럽어족으로 분류되므로 실제와 어긋난다. 여기서는 사실의 일치 여부보다 김만중의 언술에 내재된 의식이 어떠한가가 중요하다.

우리말과 유사한 서축어가 널리 퍼질 수 있었다고 했다. 우리말은 중국말과 달리 초성, 중성, 종성을 결합하여 무궁한 문자를 생성해낼 수 있지만 중국어는 어세(語勢)와 글자체가 천하와 달라서 오히려 세계 언어로서 널리 퍼지는 데 장애가 된다고 했다. 이는 곧 음소문자이며 표음문자인 우리글이 보편성을 지니고 있어서 세계 언어가 될 수 있는 가능성이 있음을 지적한 말이며, 우리글이 음절문자이며 표의문자인 중국어보다 우수하다는 말이다. 음소문자이기 때문에 음소의 결합에 의한 글자의 생성이 무궁하고 표음문자이기 때문에 자연스럽게 소리를 통해 글자를 익힐 수 있게 된다. 이처럼 김만중은 중국어의 독점적 권위를 부정하고 우리말글이 중국말글보다 우월함을 주장했다.

번역의 한계 지적과 우리말글의 우위를 바탕으로 김만중은 우리어문학 우위론을 실증적 사례를 들어 적극 주장한다. 시조를 대상으로 한 이황과 달리, 김만중은 구비문학과 송강가사(松江歌辭)에 주목하고 있다.

> (아) 사람의 마음이 입으로 표현된 것이 말이요, 말의 가락이 있는 것이 시가문부이다. 사방의 말이 비록 같지는 않더라도 진실로 말할 수 있는 사람이 각각 그 말에 따라서 장단과 가락을 맞춘다면, 다 같이 천지를 감동시키고 귀신을 통할 수가 있는 것이 유독 중국만 그런 것은 아니다. 지금 우리나라의 시문은 자기 말을 버려두고 다른 나라 말을 배워서 표현한 것이니, 설사 아주 비슷하다 하더라도 이는 단지 앵무새가 사람의 말을 하는 것이다. 여염집 골목의 나무하는 아이 물 긷는 아낙네들이 '에야디야' 하며 서로 주고받는 노래가 비록 저속하다 하여도 그 참 거짓을 따진다면, 정녕 학사대부들의 이른바 시부 따위와는 함께 논할 바가 못 된다. 하물며, 이 세 가지 별곡은 천기가 자연스럽게 나타나고 이속의 천박함이 없으니, 자고로 우리나라의 참문장은 이 세편뿐이다. 그러나 또한 이 세편을 두고 논할 것 같으면, 후미인곡이 더욱 높으니,

관동별곡과 전미인곡은 문자를 빌려서 수식을 했다. 人心之發於口者爲言
言之有節奏者爲歌詩文賦 四方之語雖不同 苟有能言者 各因其語而節奏之 則
皆足以動天地通鬼神 不獨中華也 今我國詩文 捨其語而學他國之言 設令十分
相似 只是鸚鵡人言 而閭巷間 樵童汲婦 咿啞而相和者 雖曰鄙俚 若論眞贋 固
不可與學士大夫所謂詩賦者 同日而論 況此三別曲者 有天機之自發 而無夷俗
之鄙俚 自古左海眞文章 只此三篇 然又就三篇而論之 則後美人尤高 關東前美
人 猶借文字語 以飾其色耳

— ≪서포만필(西浦漫筆)≫[29]

김만중은 진실성을 준거로 구비문학과 국문 시가문학이 사대부의 한
시보다 우수하다고 했다. 그것은 구비문학은 삶의 현장과 부딪히면서
느끼는 갖가지 정서를 여과 없이 표출하는 진실한 문학이지만, 한시는
그것을 지을 때 깎고 다듬는 데 몰두하는 나머지 천기(天機)의 자연스런
발로와 멀어진 거짓된 문학이기 때문이라 했다. 한시를 창작하는 과정
을 생각한다면 이점은 쉽게 수긍할 수 있는 일이다. 우리말로 사고한 다
음 중국말로 번역하고 운을 짜 맞추는 과정을 거쳐야 한시가 이루어진
다. 이런 과정에서 진솔하고 자연스런 감정은 사라지고 인위적으로 한
시의 제반 격식에 맞추려 애쓰는 과정에서 진실성에 심각한 훼손이 생
기지 않을 수 없게 된다. 한시를 창작할 때 수반되는 번역의 과정 때문
에 한시는 진실성에 치명적인 결함을 지닐 수밖에 없는 문학이다. 따라
서 참됨과 거짓됨을 따진다면 비록 비속하지만 초동급부(樵童汲婦)의 진
솔한 마음에서 자연스럽게 우러나는 구비문학이 더욱 훌륭하다는 결론
에 이른다.

충신연주지사(忠臣戀主之詞)라는 점 때문에 김만중이 송강가사를 높이

---

29) 홍인표, 1987, 388~389면.

평가했다는 견해30)는 이런 점에서 정곡을 짚은 말이 아니다. 왜냐하면 이 기준으로는 연주지사와 전혀 무관한 초동급부의 민요가 사대부의 시부(詩賦)보다 낫다는 언술을 설명할 수 없다. 송강가사에 대한 고평은 연군지정 때문이 아니라 그보다 한 차원 높은 진실성 때문이다. 민요와 송강가사에 대한 고평을 아우를 수 있는 것은 진실성이다. 연군지정(戀君之情)은 진실성의 구체적 양태 중 하나일 뿐이다. 진실성은 감동을 담보한다.

우리말을 얼마나 우리말답게 구사하는가, 우리말의 아름다움을 얼마나 잘 살리고 있는가 하는 점 또한 문학의 우위를 판가름하는 기준으로 잡았다. 이렇게 되면 한시와 우리어문학의 비교우위론 자제가 무의미한 일이 되고 만다. 각 나라의 말로 이루어진 문학이 모두 대등한 구실을 한다고 하고, 사람은 누구나 말을 할 줄 아는데 말을 할 줄 알면 그 말에 가락과 장단을 지니게 하여 문학을 창작할 수 있다고 했다. 말이 곧 문학이 될 수 있다는 데서 구비문학의 의의를 인정하고 중국어문학의 독점적 우위를 인정하지 않았다. 송강가사 중에서도 <속미인곡(續美人曲)>을 더욱 높이 평가하고 있는 것도 <속미인곡>이 우리말을 더 잘 살리고 있다는 점 때문이었다.

최행귀가 문학성과 문학 담당층의 문학적 역량 면에 초점을 두어 우위론을 전개했다면, 김만중은 언어 그 자체로서 우위를 바탕으로 진실성 및 우리말다움을 근거로 우리어문학 우위를 주장한 셈이다. 이런 점에서 김만중은 향가를 두고 전개했던 최행귀의 우위론과 우리글을 두고 폈던 정인지의 우위론을 아우르면서 심화 발전시킨 의의가 있다.

---

30) 김성규, 1986, 18면.

김만중 이후 김만중보다 심화된 비교우위론이 드문 가운데, 시조와 소설 등 비교 대상 장르가 더욱 확대되었다. 김만중의 시가 비평에서의 진실성은 홍대용, 이정섭 등은 시조를 통해 천기론(天機論) 주장으로, 소설 비평에서의 감동론은 홍희복(洪羲福) 등에 의해 인정물태(人情物態)의 곡진함을 지향하는 소설론으로 전개된다. 말이 곧 문학이 될 수 있다는 인식 또한 후대의 비평 언술 생산자들에게 지속적으로 나타난다.

3. 문학교육에서 비교우위론의 활용 가치

(1) 문학 텍스트 수용과 생산에 대한 학습자의 인식

어문학 비교우위론의 문학교육적 가치를 가늠하기 위해 시 또는 시가 문학에 대한 학습자들의 이해도를 점검하는 일이 필요하다. 그래서 필자는 고등학생들을 대상으로 향가에 대한 이해도와 텍스트 수용 및 생산에 대한 인식을 점검하기 위한 설문조사를 실시하였다. 먼저 향가에 대한 이해도 점검을 위해 "1. 향가는 우리말 노래 문학이다.", "2. 향가는 백성들 사이에서 노래로 불렸다.", "3. 향가(사뇌가)는 지식인이 향찰로 기록했다(지었다).", "4. 우리말을 모르는 중국 지식인도 향가를 읽고 이해할 수 있다."는 물음에 대해 '맞다', '틀리다', '잘 모르겠다'로 문항의 진위를 판단하게 했다. 설문 대상 학생들은 이미 향가 작품으로 <찬기파랑가>, <제망매가> 등을 배운 바 있다. 3개 학반 93명의 응답 결과를 제시하면 다음과 같다.[31]

---

31) 모든 문항에 무응답한 경우는 제외하고, 일부 문항에 무응답은 '잘 모르겠다'로 처

항 \ 선택지문	맞다	틀리다	잘 모르겠다
1	16 / 18 / 17 (51)	6 / 11 / 11 (28)	10 / 2 / 2 (14)
2	17 / 19 / 16 (52)	7 / 10 / 11 (28)	8 / 2 / 2 (12)
3	12 / 11 / 7 (30)	4 / 11 / 9 (24)	16 / 9 / 14 (39)
4	8 / 11 / 10 (29)	13 / 16 / 17 (46)	11 / 4 / 3 (18)

표에서 보듯이 학생들의 향가에 대한 이해도는 매우 낮다. 그나마 향가가 백성들 사이에서 불린 우리말 노래 문학이라는 인식은 상대적으로 높다. 2번과 3번 문항은 향가의 향유층과 향유 방식을 학습자들이 이해하고 있는가를 알아보기 위한 것이다. 백성들 사이에 불리던 노래가 지식인에 의해 향찰로 기록되기도 하고, 지식인이 향찰로 지은 향가가 백성들 사이에 노래로 불리기도 했다. 3번 문항에 대한 정답률이 현저히 떨어지는 것은 향가가 향찰로 표기되었다는 사실과 지식인이 짓거나 기록했다는 사실에 대한 이해가 모두 필요하기 때문으로 보인다. 4번 문항에 대한 정답률이 낮다는 것은 학습자들의 향찰 표기 방식에 대한 이해가 견고한 것이 못됨을 말해 준다.

이처럼 설문 대상 학생들은 향가의 향유층과 향유 방식, 향찰 표기의 특성 등 향가의 기본 지식에 대한 이해도가 매우 낮은 것으로 나타났다. 이 결과는 고등학생의 평균치에서 크게 벗어나지 않을 것이다.[32] 대상 학생들이 배우는 제7차 교육과정에 따른 『국어』와 『문학』 교과서를 살펴보니, 『국어』 교과서에서는 향가를 배우지 않으며, 18종 『문학』 교과

리하였다.

[32] 설문 대상 학생의 주된 거주지는 원래 군면(郡面) 단위였던 곳으로 광역시에 포함되면서 도시화가 급속히 진행된 곳이다.

서에서는 <제망매가>, <찬기파랑가>, <처용가> 등 개별 작품 이해 중심으로 학습활동이 이루어지고 있었다. 최행귀의 향가 우위론은 다루지 않고 있었다. 교과서가 이렇다면 실제 교수·학습 활동에서 설문에 포함되었던 사실에 대한 이해를 위한 학습활동이 구체화되기 어렵다. 학습자들에게서 나타난 설문조사 결과는 이와 같은 개별 작품 이해 중심의 문학교육의 결과로 추정된다. 여기에다 대학수학능력시험이 작가의 삶을 배제하고 작품 자체에 대한 이해만을 요구하는[33] 현실이 한몫했을 터이다.

김만중의 언술은 다음 세 가지 형태 중 하나로『문학』교과서에 수록되었다. 첫째 형태는 송강가사, 특히 <속미인곡>을 배운 뒤 이들 가사 작품의 빼어남을 칭송하는 참고 자료로 평문의 일부를 제시하는 것이다. 대부분의 교과서가 학습활동이 없는 이런 형태이다. 둘째 형태는 다른 텍스트 이해를 위한 보조 텍스트로 김만중의 언술을 활용하는 것이다. 2종의 교과서가 그러하다. 송강가사를 배운 뒤 '더 생각해 보기'에서 김만중의 평문을 제시하고 "문학 창작에서 중요하게 여기는 바를 기준으로 시가를 평가해 보자."[34]거나, '한국문학의 흐름과 특질'이란 글과 관련하여 김만중의 비평 언술 일부를 제시하고 "이 글을 바탕으로 할 때 우리 문학의 특질은 어떤 것이어야 하는지 모둠별로 토론해 보자."[35]는 것이 그것이다. 이런 활동은 김만중의 비평 기준을 파악할 수 있다는 점에서 가치가 있다.

---

33) 김만수, 「대학수학능력시험이 문학교육에 미치는 영향」(윤영천 외, 『문학의 교육, 문학을 통한 교육』, 지식산업사, 2009)에서 이런 사정을 엿볼 수 있다.
34) 한계전 외, 『문학(하)』, 블랙박스, 2003, 322면.
35) 최웅 외, 『문학(하)』, 청문각, 2003, 29면.

셋째 형태는 김만중의 비평 언술을 소단원 텍스트로 삼아 활동을 구성한 것이다. 2종의 교과서가 이런 형태이다. 그 가운데 한 종은 "우리말의 아름다움을 느껴본 작품에 대해 간단한 비평문을 작성해 보자."[36]는 활동으로 되어 있다. 다른 한 종에서는 '이해하기'에서 "작가가 정철의 '속미인곡'을 가장 높이 평가한 근거를 찾아보자.", "작가가 문학의 가치를 평가하는 기준을 찾아 정리해 보자.", "이 글에 표명된 작가의 생각이 우리 민족 문학사에서 차지하는 의의에 대해 토론해 보자."는 활동을, '확장하기'에서 "광해군이 이항복의 시조 '철령 높은 봉에~'를 전해 듣고 눈물을 흘렸다는 대목과 관련지어 김만중의 문학관을 말해 보자."는 활동과 "국어를 중시하였고, 그 자신이 국문으로 <구운몽>이나 <사씨남정기> 같은 작품을 썼다. 그런데 이 작품들은 중국을 배경으로 삼았고, 중국 중심의 세계관을 나타낸 면이 있다. 모순적으로 보이는 이 사실을 어떻게 받아들일 것이지 토론해 보자."[37]는 활동을 설정하였다. 이처럼 마지막 사례를 제외하고 김만중의 비평 언술에 대한 학습활동은 만족할만한 수준으로 구체화되지 못했다.

한편, 학습자의 시 텍스트 생산 경향과 문학 작품에 대한 비평 의식도 점검하였다. 먼저 학습자의 시 생산의 문제점을 점검하기 위해 국내의 권위 있는 청소년 문학상 몇 년 치 심사평을 살펴보았다.

시는 자신의 삶에 구체적인 뿌리를 내리는 것인데도 자신의 삶과는 관계없는 관념적이고 감상적인 시들이 많아 제대로 공감대가 형성되기 어려웠다. 학생들은 이미 시 쓰기에 대한 잘못된 모범 답안을 가지고 있

---

36) 김대행 외, 『문학(하)』, 교학사, 2003, 17면.
37) 김병국, 『문학(상)』, 한국교육미디어, 2003, 311면.

다고나 할까. 어떤 일정한 틀과 공식을 갖추고 있어 무슨 글감이 주어지든 그 틀에 짜맞춰 쓰는 태도가 엿보였다.

특히 체념화된 어른의 눈으로 세계를 관찰한 시들이 많았고, 겉멋과 장식에 치중하느라 자신이 무엇을 쓰고 있는지조차 모르고 쓴 듯한 시들도 많았다. 반면에 너무 밝고 긍정적이기만 한 시들도 더러 있어서 삶의 갈등과 고통을 느낄 수 없는 시들도 있었다.

— 제6회 대산청소년문학상 '시 부문 심사평'[38)]

전체 응모작들 중 많은 수의 작품들이 여전히 추상적이고, 관념적인, 소통 불가능한 언어를 생경하게 그대로 쓰고 있었고, 괜히 말을 예쁘게 꾸미려 한다든지, 감상적인 제스처를 취한다든지, 아니면 기성 시인의 흉내를 내고 있는 것이 눈에 띄었다. 중·고생의 눈으로 바라본 세상, 그리고 그것에 따른 생각, 표현이 드러났다기보다는 너무도 관습적으로 익숙해진 성인들의 닳고 닳은 표현들이 덧씌워져서 신선한 시선을 발견해 내기 어려웠다.

— 제7회 대산청소년문학상 '시 부문 심사평'[39)]

응모된 작품들은 풍성했고 그 수준 또한 기성 시인들에 준하는 작품들도 많았다. 문제는 여기에 있었다. 특별히 훈련되기라도 한 듯 기성 시인들이 구사한 기예와 언어를 모방하고 있었기에 이 풍성한 응모 작품들이 혹여 상장이나 대학 입시와 연관된 것은 아닐까 하는 의혹을 품게도 했다.

— 제13회 대산청소년문학상 '시 부문 심사평'[40)]

위의 심사평에서 공통적으로 드러나는 청소년들의 시작(詩作) 경향은

---

38) 조상혁, 『그들은 과연 행복하게 살았을까』, 민음사, 1998, 13면.
39) 고은해, 『햇빛 자르는 아이』, 민음사, 1999, 11면.
40) 하유경, 『짝퉁 게바라』, 민음사, 2005, 14면.

시가 자신들의 삶에 뿌리를 두고 있지 않다는 것과 자신들의 언어와 눈으로 자신의 삶을 성찰하지 않고 기성 시인들의 언어와 눈으로 세상을 바라본다는 것으로 요약될 수 있다. 비단 이것은 심사 대상 학생들만의 문제는 아닐 터이다.[41] 청소년들이 접하는 시가 학교 교육을 통해 배우는 시의 범위를 크게 벗어나지 않는다는 점으로 볼 때, 청소년의 이런 시작 경향은 학교 교육의 결과, 즉 학교 교육을 통해 습득한 시를 창작의 전범으로 삼았기 때문이라 할 수 있다. 학교 교육을 통해 배우는 시는 적어도 한 세대 전 기성 시인의 시가 대부분이다.

그런데 필자가 고등학생을 대상으로 설문조사를 하고, 그 중 몇 명을 심층 면접한 결과, 시의 비평적 수용에 있어서는 이와 같은 현상이 나타나지 않는다는 것을 발견하였다. 앞서 설문조사 대상으로 삼은 3개 학반 중 한 개 학반 35명을 대상으로 학생 작품 2편[42]을 제시한 후, 더 낫다고 생각하는 시를 선택하고 그렇게 생각하는 이유를 적게 하였다. 그 결과 학생들은 대부분 자신의 경험이나 처지와의 유사성 여부가 평가의 중요한 잣대가 되고 있음을 발견하였다. 예컨대 <눈 내리던 입영장>을 선택한 학생 중 몇몇은 자신도 비슷한 경험을 했기 때문이라거나, 자신에게도 오빠가 있어서 같은 상황이라면 자신도 그런 마음이 들 것이기 때문이라고 했다. 또 어떤 학생이 <빨강>은 무엇을 말하는 시인지 잘 이해가 되지 않는다고 하여 그 시에 대해 대략 설명해 주었더니 '빨강'을 선택한 후 화자의 성격과 행동, 그리고 마음이 자신과 비슷

---

41) 필자 또한 글짓기 대회 심사나 시 쓰기 수업 또는 수행평가 과제물에서 만나게 되는 시에서 이와 같은 현상이 나타나고 있음을 빈번히 보아왔다.
42) 제시한 작품은 제12회 청소년대산문학상 대상작인 하유경 학생의 '눈내리던 입영장'과 '빨강'이다. 하유경, 앞의 책, 18~21면.

하여 더 공감이 가기 때문이라 하였다. 이런 사례를 통해 볼 때 비평적 수용에서는 기성 시인의 시가 비평 기준으로 작용하지 않으며, 오히려 지나치게 주관적·자의적인 인상비평 성격이 강하다.

비록 동일한 학생을 대상으로 수용과 생산에 관한 인식을 점검한 것은 아니지만, 이것으로써 시의 생산과 수용 사이에는 상당한 거리가 있음을 발견할 수 있다. 왜 시를 수용할 때는 자신의 삶과 밀착시키면서 정작 시를 쓸 때는 이와 유리되는가? 왜 비평에서는 정전(正典)이 준거로 작동하지 않는가? 이를 해명을 위해서는 보다 심층적인 접근이 필요할 터이나 대략 몇 가지 가능성을 추정해 볼 수는 있다. 시의 수용에서는 시적 자아의 상황이나 처지, 정서를 중심으로 수용하려는 태도가 강하고, 시의 생산에서는 시적 언어는 일상 언어와 달라야 한다는 의식이 강하게 작용했을 수 있다. 학생들이 정전을 모방하는 교수·학습 활동은 흔히 경험해 보았지만, 정전을 준거로 다른 작품을 비평하는 학습 경험은 드물었기 때문일 수도 있다. 또한 비평적 수용에서는 주어진 작품이 자신과 동등한 학생 작품이라는 전제가 강하게 작동한 것일 수도 있다.

(2) 인식의 교정을 위한 비교우위론의 활용 가치

이상에서 우리는 청소년들의 우리 시 또는 시가에 대한 이해가 극히 미흡하다는 것과 문학 텍스트의 생산과 비평에 대한 인식이 적절하지 않다는 것을 발견하였다. 전자의 경우 향가의 맥락에 대한 이해가 미흡하다는 점, 후자의 경우 문학 텍스트 생산이 자신의 삶과 언어와 괴리되어 있는 점과 비평의 관점이 인상비평에 치우쳐 있는 점이 지적될 수 있다. 그리고 이들 문제의 원인을 학교 교육에서 추정하였다. 이제 최행귀와 김만중의 비평 언술이 문제 해결에 어떤 도움을 줄 수 있는가에 대한 논의가 남아 있다. 최행귀의 언술은 균여의 언술을 포함하는 것으로 본다.

균여와 최행귀가 노래로 불리는 향가의 대중성을 높이 평가한 것이나 김만중이 초동급부의 민요를 높이 평가한 것은 민중들이 향유하는 말로 된 문학의 가치를 높이 평가한 의의가 있다. 글이 아닌 말이 문학이 될 수 있고 문학의 기본 요건이 글이 아닌 말이라면, 문학은 특정 계층의 전유물일 수 없다. 이것을 오늘날 문학교육의 관점에서 보면 학습자가 문학 텍스트의 수용 주체일 뿐만 아니라, 문학 텍스트 생산의 주체가 되는 체험을 하도록 하는 것이 바람직한 방향임을 확인할 수 있다. 특히 학생들이 제도 교육의 틀을 벗어나면 문학의 수용 및 생산 활동은 관심 밖의 일이 되는 것이 현실이다.[43] 말로 된 문학을 긍정하며 민중이 향유하는 문학을 높이 평가한 이들 비평 언술은 학습자의 문학 수용과 생산을 촉진하는 계기로 활용 될 수 있다.

균여와 최행귀의 비평 언술은 향가에 대한 이해도를 높이는 데 활용 될 수 있다. 고전문학 텍스트의 이해는 학습자와의 시·공간적 거리 때문에 현대문학 텍스트보다 맥락 의존성이 크다. 설문조사 결과에 나타난 문제점은 맥락이 제거된 채 개별 텍스트 이해 중심으로 수용되어 온 결과로 보인다. 그러므로 향가의 향유층, 향유 방식, 표기 방식 등에 관한 맥락 정보를 포함하고 있는 균여와 최행귀의 비평 언술은 설문조사에서 나타난 향가에 대한 학습자의 낮은 인식을 제고하는 데 도움을 줄

---

43) 물론 학생들이 문학을 참된 방식으로 향유했는가는 별개의 문제이다. 어쩌면 학생들이 학교교육을 통해 문학을 문학답게 누릴 수 없었기에 이런 현상이 나타난 것일 수 있다.

수 있다. 즉, 이들 비평 언술을 통해 학습자는 향가가 우리말 노래 문학이며, 향찰이 우리말 표기 수단이기에 중국 지식인이 이해할 수 없다는 사실을 인지 수 있다. 또한 백성들의 노래가 향찰로 기록되어 향가가 되기도 하고, 지식인이 창작한 향가가 백성들에 의해 노래로 불리기도 하면서 상하의 문학적 교류가 이루어졌음 이해할 수 있다.

이러한 향가의 맥락에 대한 이해가 향가 텍스트에 대한 이해를 공고히 할 수 있다. 예컨대, '향찰로 우리말 노래 적기' 활동을 통해 향찰 표기의 특성을 이해하고 그 가능성과 한계를 인식할 수 있다. 동요나 대중가요 등 우리말 노래를 향찰 표기 방법으로 구현해 보고, 이를 다시 우리말로 옮겨 보는 학습활동을 통해서 이를 가늠해 볼 수 있다. 고등학생이라면 중학교용 기초 한자 범위 내의 한자를 활용하여 모둠별 협력 학습을 통해 노랫말을 향찰 표기 방식으로 변환해 보고 이를 다른 모둠에서 한글로 재변환하는 활동을 구성할 수 있다. 이 과정에서 향찰 표기 방식을 이해하고 그 가능성과 한계를 체험하면서 한글 창제의 필연성과 당위성까지 이해할 수 있을 것이다. 물론 이런 활동은 문학 텍스트 중심의 이해 이후에 이루어져야 한다.

문학 비평의 기준을 '진실성'과 '우리말다움'에 둔 김만중의 비평은 학습자의 문학 텍스트 비평과 생산에 관한 교수·학습 활동에 활용될 수 있다. 문학의 본질이 진실을 구현하는 것이라면, 문학 텍스트의 생산과 비평에서도 이 점이 가장 중요한 준거가 되어야 한다. 진실성을 기준으로 본다면, 초동급부가 자신의 삶과 노동을 가락에 얹어 부르는 노래가 학사대부의 한시보다 나을 수 있듯이, 학습자가 자신의 삶과 경험을 자신들의 언어로 형상화한 문학이 기성 작가의 그것보다 못할 이유가 없다. 오히려 기성 작가들의 청소년 문학[44]보다 청소년 자신에 의해 쓰인 청소년 문학이 더 큰 공감을 을 불러일으킬 수 있다. 김만중의 '진실성'은 <삼국지>나 이항복(李恒福)의 <철령가> 관련 비평 언술에서 드러나는 '감동론'과 연계시켜 진실성이 감동의 원천임을 일깨우는 활동을 구성할 수 있다. '우리말다움'은 '학생 언어다움'으로 전환시켜 받아들일 수 있다.

김만중이 비평 언술에서 잣대로 삼은 '진실성'과 '우리말다움'은 그의 소설 <구운몽>[45]과 <사씨남정기> 창작에 구현되었다는 점을 주목할 필요가 있다. 즉, 김만중은 그의 비평 관점에 따라 "모국어를 활용하여 창작하되, 인정세태를 핍진하게 드러내는 소설과 천기를 저절로 드러내되 이속의 비리함을 배제하는 소설을 추구했던"[46] 것이다. 김만중의 비평은 우리말 시가문학과 <삼국지>에 모아져 있었지만,[47] 창작은 한글소설로 구현되었다. 그렇다면 그는 우리말 시가문학을 대상으로 한 진실성 강조와 <삼국지>를 대상으로 한 감동론을 한글소설 창작으로 구현했다고 할 수 있다. 즉, 그의 비평은 곡진(曲盡)한 정(情)을 진실하게 드러내는 한글 녹책(錄冊) 소설 창작으로 구현되었다고 할 수 있다. <구운몽>에 등장하는 개성적 인물형상, <사씨남정기>의 곡진한 인정물태의 형상화는 그의 비평이 작품에 구현된 것이다.[48] 그는 비평적 수용이 텍

---

44) 이 글에서 청소년 문학은 "청소년들의 관심사나 정체성 등을 다루고 있는 문학 텍스트"(선주원, 『청소년 문학교육론』, 역락, 2008, 42면)라는 범주에 초점을 두어 사용하였다.

45) 한글본 원작설과 한문본 원작설이 대립되어 있기는 하지만, 국문본 원작설이 보다 설득력이 있으며 이를 받아들이기로 한다.

46) 허원기, 「서포 김만중의 삼국지 평설」, 『정신문화연구』 80, 정신문화연구원, 2000, 149면.

47) 김만중의 <삼국지> 비평과 그의 소설 창작이 어떻게 연계되고 있는가에 대한 논의는 허원기(2000)를 참고할 수 있다.

48) <구운몽>에서 여장한 양소유에게 속은 것을 분하게 여겨 귀신 소동으로 양소유를

스트 생산의 지침으로 작용함을 실천으로 보여준 셈이다.

문학 텍스트 수용의 초기 단계에서는 인상비평이 바람직할 수 있다. 그러나 비평적 준거를 갖고자 할 때 학습자들에게 '진실성'과 '우리말다움'을 추천할 만하다. 2007년 개정 교육과정『국어』10학년에서 "(4) 문학 작품에 대한 비평적 안목을 갖춘다."는 성취기준을 설정하였고, 내용 요소의 예로 "작품에 대한 판단의 근거 마련하기"를 제시하고 있다.[49] 학습자의 비평적 수용 능력을 한 단계 향상시키려 할 때 김만중의 비평 기준을 활용할 수 있다. 이것은 학습자로 하여금 비평의 기준이 필요함을 인식시키고 스스로 독자적인 비평 기준을 갖도록 하는 단계의 전 단계임을 깨닫게 해야 할 것이다.

나아가 이들의 비평 언술은 문학 텍스트의 수용과 생산이 따로 노는 현상을 교정할 수 있다. 최행귀와 김만중의 비평은 창작과 밀착되어 있다. 최행귀의 비평은 균여의 향가 창작 및 자신의 한역과 밀착되어 있으며, 김만중의 송강가사와 <삼국지> 비평은 자신의 소설 창작과 연관되어 있다. 작품의 실제와 밀착된 비평, 생산의 전 단계로서의 비평은 학습자가 문학 작품에 대한 비평 경험이 자신의 텍스트 생산 활동과 연결되도록 추동하는 바탕이 될 수 있다. 바꿔 말하면 학습자가 비평 활동 경험을 자신의 문학 텍스트 생산 활동과 연계시킬 수 있도록 학습활동을 구안하는 일이 필요하다는 것이다. 비평의 관점이 생산의 지침으로 전이되는 것이다. 여기서 학습자 자신의 상황과 처지를 기준으로 다른

속여 골리는 정채봉, <사씨남정기>에서 교씨의 음악을 두고 보이는 사씨의 미묘한 반응 등이 그러한 예이다. 후자의 경우, 조동일,『소설의 사회사 비교론』1, 지식산업사, 2001, 115~136면 참고.

49) 교육인적자원부,『고등학교 교육과정(Ⅰ)』, 대한교과서주식회사, 2007, 40면.

사람의 작품을 수용하는 경향을 자신의 텍스트 생산의 바탕으로 활용하도록 함으로써 수용과 생산을 일치시킬 수 있다. 이렇게 함으로써 문학 텍스트 생산에서 나타난 문제점을 극복할 수 있다.

4. 가창성과 대중성, 진실성과 우리말다움의 시학

이 글에서 필자는 최행귀와 김만중의 비평 언술을 우리어문학과 중국어문학의 비교우위론의 관점에서 검토하고, 비교우위론의 근거가 갖는 문학교육적 활용 가치를 가늠하고자 하였다.

최행귀는 향가우위론을, 김만중은 우리말글 우위론 및 우리 시가 우위론을 폈다. 우리어문학과 비교의 대상이 된 중국어문학은 공통적으로 한시였다. 최행귀는 우리어문학이 중국어문학보다 많은 향유층을 확보하고 있다는 점, 노래와 결부되어 있다는 점을 기반으로 문학적·문화적 우위와 작품성에서의 우위를 주장했다. 김만중은 우리말글 자체의 우수성과 함께, 우리말글로 된 문학이 진실성을 구현할 수 있다는 점 등을 들고 있다. '우리말다움'은 한시와의 비교 자체가 무의미한 것이다.

이와 같은 비교우위론의 근거는 문학교육의 장에서 활용될 수 있다. 향가에 대한 이해도가 낮은 학습자들에게 균여와 최행귀의 비평 언술은 개별 작품 이해에 그치지 않고 향찰 표기 방식에 대한 이해, 향가의 향유층 및 향유 방식에 대한 이해를 깊게 하는 데 활용될 수 있다. 또한 김만중의 비평 언술은 인상비평에 치우친 학생들에게 '진실성'과 '우리말다움'이라는 비평 기준을 설정하게 할 수 있다. 최행귀가 <보현십원가>를 비평하고 이를 한역한 것, 김만중이 우리 시가문학과 <삼국지>

를 비평하고 <구운몽>과 <사씨남정기>를 창작한 것을 통해 비평과 생산이 서로 연계되어야 함을 각인시킬 수 있다. 비평적 수용을 텍스트 생산 활동을 위한 전 단계 활동으로 설정하고, 이들의 비평의 기준을 자신의 텍스트 생산의 잣대로 삼는 것이다. 물론 이것은 학습자 자신의 비평 관점을 만드는 과도적 활동이다.

이 글에서는 최행귀와 김만중의 비평 언술을 어문학 비교우위론의 관점에서 제한적으로 접근하였다. 그러므로 우리말글 문학에 대한 옹호론 또는 긍정적 인식의 역사적 전개를 포괄적으로 다루는 작업이 필요하다. 이 작업은 전체적 틀 속에서 순차적으로 접근해야 한다. 거시적으로는 어문학 비교우위론의 역사적 전개를, 미시적으로는 시대별 또는 장르별 논의가 필요하다. 시대별로는 조선후기의 국어국문학론을 집중 조명할 필요가 있으며, 비교우위의 대상이 되는 장르별로는 가사와 시조 또는 구비문학을 집중 조명할 필요가 있다. 아울러 조선후기에서 발견되는 특기할 만한 현상의 하나인 번역의 문제에 대한 논의와 우리말에 대한 기치 부여도 가치 있는 작업이다.

제4장

텍스트 생산 이론으로 본 〈허생전〉 창작과 창조적 글쓰기 교육

1. 텍스트언어학과 국어교육의 접점 찾기

언어학이 문장 단위의 연구를 넘어서면서 탄생한 텍스트언어학은 텍스트의 구조, 기능, 유형 연구를 중심 과제로 삼으면서[1] 읽기와 쓰기 교육으로 연구의 지평을 넓혀가고 있다. 그러나 텍스트언어학과 국어교육의 만남은 근래의 일이다. 텍스트언어학과 국어교육의 접목은 텍스트 수용 능력과 생산 능력을 향상시키기 위한 기제로 텍스트언어학을 활용하는 일이다.[2] 그런데 선행 연구는 학생의 텍스트 생산 능력을 측정하

---

1) "기능이나 유형에 관한 연구도 텍스트 자체를 이해하고 설명할 수 있는 중요한 부분이지만 이 기능과 유형 연구는 다시 텍스트의 구조에 관한 연구로 환원되어야 한다."는 말은 텍스트언어학이 텍스트의 구조 연구에 집중된 저간의 사정을 잘 말해 주고 있다. 한국텍스트언어학회, 『텍스트언어학의 이해』, 박이정, 2004, 7면.
2) 김봉순이 텍스트언어학과 국어교육의 영향 관계에 대해 논의한 것과 이성영이 텍스트

거나, 학생이 생산한 개별 텍스트의 문제점을 진단하거나, 텍스트의 수용·이해 능력을 분석하는 데 텍스트언어학을 활용해 왔다.[3] 이런 연구 경향은 학생의 텍스트 수용과 생산 능력을 향상시키기 위한 방법을 모색하는 데는 소홀하였음을 보여준다. 특히 쓰기 및 쓰기교육 이론은 읽기 및 읽기교육 이론에 비해 관심도가 낮고 그 이론의 정치함이 부족한 것이 사실이다.

이런 맥락에서 읽기 중심의 텍스트 구조 이론을 쓰기 교육에 활용하는 방안을 생각할 수 있다. 반 데이크가 만든 거시구조[4]의 틀을 활용하는 방법이 그 예이다. 그러나 텍스트 구조의 분석틀을 마련하거나 이에 입각해 읽기 능력을 향상키는 것과 이것을 쓰기의 틀로 활용하는 것은 전혀 다른 문제이다. 기존의 틀에 맞추어 글을 쓰는 것은 창조적 글쓰기를 어렵게 하는 심각한 문제점을 내포하고 있다. 기존의 틀을 부분적으

언어학과 국어교육의 텍스트에 대한 접근방식의 차이를 비교한 것을 참고할 수 있다. 김봉순, 「국어교육을 위한 텍스트언어학」, 『국어교육학연구』 12, 국어교육학회, 2001ㄱ. 이성영, 「작문교육을 위한 텍스트 분석 방법」, 『텍스트언어학』 11, 한국텍스트언어학회, 2002.

3) 이성영, 위의 논문 외에, 다음 논저에서 이런 경향을 확인할 수 있다.
서혁, 「국어교육적 관점에서의 텍스트 분석」, 『텍스트언어학』 5, 한국텍스트언어학회, 1998.
이정애, 「텍스트언어학의 국어교육적 의의」, 『새국어교육』 59, 한국국어교육학회, 2000.
이은희, 『텍스트언어학과 국어교육』, 서울대출판부, 2000.
박영목, 「쓰기 교육과 읽기 교육에 대한 텍스트언어학적 연구의 동향」, 『텍스트언어학』 10, 한국텍스트언어학회, 2001.
김정자, 「텍스트언어학과 작문교육」, 『텍스트언어학』 17, 한국텍스트언어학회, 2004.
진대연, 「한국어 쓰기 능력 평가에 대한 연구―텍스트 생산 능력 평가를 중심으로」, 『국어교육학연구』 19, 국어교육학회, 2004.

4) 반 데이크의 거시구조 이론은 다음 번역서를 참고할 수 있다.
정시호 역, 『텍스트학』, 아르케, 1980.

로 수정하거나 여러 가지 틀을 마련하는 것은 근본적인 해결책이 아니다. 틀을 정밀하게 만들수록 창조성이 죽은 양식화된 글이 양산될 뿐이다. 틀을 활용한 글쓰기는 초·중급 단계의 사닥다리로서 의의가 있다. 이 단계를 넘어서기 위해서는 기존의 틀을 버리고 글 쓰는 사람 스스로 독창적인 틀을 생산하도록 열어두는 글쓰기 교육으로 나아가야 한다. 텍스트의 미시적·거시적 구조의 분석틀은 창작에 활용하기보다는 이미 이루어진 텍스트를 평가하는 도구로 개발하거나 읽기 방법으로 활용하는 것이 바람직할 것이다.

텍스트언어학과 국어교육의 접목에서 부딪히는 또 하나의 문제점은 텍스트에 대한 텍스트언어학과 국어교육의 입장이 다르다는 데 있다. 텍스트언어학과 달리 국어교육은 학습자의 텍스트 생산 능력 및 수용 능력을 진단하고 교육적 처방을 내리는 것을 목표와 지향점으로 삼는다.5) 또한 텍스트언어학은 이상적 텍스트 대상으로 하고, 국어교육은 학생이 생산한 텍스트를 대상으로 한다. 그러므로 텍스트언어학과 국어교육의 접점을 어디에서 어떻게 찾아 접목시킬 것인가 하는 문제가 제기된다. 기존 연구에서는 텍스트언어학적 분석을 통해 학생이 생산한 텍스트를 응집성(cohesion)과 응결성(coherence)에 문제가 있는 '결여 텍스트'로 진단, 평가하고 이에 대해 처방하는 데서 접점을 찾았다고 할 수 있다. 그러나 학생이 생산한 텍스트를 결여 텍스트로 진단하기 전 단계, 즉 학생이 텍스트 생산하는 과정 그 자체에서 텍스트언어학과 국어교육의 접점을 찾아보려는 것이 필자의 관점이다. 창조적 텍스트의 일차적 생산 자체에 초점을 맞추자는 것이다. 이렇게 한다면 텍스트의 오류 감

---

5) 이에 관해서는 이성영, 김정자의 앞의 논문에서 잘 지적하고 있다.

소는 물론 텍스트 생산 능력의 향상을 가능하게 할 수 있지 않을까 하는 기대를 할 수 있다.

이 장에서는 텍스트언어학의 성과와 한계를 고려하면서 텍스트 생산자가 기존의 텍스트를 부정하고 자신의 텍스트를 생산하는 행위를 창조적 글쓰기로 명명하고, 그 원리와 방법을 살펴보고자 한다. 이를 위해 텍스트언어학에서 텍스트 생산 이론을 모색하고, 창조적 글쓰기의 전범이 될 만한 <허생전>을 통해 이론을 검증하기로 한다.6) 이 두 작업을 바탕으로 텍스트 생산 이론이 갖는 창조적 글쓰기 원리와 방법으로서 가능성을 점검하고자 한다. 여기서 말하는 글은 주로 문학 텍스트와 문학 비평 텍스트를 포함하는 문학적 텍스트이다.

2. 텍스트 생산 이론의 모색

조동일은 텍스트언어학의 용어인 'pre-text', 'text', 'context', 'intertext', 'antitext'를 각각 '언술이전', '언술본문', '언술상황', '언술관련', '언술부정'으로 바꾸어 사용하면서 옛 사람들의 언술본문을 이해하는 본보기로 제시했다.7) 필자는 조동일이 사용한 용어의 개념을8) 텍스트 생산의 관점에서 수정, 보완하여 이들 용어를 사용하거나 필요한 용어를 창안

---

6) 김봉순(2001㉠ : 138)은 텍스트언어학에서 텍스트 구조 연구가 설명 텍스트에 집중되어 있었음을 지적하고 있다. 본고에서 문학적 텍스트 생산에 관심을 갖는 것은 이런 경향에 대한 반작용이다.

7) 조동일, 『세계·지방화 시대의 한국학 5』, 계명대출판부, 2007, 260~261면.

8) 조동일은 언술본문의 개념을 별도로 규정하지 않았지만, 고영근의 규정과 다르지 않다. 고영근, 『텍스트 이론』, 아르케, 1999, 8면.

하면서 이들의 상관관계를 검토하여 텍스트 생산 이론을 정립하고자 한다.9)

텍스트를 생산하려 할 때 생산자는 언술이전에 대해 파악해야 한다. 언술이전은 언술이 이루어지기 이전의 소재적·제재적 차원의 것으로, 언술 대상이다. 언술이전은 현장조사와 문헌조사를 통해 파악할 수 있다. 현장조사는 언술 대상이 증거물로 남아 있거나 이것에 대해 증언할 수 있는 사람이 있을 때 가능하다. 증언도 언술이므로 증언을 통해 증언 이전의 대상을 파악해야 한다. 문헌조사는 폭넓게 하는 것이 좋다. 관련 문헌이 없거나 부족하다면 언술관련과 언술본문을 통해 언술이전을 파악할 수도 있다. 그러나 언술이전은 복잡하고 다양하며 무질서하고 혼란스럽다. 특히 문헌 그 자체가 언술이므로 문헌 너머에 있는 대상의 진실을 파악할 수 있어야 한다. 그러기 위해서는 텍스트 생산자는 증언과 문헌에 대한 환원론적 인식을 통해 대상의 실상을 정확하게 파악하는 능력이 필요하다.

텍스트 생산자는 언술이전을 언술화하는 과정에서 언술맥락10)을 고려해야 한다. 언술이전이 객관적 실상이라면, 언술맥락은 텍스트 생산자가 텍스트를 생산할 때 처해 있는 개인적·집단적·시대적 상황의 총체이다. 텍스트 생산자 자신을 향해 '왜 이런 말을 하는가', '왜 이 글을 쓰는가' 등 반성적 질문을 던짐으로써 언술맥락을 분명히 인식하고 텍스트 생산의 목적을 분명히 할 수 있다. 텍스트 생산자는 언술맥락을 깊

---

9) 이 글에서 '텍스트'와 '언술'이란 용어를 혼용하되, '텍스트'는 텍스트언어학에서 관습적으로 사용하는 언어 환경에 놓일 때 사용하고, 그 밖의 경우에는 '언술' 또는 '언술본문'이란 용어를 사용한다.
10) '언술상황'은 '언술맥락'으로 용어를 수정한다. 이것은 '상황'과 'context'에 대응하는 '맥락'에 대한 필자의 용어 사용에 일관성을 유지하기 위함이다.

이 인식해야 텍스트 생산의 의미가 절실해진다.

언술관련은 언술본문과 관련되어 있는 언술로 재개념화하는 것이 마땅하다. 텍스트언어학에서 언술관련을 "다른 언술과 관련되어 있는 언술"로 규정하는 것은 인식의 주체와 객체가 빠져 있다. 텍스트 생산의 관점에서는 주체와 객체가 분명해야 한다. 주체는 언술본문이고 객체는 언술관련이다. 언술본문은 언술관련의 견지에서 살펴야 그 좌표가 분명해진다. 언술관련은 언술본문 이전의 관련 언술뿐만 아니라 언술본문 이후의 관련 언술까지 포괄하는 개념으로 사용하는 것이 바람직하다. 왜냐하면, 작가적 생산자의 관점에서는 자신이 생산하려는 문학언술본문 이전의 언술관련과 언술관련에 관한 메타언술만 인지할 수 있지만, 연구자적 생산자의 관점에서는 연구 대상으로 삼는 언술본문 이후의 언술관련과 이에 관한 메타언술까지 인지할 수 있기 때문이다. 연구자적 생산자는 인지할 수 있는 모든 대상을 고려해야 연구 대상으로 삼는 언술본문의 위상을 정확히 설정할 수 있고 연구자 자신이 생산하려는 메타언술본문의 타당성을 높일 수 있다. 언술본문 이전의 언술관련을 '선행언술', 언술본문 이후의 언술관련을 '후행언술'로 명명하기로 한다. 텍스트 생산자는 언술관련을 적극적·주체적으로 자신의 언술본문 창작에 활용해야 한다.

텍스트언어학의 관점에서 언술본문은 이미 어떤 형태를 띠고 존재하는 것이다. 그러므로 텍스트언어학은 연구자의 관점에서 이미 존재하는 텍스트를 연구 대상으로 삼는다. 그러나 텍스트 생산의 관점에서 언술본문은 이미 이루어진 텍스트와 더불어 현재 생산하려는 텍스트를 포괄하는 개념이다. 이런 차이는 텍스트 생산 이론은 텍스트를 생산하려는 주체의 관점에 서기 때문이다. 텍스트 생산자는 이미 존재하는 텍스트를 언술관련으로 삼아 생산자 자신의 언술본문을 생산할 수도 있고, 이미 존재하는 텍스트를 언술본문으로 삼아 그에 대한 메타언술을 생산할 수도 있다. 텍스트 생산의 관점에서 텍스트 생산자는 문학언술을 생산하는 작가적 생산자와 메타언술을 생산하는 연구자적 생산자를 포괄한다. 그러므로 언술본문은 작가적 생산자가 생산하는 문학언술과 연구자적 생산자가 생산하는 메타언술을 포괄하는 개념이다. 텍스트 생산자가 생산하려는 언술본문이 문학언술이면 이 이전의 텍스트는 언술관련이다. 텍스트 생산자가 생산하려는 언술본문이 메타언술이면 그 이전의 문학언술은 언술본문이고 그 문학언술에 대한 메타언술은 언술관련이다.

　모든 언술은 관련되어 있다고 할 수 있지만,[11] 언술관련이 언술긍정을 의미하는 것은 아니다. 텍스트언어학에서 '상호텍스트'는 선행언술에 대한 후행언술의 변용이라는 관점에서 사용되고 있다. 이것은 상호텍스트의 개념을 '반복'과 '변형'으로 설명하는 것[12]과 한 텍스트가 시기적으로 앞선 텍스트로부터 일방적으로 영향을 받았을 경우 상호텍스트란 용어와 구별하여 '간텍스트'란 용어를 사용해야 한다는 데서[13] 단적으로 드러난다. 그러나 텍스트 생산의 관점에서 언술관련을 선행언술에 대한 후행언술의 변용으로 파악하는 것은 창조적 언술본문의 생산을 제

---

11) 한국텍스트언어학회, 2004, 194~195면의 "이 세계의 모든 문화적 가공물 텍스트는 앞서 있었던, 혹은 동시대에 있는 문화적 가공물 텍스트로부터 영향을 받았거나 영향을 받거나, 때로는 영향을 서로 주고받아 공간적·시간적으로 얽히고 뒤섞여 있으므로, 모든 텍스트의 산출과 수용에서 연계성들이 매우 중요하다."는 말은 모든 언술은 관련되어 있다는 말을 잘 설명해 주고 있다.
12) 한국텍스트언어학회, 2004, 210~217면.
13) 한국텍스트언어학회, 2004, 195면 각주 4번 참고.

약한다.

언술본문은 언술부정에 의해 새롭게 창조된다는 관점이 더욱 적절하다. 언술부정은 선행언술에 대한 부정이다. 이것은 언술의 존재 의의 자체를 부정하는 언술거부와 다르다. 말이 되지 않는 선문답(禪問答)이나 선시(禪詩) 같은 경우가 언술거부이다.14) 언술거부의 목적이 언술의 존재 의의를 부정하기 위함이라면, 언술부정의 목적은 새로운 언술을 생산하기 위함이다. 작가적 생산자는 선행 언술본문을 언술관련으로 삼아 이를 언술부정하는 언술본문을 생산하고, 연구자적 생산자는 선행 언술본문에 대한 언술관련을 언술부정하는 언술본문을 생산한다.

이해의 편의를 위해 <허생전>을 예로 들어 보자. 텍스트 생산의 관점에서 텍스트 생산자는 <허생전>을 창작하려는 박지원, <허생전>을 언술관련으로 삼아 언술본문을 생산하려는 박지원 이후의 생산자, <허생전>을 언술본문으로 삼고 <허생전>에 관한 메타언술을 언술관련으로 삼아 <허생전>에 관한 메타언술을 생산하려는 생산자 중 어느 한 사람이다. 박지원의 관점에서 <허생전>은 그가 창작하려는 언술본문이다. 그러나 이광수가 <허생전>을 창작하려 할 때 박지원의 <허생전>은 언술관련이고, 채만식이 <허생전>을 창작하려 할 때 박지원의 <허생전>과 이광수의 <허생전>은 모두 언술관련이다.15) 또한 텍스트 생산자의 메타언술과 언술관련의 관계에 있는 것은 <허생전>에 관한 선행 연구들이다. 왜냐하면 메타언술은 그 대상이 되는 언술본문을 언술

---

14) 조동일, 2007, 267면. 그러나 언술거부도 언술로 이루어진다.
15) 이광수와 채만식의 <허생전>을 박지원의 <허생전>과 언술관련의 시각에서 접근한 대표적 사례로 다음 논문을 들 수 있다.
김일영, 「현대 문학에서의 '허생 이야기' 변용 양상 연구」, 경북대학교 박사학위논문, 1992.

부정하는 것이 아니라 대상 언술본문에 대한 선행 메타언술을 부정하는 것을 그 본질로 하기 때문이다.

지금까지 논의한 용어들이 서로 어떤 관련을 맺고 있는지 언술본문을 중심에 놓고 살펴보기로 한다.

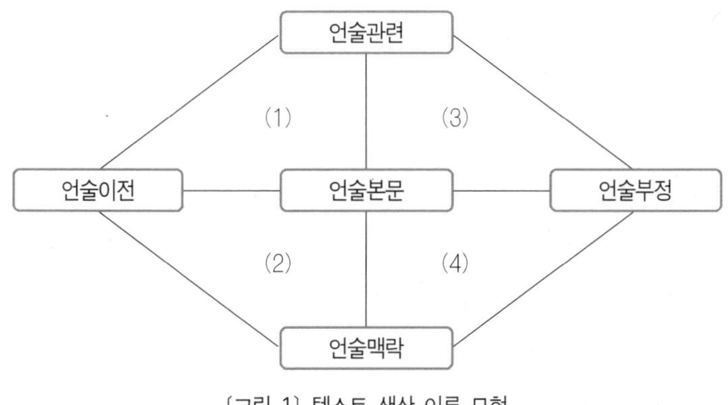

〔그림 1〕 텍스트 생산 이론 모형

(1)은 언술본문과 언술관련이 언술이전을 공유함을 나타낸다. 그러나 공유 정도가 다르며, 이것과 언술긍정 또는 언술부정과는 함수관계가 없다. (2)는 텍스트 생산자가 언술이전을 구조적으로 파악하고 언술맥락을 주체적으로 인식하면서 언술본문을 창조해야 함을 나타낸다. 작가적 생산자는 정립되지 않은 의식으로 문학언술을 창조하고, 연구자적 생산자는 정립된 의식으로 메타언술을 창조한다. 그러나 작가적 생산자도 그가 처한 개인적·시대적 상황을 구조적으로 인식할 때 언술본문의 창조성이 커진다. 언술맥락 때문에 언술이전을 돌아보게 되고, 언술맥락에 대한 인식이 깊고 철저하면 언술이전에 대한 인식도 깊고 철저해진다. (3)은 텍스트 생산자가 언술관련을 의식하면서 이를 언술부정하는 언술

본문을 생산함을 나타낸다. (4)는 언술맥락에 대한 인식이 다르면 언술본문의 언술부정이 달라짐을 나타낸다. 언술맥락에 대한 텍스트 생산자의 주체적 인식이 언술부정하는 언술본문을 만들게 하는 동력이다. 언술본문의 구조는 언술맥락의 구조에 열려 있다.

(1)과 (2)를 관련시키면, 텍스트 생산자는 언술이전을 언술관련과 공유하면서 언술맥락에 대한 인식이 달라서 서로 다른 언술본문을 생산한다고 할 수 있다. (3)과 (4)를 관련시키면, 텍스트 생산자는 언술맥락에 대한 인식을 바탕으로 언술관련을 의식하며 언술관련을 언술부정하는 언술본문을 창조한다고 할 수 있다. (1)과 (3)을 관련시키면, 텍스트 생산자는 언술이전을 구조적으로 파악하고 언술관련을 의식하면서 이를 언술부정하는 언술본문을 마련한다고 할 수 있다. (2)와 (4)를 관련시키면, 텍스트 생산자는 언술이전을 구조적으로 파악하고 언술맥락을 주체적으로 인식하면서 언술부정의 언술본문을 마련한다고 할 수 있다. (1)·(3)과 (2)·(4)를 관련시키면, (2)·(4)로 이어지는 하위의 흐름이 (1)·(3)으로 이어지는 상위의 흐름의 동력이라 할 수 있다. 하위 흐름의 언술맥락에 대한 인식이 동력의 원천이 되어 상위 흐름의 언술관련을 적극적으로 끌어들여 이를 언술부정하는 언술본문을 생산한다고 할 수 있다.

(1)~(4) 전체를 관련시키면, 텍스트 생산자는 언술이전을 주체적으로 파악하고 언술맥락을 구조적으로 인식하여 언술관련을 언술부정하는 언술본문을 창조한다고 할 수 있다. 텍스트 생산자의 언술본문은 언술이전과 언술관련을 향한 발언이며, 언술맥락을 고려하기에 그 말이 절실하다. 언술본문은 언술관련 없이 이루어지기 어렵다. 그러나 텍스트 생산자에게 언술관련은 언술부정을 위해 존재한다. 언술관련을 언술긍정하기 위해 언술본문을 생산한다면 자신이 생산하는 언술본문은 존재해

야 할 이유나 가치가 없다. 독창적인 언술본문일수록 언술관련은 언술부정으로 나아간다. 여기서 중요한 것은 언술이전, 언술관련, 언술맥락을 주체적·구조적으로 파악하고 서로 관련시켜 이들을 언술본문의 언술부정 구조로 만드는 일이다. 언술본문의 생산은 이들 대상에 대한 구조적 이해와 관련의 산물이며, 언술부정의 구조는 언술관련에 대한 부정의 구조로서 언술본문 구조의 핵심이다.

언술관련을 언술부정하는 언술본문을 생산하면 언술관련과 새롭게 생산된 언술본문은 언술경쟁의 관계에 놓이게 된다. 그러므로 언술본문의 생산은 언술이전에 대한 토론에 동참하는 일이며 언술관련과의 언술경쟁을 벌이는 일이다.

3. 텍스트 생산 이론으로 본 〈허생전〉의 창작 방법

우리 문학사에서 창조적 글쓰기의 대표 작가로 박지원을 들 수 있다. 그의 한문소설, 《열하일기》, 논설 등은 그의 독창적 글쓰기 활동을 잘 보여주는 증거들이다. 이 가운데 〈허생전〉은 현실인식이 뚜렷하고 형성과정이 비교적 잘 알려진 작품이어서 창조적 글쓰기 과정을 살피기에 적절한 대상이다. 그러므로 〈허생전〉을 통해 박지원의 창조적 글쓰기가 어떤 과정을 거쳐 이루어졌으며, 오늘날의 창조적 글쓰기 교육에 어떤 원리와 방법을 이끌어낼 수 있는지를 논의하는 것은 적절하고 타당한 작업으로 생각한다.

〈허생전〉의 언술이전은 17세기 중기의 북벌론(北伐論), 18세기 후기의 사회·경제사적 동향과 정치적 현실로 요약될 수 있다. 17세기 중기의 북벌론은 한족(漢族)의 나라는 높이고 오랑캐의 나라는 물리친다는 춘추대의(春秋大義)의 명분론에 입각한 청나라 정벌론으로, 왕권을 강화하려는 효종과 재기를 노리는 산림세력의 이해관계가 맞아떨어져 탄생한 합작품이다.16) 18세기 후기의 사회·경제사적 동향이란 몰락양반의 증가와 신흥 요호부민(饒戶富民)의 등장을 중심으로 한 신분변동을 가리킨다.17) 18세기 후기의 정치적 현실이란 주자학적 명분론으로 무장한 노론층이 정권을 틀어쥐고 있는 정치적 현실을 가리킨다. 박지원은 이와 같은 언술이전에 대한 인식을 바탕으로 <허생전>을 창작했다.

<허생전>의 언술맥락은 <허생전>을 생산할 때 박지원이 처한 개인적 상황, 박지원이 속한 계층적 위치, 박지원이 몸담은 시대적 현실이다. 이러한 것들이 <허생전> 생산의 의도 또는 동기로 작용했으며 목적을 내포하고 있다. 박지원은 조선후기 변화하는 사회·경제사적 현실과 주자학적 명분론에 입각한 정치이념이 완강한 현실에서 자기 시대의 선비의 역할과 사명이 무엇인가를 진지하게 고민하였다.18) 이러한 절실한 물음이 <허생전> 창작의 언술맥락이다. 그러나 이것만으로는 부족하다. <허생전>은 청나라 건륭제(建隆帝)의 고희 축하 사절단에 끼어 열하(熱河)로 가는 도중에 옥갑(玉匣)에서 여러 비장들과 이야기하는 상황에서 나왔다. 박지원은 청나라의 번성한 문물을 보고 큰 충격을 받기도 했다. 그러므로 <옥갑야화(玉匣夜話)>라고 하는 맥락 속에서, 더 나아가 《열하일기》 전체의 맥락 속에서 <허생전>을 이해하고 접근해야 한다.19)

---

16) 강만길 외, 『한국사8―중세사회의 발전』, 한길사, 1994㉠, 224~225면 참고.
17) 강만길 외, 「제3부 사회경제적 변동」(『한국사9―중세사회의 해체1』, 한길사, 1994㉡)을 포괄적으로 참고할 수 있다.
18) 김일렬, 『고전소설신론(개정판)』, 새문사, 2001, 245~246면.
19) 김일렬, 『한국문학의 전통과 아름다움』(새문사, 2006㉡, 75~76면)에서 박지원의 개

박지원은 윤영이 들려준 이야기라며 허생 이야기를 꺼내는 것도 자신의 창작을 자신의 창작이 아닌 것처럼 위장하기 위한 전술이자 언술관련을 자신의 창조물로 형상화하기 위한 작전이다.[20]

박지원의 언술맥락에 대한 절실한 인식은 언술이전에 대한 인식을 깊게 했다. 언술이전과 언술맥락에 대한 박지원의 인식은 선행언술을 의식하면서 〈허생전〉을 생산하도록 했다. 박지원은 20세 전후부터 민옹(閔翁)과 같은 문객, 이야기꾼을 초청하여 야담이나 구전설화를 즐겨 들었음은 잘 알려진 사실이다.[21] 그때 들었던 이야기 중 치부담(致富談), 북벌담(北伐談), 신분상승담은 〈허생전〉의 언술관련이다. 치부담은 양반 계층 내부의 분화 현상으로 인해 정치적·경제적으로 몰락한 양반이 양반 신분을 버리고 생업에 종사하거나, 양반 신분을 속이고 일시적 치부 행위를 통해 부를 획득한 후 원래의 자리로 돌아오는 이야기이다. 전자에는 하위 계층과 정식으로 혼인한 후 생업에 종사하는 경우도 있다. 후자의 경우 축적한 부를 바탕으로 과거(科擧)를 통한 제도권 진입과 신분 상승으로 이어지는데, 과거 합격 후 벼슬길로 나아가는 경우도 있고 스스로 단념하는 경우도 있다.[22] 한편, 북벌담에는 북벌을 긍정적으로 형

인적 언술맥락이 간명하게 정리되어 있어 참고할 수 있다.

20) 〈호질〉의 경우 북경(北京)으로 가는 도중에 옥전현(玉田縣) 어느 점포 벽의 격자에 쓰인 것을 박지원 자신과 다른 사람이 나누어 베낀 것이라 했다. 나중에 이것을 보니 다른 사람이 베낀 부분에 "잘못 쓴 곳과 빠뜨린 글자와 글귀가 무수히 많아 전혀 맥이 닿지 않으므로 대략 내 뜻으로 고치고 보충해서 한 편을 만들었다(無數誤書 缺落字句 全不成文理 故略以己意點綴爲篇焉)"고 했다(박영철 간행본 ≪연암집≫, 경인문화사, 1989, 191면). 선행언술을 자신의 언술본문으로 창조하는 과정을 보여준다는 점에서 〈허생전〉과 다르지 않다.

21) 〈마장전〉의 '약 달이는 처와 첩' 이야기나 〈민옹전〉의 '쟁장설화'는 구전설화가 박지원의 한문소설에 수용되어 있음을 보여주는 사례이다.

22) 이상의 몰락 양반 치부담과 신분상승담은 최광석, 「〈허생전〉의 형상화 방향과 현

상화한 것과 부정적으로 형상화한·것이 공존한다. 전자의 경우 북벌은 당위이며 실현 가능한 것이라는 인식을 내보이고 있다. 후자의 경우 북벌 그 자체가 부당하다거나 실현 가능성이나 성공 가능성이 없다는 인식을 내보이고 있다. 부당한 이유는 북벌이 민중의 고통과 희생을 일방적으로 강요할 것이기 때문이며, 실현 가능성이 없는 이유는 군주가 결단력 부족하기 때문이며, 성공 가능성이 없는 이유는 실질적 대책의 부재 때문이라고 인식하고 있다.[23] 이처럼 북벌담에는 북벌에 관한 다양한 인식의 층위가 존재한다.

이른바 '허생형 한문단편'은 <허생전>과 더욱 가까운 언술관련들이다. 여기서 가난한 양반이 독서에 몰두하다가 독서를 중단한다. 몰락 양반이 읽는 책이 밝혀져 있지 않거나, 밝혀져 있다면 ≪주역(周易)≫이다. 독서를 중단하는 이유는 스스로 기한을 이기지 못하거나 아내가 봉양을 위해 머리카락을 자른 것을 보고 가련하게 여겼기 때문이다. 몰락양반은 진시황의 오동화로(烏銅火爐)를 얻어 치부하거나 부자에게 거금을 빌린다. 치부 행위에 참여하는 주체는 몰락양반 부처(夫妻)이거나 그의 아내이다. 치부의 방법은 한약재나 생필품을 매점매석해 물가 급등에 따른 시세 차익을 얻는 것이다. 이러한 치부 방법에 대한 비판적 인식은 보이지 않고 오히려 신기하게 여기거나 긍정적인 태도를 보인다. 획득한 재물을 부자가 돌려받기를 거절하자 몰락양반은 도로 가져와 산속으로 들어가 안락한 삶을 누리거나 끝까지 받지 않는 대신 의식의 공급을 부탁한다.[24] <허생전>을 창작할 당시에 이들 야담에 대해 알고 있었던

실인식의 층위」(『문학과 언어』 제24집, 문학과언어학회, 2002)를 참고할 수 있다.
23) 이상의 북벌담은 최광석, 「북벌계획의 설화화와 그 의미」(『국어교육연구』 제27집, 국어교육연구회, 1995)를 참고할 수 있다.

박지원은 이들을 〈허생전〉의 언술관련으로 활용했다.

언술본문인 〈허생전〉은 기존의 언술관련을 다각도로 부정하면서 이루어졌다. 〈허생전〉은 선행 치부담의 언술을 부정했다. 허생은 치부 행위를 했으면서 조선에 용납될 수 없는 거금이라며 재화를 바다에 버렸다. 선행언술의 매점매석을 통한 치부방식은 몰락양반의 경제 활동의 능력을 보여주지만 개인적 치부 이상의 의미는 없다. 〈허생전〉에서는 매점매석의 치부 방식을 비판하고 자급자족적 조선경제의 취약성 문제를 제기하는 수단으로 삼았다. 또 신분상승담 주인공과 달리 허생은 신분상승을 거부했다. 그렇다고 관계 진출을 포기하는 선행 야담과 의미 층위가 같은 것은 아니다. 선행 치부담이 신분보다 경제적 가치를 중요시하기 때문이라면 〈허생전〉은 집권 세력에 대한 통렬한 풍자와 비판을 가하기 위함이다. 이처럼 관련언술에 나타난 주인공의 행위와 의식에 대한 서술시각을 달리 설정함으로써 언술관련의 서술시각을 부정하고 문제의식을 전환, 심화시킴으로써 선행언술을 언술부정했다.

〈허생전〉은 북벌을 긍정한 언술관련을 부정하고 북벌을 부정한 언술관련을 수용하되 부정의 방법을 바꾸고 현실인식의 층위를 심화시켰다. 박지원은 집권층에서 계획하는 북벌론이 부당하다는 주장을 하기 위해 일단 그것이 옳다고 인정한다. 그러면서 북벌을 실행할 의지가 있으며 능력을 갖추었는가를 묻는다. 집권층은 북벌을 위한 어떤 실천적 행동도 하지 않고 있으며 의지도 갖고 있지 않음이 드러난다. 이를 통해 집권층에서 추진하는 북벌의 허구성과 부당성이 폭로된다. 귀류법적 사고 과정을 글쓰기 전략으로 활용하여 언술관련을 언술부정했다.

---

24) 이상 '허생형 한문단편'에 관한 것은 최광석, 2002, 116~120면 참고.

<허생전>은 선행언술의 언술구조를 부정했다. 언술구조 부정은 치부담, 신분변동담, 북벌담 각각에 대한 부정에 그치지 않고 이들을 결합시키는 데 있다. 특히 치부담과 북벌담의 결합이 핵심이다. 치부담은 18세기 후기인 박지원 당대의 사회·경제적 현실을 반영한 것이고, 북벌론은 17세기 중기의 정치상을 반영한 것이다. 시대가 다른 두 현실 상황을 한 작품에 결합시킨 것은 17세기 북벌론이 전개되는 정치상과 18세기 정치상이 근본적으로 다를 바 없다는 인식에 기반하고 있다. 이 둘을 결합하여 <허생전>의 궁극적 의미가 북벌론의 부정이 아니라 박지원 당대의 명분론적 사고의 부정에 있도록 했다. 즉, <허생전>에서는 북벌담을 박지원 당대의 명분론적 사고를 비판하기 위한 수단으로 수용함으로써 선행언술을 부정했다.

관련 야담은 무능한 양반이 경제 활동에 종사하고 상공인으로 전환되는 사회·경제사적 변화를 반영하고 있다. 그러나 <허생전>에서는 변화된 시대적 현실에서 선비의 역할을 모색하는 데 초점이 있다. 관련 야담에서 허생형 인물의 ≪주역≫ 읽기는 그의 비범함을 드러내려는 의도이지만, 개인적 영달과 안위를 위해 기능할 뿐이다. <허생전>에서 허생의 ≪주역≫ 읽기는 허생을 천지만물의 생성과 변화 및 세상의 근본 원리나 이치에 통달한 인물로 형상화한다. 이러한 인물 형상화는 현실 경제와 정치에 관한 문제 제기와 무관하지 않다. 북벌을 당위로 여기거나, 북벌의 실현 가능성 또는 성공 가능성을 들어 북벌을 부정적으로 인식하는 차원을 넘어, <허생전>은 북벌을 수단으로 삼아 박지원 당대를 비판함으로써 비범한 능력을 가진 참된 선비는 명분론적 사고를 극복하고 백성과 국가의 이익을 위해 봉사해야 하나 집권층의 경직성과 폐쇄성으로 인하여 그것이 쉽지 않다는 인식의 층위를 내보이고 있다. 이런

인식의 깊이는 선행언술의 부정을 통해 이루어졌다.

귀류법적 사고 과정을 통한 북벌 부정, 선행언술의 결합 및 인물형상과 대립관계 등을 통한 언술본문 구조화, 문제인식의 심화 능력, 서술시각의 재설정 등을 통해 박지원 당대의 문제로 환원시킴으로써 언술관련을 언술부정했다.25) 요컨대 〈허생전〉은 박지원이 언술이전에 대한 인식을 바탕으로 절실한 언술맥락 아래 언술관련을 언술부정하는 방식으로 이루어졌다. 언술부정이 시대적 진실을 드러내고 진보적인 문제의식을 내포하면서 현실인식의 층위를 깊게 만들었다는 데 의의가 있다.

박지원의 '합변지기(合變之機)'는 부분과 부분, 부분과 전체의 대립적 총제인 구조에 대한 이해를 보여준다.26) 이것은 선행 야담의 언술을 부분으로 수용하여 전체 속에서 구조적 요소로 기능하도록 하는 그의 〈허생전〉 창작 방법에서 잘 활용되고 있다. 그리하여 전체는 부분의 총합보다 크다는 원리를 창작을 통해 보여주었다. 선행언술의 구조를 소설적 대결 구조로 변환시키는 원리가 부분과 부분, 부분과 전체의 대립적 관계의 총체가 달라짐에 달려 있음을 확인시켰다. 결국 박지원의 합변론의 실현태인 〈허생전〉은 언술관련을 다각도로 언술부정하는 방식으로 이루어진 셈이다. 박지원의 합변론은 언술본문을 창조적으로 조직하는 방법론이다.27)

---

25) 〈허생전〉의 허생은 〈양반전〉의 정선 양반에 대한 언술부정이기도 하다. 이원수, 「〈양반전〉과 〈허생전〉, 그 설문과 해답」(『연민학지』 제3집, 연민학회, 1995)은 〈허생전〉의 허생이 〈양반전〉의 정선 양반에 대한 부정적 대안이라는 필자의 관점과 상통한다.

26) 김일렬, 2001, 257면 및 김일렬, 『문학의 본질』(새문사, 2006, 184면)에서 박지원의 합변을 구조에 대한 이해로 파악하고 있다.

27) 박지원의 여타 한문단편으로 논의를 확대하여 검증력을 강화할 수 있다. 예컨대, 〈열녀함양박씨전〉의 경우 과부의 정욕을 인정하고 재가(再嫁)를 긍정함으로써 재

　지금까지 논의를 앞장의 텍스트 생산 이론 모형에 <허생전>의 창작 방법을 대응시키면 다음과 같다.

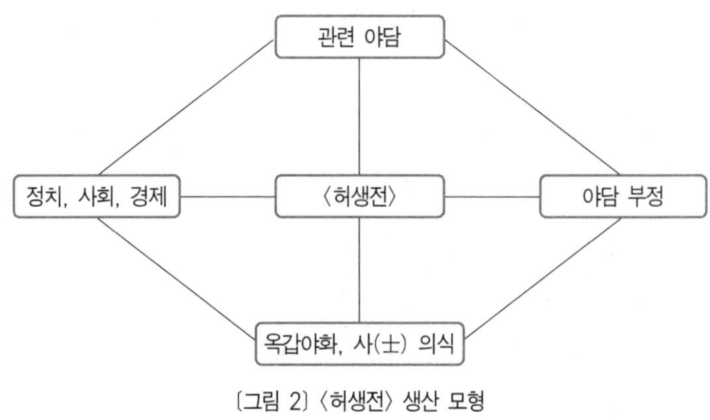

〔그림 2〕〈허생전〉 생산 모형

　<허생전>은 작가가 분명하고 창작 과정을 추적할 수 있어서 텍스트 생산 이론 모형에 잘 들어맞는 작품이다. 이런 점에서 현대문학 텍스트도 이 모형에 잘 맞을 것이다. 작품에 따라 텍스트 생산의 다양한 층위를 모두 관련시키기 어려운 경우도 있을 수 있다. 예컨대 고전소설 가운데 <전우치전>, <토끼전>은 이본의 편차가 매우 큰 작품이지만, 작자를 알 수 없다. 이 경우 언술맥락의 층위는 언술본문 자체에서 유추해낼 수밖에 없을 것이다. 이처럼 텍스트 생산 이론의 정교화 작업은 검증의 범위를 확대하면서 수정·보완해 나갈 수밖에 없을 듯하다.

가부정형 열녀담을 언술부정했다고 할 수 있다.

4. 창조적 글쓰기 이론으로서의 텍스트 생산 이론

지금까지 텍스트언어학의 용어를 활용하여 텍스트 생산 이론을 정립하고, 박지원의 〈허생전〉 창작 과정을 통해 실제 적용 가능성을 검증해 보았다. 이 두 작업을 바탕으로 창조적 글쓰기의 원리와 방법이 무엇인가를 논의하기로 한다. 이것은 어떻게 하면 박지원을 본받아 오늘의 언술본문을 창조적으로 생산할 수 있을 것인가를 생각해 보는 일이다.

앞에서 논의한 성과를 토대로 창조적 글쓰기의 개념을 정립할 수 있다. 창조적 글쓰기는 언술이전을 주체적으로 파악한 텍스트 생산자가 언술맥락에 대한 인식을 바탕으로 언술관련을 의식하면서 이를 언술부정하는 언술본문을 생산하는 행위이다. 그러므로 창조적 글쓰기의 원리는 언술부정의 원리이고 창조적 글쓰기의 방법은 창조적 언술부정의 방법을 찾는 일이다. 언술본문을 생산한다는 것은 필연적으로 언술부정을 통해 언술경쟁에 참여하는 일이다. 창조적 글쓰기는 언술경쟁을 활성화시킨다. 이미 살펴본 바와 같이 〈허생전〉의 경우 귀류법적 사고 과정을 통한 지배 이념과 정책 방향의 부정, 상세한 서술을 통한 형상화와 구조적 대립의 강화, 문제의식의 전환·심화 등의 방법으로 창조적 글쓰기가 이루어졌다. 결국 창조적 글쓰기의 원리는 창조적 언술부정의 방법을 찾는 일로 귀결된다.

박지원이 〈허생전〉에서 사용한 창조적 글쓰기 방법 가운데 선행언술의 구조, 서술시각, 문제의식의 부정은 창조적 글쓰기의 방법으로서의 보편성이 크다. 그러나 언술이전, 언술관련, 언술맥락이 다르므로 언술부정의 방법도 같을 수 없다. 창조적 글쓰기의 관건은 적절한 언술부정의 방법을 찾는 일이다.[28] 대상에 대한 인식과 문제의식의 깊이, 창조적 글쓰기 전략 수립, 창의적·논리적 사고과정 거치기는 창조적 언술부정을 가능하게 하는 바탕이다.

포괄적으로 말하면 창조적 글쓰기 방법은 형상화와 인식의 방법과 능력이라 할 수 있다. 작가적 생산자가 문학언술을 생산할 때는 형상화 방법과 능력이 더 중요하고, 연구자적 생산자가 메타언술을 생산할 때는 인식 방법과 능력이 더 중요하다고 할 수 있다. 그러므로 문학언술본문의 창조성은 선행언술관련에 대한 언술부정의 방법에 달려 있고, 메타언술본문의 창조성은 문학언술본문에 대한 접근 방법 및 선행메타언술에 대한 언술부정 방법의 창조성에 달려 있다.

창조적 글쓰기는 언술관련의 틀 안에서의 내용상의 재량권을 발휘하는 것이 아니라 틀을 해체하고 새로운 틀을 만드는 글쓰기를 지향한다. 이렇게 만들어진 틀은 또 다른 새로운 틀에 의해 부정된다. 언술부정은 언술관련을 창조적으로 부정하여 더 나은 언술본문을 생산할 때 가치가 있다. 언술본문이 언술관련의 언술부정이게 하는 글쓰기를 지향하는 것이 최상의 방법이다. 상호텍스트가 기존 텍스트에 부분적인 변화를 주는 것이라면,29) 언술부정은 기존 텍스트의 구조와 주제를 바꾸는 등 선행 텍스트를 근본적으로 부정하는 데까지 나아간다. 텍스트 생산자의 기대지평과 부합하지 않는 언술관련을 창조적 방법으로 부정해야 한다. 그런데 언술부정은 창조적 글쓰기를 위한 필요조건이다. 언술부정이 세

---

28) ‘적절한’이란 말이 막연하거나 무책임하게 들릴 수 있다. 언술부정의 방법이 정해져 있지 않기 때문이다. 방법이 고정되어 있으면 창조적이 아니다.

29) 예컨대 서사의 경우 ‘빈칸 메우기’, ‘사건 바꾸기’, ‘결말 바꾸기’, ‘뒷부분 생성하기’ 등의 활동을 통해 성취될 수 있다. 한편, 하이퍼미디어는 수용자에게 열린 구조, 가변적 구조의 특성을 갖고 있다. 이를 활용한 언술본문(하이퍼텍스트) 생산은 학생들이 가상공간에서 언술관련을 언술부정하는 언술본문을 생산 방법으로 활용할 수 있다.

계사적·문명사적 관점에서 인류의 발전 및 보편적 가치 추구와 같은 방향을 지향할 때 창조적 글쓰기의 필요충분조건이 갖추어진다.

지금까지 논의한 성과를 글쓰기 교육의 국면으로 전환하여 학생들의 창조적 글쓰기에 텍스트 생산 이론을 어떻게 도입할 것인가에 대한 논의로 나가가 보자.

글쓰기 교육에서 글쓰기의 주체인 학생은 언술본문 생산자이다. 학생은 시, 소설과 같은 문학 작품의 생산자가 될 수도 있고, 독서 감상문과 같은 비평적·논술적 글의 생산자일 수도 있기 때문에 작가적 생산자이자 연구자적 생산자이다. 학생은 작가적 생산자로서 〈허생전〉을 언술관련으로 삼아 자신의 언술본문을 마련할 수도 있고, 연구자적 생산자로서 언술본문인 〈허생전〉에 대한 메타언술을 언술부정하는 언술본문을 생산할 수도 있다.

형상을 창조하여 인식을 새롭게 하는 문학 창작을 통해 언술관련을 언술부정하는 방법이 최상의 창조적 글쓰기이다. 텍스트언어학을 글쓰기 교육에 적용시키고자 할 때, 문장의 결속성을 재수용을 통해 강화하거나 기존의 양식적 틀에 맞추거나 이를 약간 변형하여 창작하는 방법을 모색할 수 있다. 그러나 '상호텍스트' 또는 '간텍스트'의 징표인 반복을 확인하는 단계에 머무르거나, 상호텍스트의 정체성(identity)을 확인하는 차원에서 변형에 관심을 갖는 것으로 창조적 글쓰기가 이루어질 수 없다.[30] 창조적 글쓰기 교육을 위해서는 언술관련을 언술부정하는 글쓰기 교육을 지향해야 한다. 텍스트언어학에서 이 용어를 텍스트상호 간

---

30) 한국텍스트언어학회(2004 : 214)에서 상호텍스트의 징표인 '반복'과 함께, 상호텍스트의 정체성인 '변형'을 거론하는 것을 보면 공통성만을 주목하는 것은 아닌 것으로 보인다. 그러나 이것이 창조적 글쓰기를 담보할 수는 없다.

의 공통점을 밝히려는 목적으로 사용함으로써 창조적 글쓰기 이론을 마련하는 데 부적합하다.31) 창조적 글쓰기는 기존 틀을 부정하고 스스로 틀을 만드는 쓰기 교육을 지향해야 한다. 그러나 무(無)에서 유(有)를 창조하기는 어렵다. 학생들에게 아무런 방향 제시 없이 쓰라고 던져 둘 수는 없다. 이런 점에서 언술관련을 언술부정하는 언술본문을 생산하는 글쓰기는 창조적 글쓰기 교육의 방법이 될 수 있다.32)

그렇다면 텍스트 생산 이론을 창조적 글쓰기 교육에 어떻게 도입하는 방법은 텍스트 생산에 관여하는 층위들을 활용하는 방법이다. 즉, 언술이전, 언술맥락, 언술관련을 학생이 생산하려는 언술본문 생산의 자료로 통제, 조절하면서 제시함으로써 언술부정하는 글쓰기를 하도록 하는 것이다.

먼저 언술관련을 활용하는 방법을 생각해 보자. 교사가 학생에게 문학적 언술을 제시하고 이를 부정하는 문학적 언술본문을 생산하게 한다. 초급 단계에서는 교사가 제시하는 언술은 학생의 수준에서 비교적 쉽게 부정할 수 있는 언술이어야 한다. 지나치게 어렵거나 완벽한 언술을 학생들이 부정하기는 쉽지 않을 것이다. 이른바 '결여 텍스트'를 활용하는 것이다. 교사가 제시하는 언술의 난이도가 높다고 판단되면 부정의 대상을 구체화하여 제시할 수 있다. 고급 단계로 가면 텍스트언어학의 분

---

31) 한국텍스트언어학회(2004)에서 상호텍스트의 정체성인 '변형'의 하위범주로 대체, 첨가, 확장, 압축, 치환, 복합 등을 들고, 대체의 한 방식으로 장르의 대체를 들고 있다(214~215면 참조).

32) 언술관련을 언술부정하는 창조적 글쓰기는 조동일이 여러 가지 예증을 통해 보여준 '고금학문 합동작전'의 원리와 유사하다. 조동일, 『세계·지방화 시대의 한국학 4』, 계명대출판부, 2006. 창조적 학문은 창조적 글쓰기를 통해서 이루어진다는 점에서 학문의 이론 및 방법은 글쓰기 이론 및 방법과 본질이 같다.

석 대상인 이상적 텍스트를 활용할 수 있다. 이상적 텍스트의 응결성이
나 응집성을 부정하기는 쉽지 않지만, 텍스트 생산에 관여하는 층위 조
절을 통한 형상과 인식을 부정하기는 상대적으로 쉽다.[33] 형상의 핵심
은 구조이고, 인식의 핵심은 주제이다. 구조는 부분과 부분, 부분과 전
체의 대립적 총체이다. 그러므로 부분과 부분, 부분과 전체의 대립 관계
를 새롭게 함으로써 선행언술을 언술부정할 수 있다. 서사문학을 기준
으로 더 구체적으로 말하면, 인물의 대립 관계, 서사단위의 결합, 서술
시각과 방법, 서술구조 등을 재조직함으로써 선행언술을 부정할 수 있
다. 예컨대, 엉성한 언술의 밀도 높이기, 대결 관계 강화하기 또는 변화
주기, 서사단위의 첨가와 삭제, 확장과 축소, 변형과 대체 등의 조작이
가능하다. 한편, 선행언술 주제의 부정은 구조의 부정을 통해 자동적으
로 성취된다. 아울러 언술이전과 언술맥락에 대한 인식을 새롭게 하거
나 문제의식의 방향과 층위를 조정함으로써 선행언술의 주제를 부정할
수 있다.

　다음으로 선행 문학언술을 언술본문으로 하고, 이에 대한 언술관련을
언술부정하는 메타언술본문을 생산하게 할 수 있다. 이때 교사는 학생
에게 문학언술과 이에 관한 메타언술을 제시하고 이 메타언술을 언술부
정하는 메타언술본문을 생산하도록 하는 것이다. 이때 선행 메타언술은
학생의 능력으로 부정할만한 수준이 되어야 할 것이다. 학생들이 쉽게
접근하도록 하기 위해 선행 메타언술이 이루어질 당시에 참고하지 못했

---

33) 김정자(2004 : 142)는 모범적인 텍스트 읽기를 통해 텍스트감을 형성하고 텍스트 원
　　형에 대한 지식을 얻고, 동료 학생의 결여 텍스트를 분석함으로써 글을 수정하고
　　고쳐 쓰는 데 도움을 얻을 수 있다고 했다. 이 주장은 타당하지만, 창조적 글쓰기의
　　관점에서는 학생들이 모범적 텍스트 또한 언술부정의 대상으로 인식하도록 하는 것
　　이 바람직하다.

거나 선행 메타언술과 대립되는 결론을 이끌어낼 수 있는 자료를 제시하여 메타언술본문을 생산하도록 도울 수 있다.

언술맥락을 부정하는 방법의 경우, 학생의 언술맥락과 선행 언술본문의 언술맥락에 차이가 클수록 언술맥락을 부정하기 쉬울 것이다. 그러므로 현대문학보다는 고전문학이 적절할 것이다. 그러나 현대문학이라 하여 반드시 언술맥락이 학생의 언술맥락과 흡사하다고 볼 수 없으므로 현대문학을 배제할 필요는 없다. 박지원이 <허생전>을 창작하면서 자신의 언술맥락을 철저하게 인식하였듯이, 학생은 '지금 여기', '나'의 언술맥락이 예전과 같고 다름의 본질을 깊이 인식하도록 하는 훈련을 쌓게 할 수 있다. 이는 글쓰기가 자신의 삶의 현실에 뿌리를 두고 있음을 깨닫게 하는 것이다.

언술이전 또한 교사가 자료 제시나 학생의 자료 수집 활동을 통해 파악하게 할 수 있다. 처음에는 교사가 자료를 제시하다가 익숙해지면 학생 스스로 필요한 자료를 수집하도록 발전시키는 것이 바람직하다. 교사가 언술의 토대가 된 언술이전을 제시하고 학생에게 스스로 언술본문을 생산하게 하는 것을 최종 단계로 한다. 초기 단계에서는 언술이전과 이를 토대로 생산된 언술본문을 함께 제시하여 학생으로 하여금 언술본문을 언술관련으로 삼아 언술이전을 토대로 자신의 언술본문을 생산하게 하는 것이다.

결국 교사가 학생이 언술본문을 생산하는 데 관여하는 다양한 층위를 적절하게 제시하거나 통제하면서 언술본문을 생산하도록 함으로써 창조적 글쓰기가 가능하다. 텍스트 생산에 교사의 관여가 적을수록 텍스트의 창조성은 높아진다. 교사는 학생의 단계와 수준을 정확히 파악하고 그에 맞는 자료를 제시하고 통제하는 역할을 수행해야 한다.

5. 창조적 글쓰기 교육을 위하여

이 글에서 텍스트 생산 이론을 모색하고 <허생전>을 통해 창조적 글쓰기 이론으로서의 가능성을 살펴보았다. 텍스트의 구조 분석과 읽기 및 읽기 교육에서 편중된 텍스트언어학을 텍스트 생산 이론으로 발전시키면서 창조적 글쓰기의 방법론으로서 그 가능성을 찾고자 했다. 그 결과 창조적 글쓰기는 언술이전, 언술맥락, 언술관련을 구조적으로 인식하고 이를 서로 관련시켜 언술관련을 언술부정하는 언술본문을 창조하는 글쓰기임을 밝혔다. 창조적 글쓰기의 원리는 언술부정의 원리이고, 언술부정의 원리는 언술부정의 방법에 의해 구현됨을 확인하였다. 결국 창조적 글쓰기는 언술부정의 방법을 창조하는 글쓰기였다.

텍스트 생산 이론과 창조적 글쓰기는 설화의 각편(version), 고전소설의 이본, 판소리의 더늠처럼 유동성이 큰 텍스트의 생산을 설명하는 데 적합하다. 특히 설화 구연이나 판소리 공연 현장에서 경쟁적으로 생산된 언술들을 설명하는 데 큰 힘을 발휘할 수 있을 것으로 기대한다.[34] 텍스트 내적 응집 수단인 재수용 개념으로 이런 현상을 설명하려 할 때 부딪히는 어려움을 생각하면 그 효용성은 명백하다.

이 글은 창조적 글쓰기 이론의 원리와 방법을 이미 존재하는 언술본문을 예증으로 삼아 검증하는 차원에 머무르고 있다. 텍스트 생산 이론을 다른 언술로 확대 적용함은 물론, 글쓰기 교육을 실행하는 과정에서 그 타당성을 검증하고 수정·보완하는 일이 뒤따라야 한다.

---

34) 설화 각편 상호 간의 편차와 충돌은 전승자들의 역사의식 등 전승의식의 차이와 충돌에 다름 아니다. 이것은 이여송 설화, 북벌계획 관련 설화 등 유형이 다른 설화 상호 간에도 논의될 수 있다.

제5장

문학 기반 논술의 길 찾기

1. 논술고사와 문학수업

　대학이 지향하고 있는 이른바 '다면사고형 논술', '통합논술' 또는 '통합 교과형 논술'[1]은 단기간의 사교육이 감당할 수 없는 방향으로 가고 있다는 점에서 바람직하다. 그러나 중·장기의 학교 교육 또한 논술을 감당하기에 버거운 것이 현실이다. 여기에는 논술이 고등학교 정규 교과에 포함되지 않는다는 점[2]과 통합 교과형 논술 자체가 가지고 있는

---

1) 학생은 학문의 잠재적 주체라는 점에서 '통합 학문형 논술'이라고 하는 것이 마땅하지만, 고등학교 학생을 대상으로 한 논술이라는 점에서 '통합 교과형 논술'이라는 용어를 사용하고 있다. 다음 글에서는 '혼합', '융합'과 견주어 '통합'이란 개념의 좌표를 설정하고 있다. 박정하, 「통합 교과형 논술과 논술 교육의 방향」, 『국어교육학연구』 29, 국어교육학회, 2007, 67~68면.

2) 교육과학기술부 인정 교과서로 『논술』(김용옥, 한국교과서주식회사)이 있지만, 극소수 학교에서 재량활동 시간에 사용하는 경우가 있을 것으로 추정된다.

통합 교과적 성격이 중요한 이유로 작용한다. 본고사형 논술고사 등으로 고등학교 교육과정의 범위를 넘어서는 논술고사를 시행하게 되면 문제는 더욱 심각해진다.

그러나 이 글의 목적은 수시로 바뀌는 논술고사의 특성을 분석하는 데 있지 않다. 대입 논술고사는 학생 선발을 위한 특수한 형태의 논술일 뿐이다.[3] 논술을 대학 입학을 위한 논술로 한정하거나, 대입 논술을 학교 교육과정과 별개의 것으로 여기는 것은 모두 논술의 본질을 심각하게 왜곡하는 일이다. 논술은 논증의 구조를 갖춘 글쓰기[4]이므로, 논술 능력은 모든 학문에서 필요로 하는 능력이고, 이러한 능력은 주체적 개인으로서의 삶을 영위하는 데 필수적이다. 그럼에도 논술을 정규 교과로 설정하지 않는 이유는 논술의 범교과적 성격 때문으로 보인다. 문제는 논술의 범교과성 때문에 모든 교과에서 길러 주어야 할 논술 능력이 어느 교과의 몫도 아닌 것으로 되어 있는 현실이다.

논술은 정규 교과가 아니지만, 문학은 국어 교과의 한 영역이다. 모든 교과에서 논술 능력을 길어주어야 한다면, 문학을 가르치는 교사는 학생들의 논술 능력을 어떻게 기를 수 있을까 고민할 것이고, 아마도 논술을 문학 수업으로 끌어들이는 방식으로 해결을 모색할 것으로 예상할 수 있다. 그래서 최근 국어교육 연구자들이 내놓은 문학 논술 또는 문학

---

3) "현재의 논술이란 입시 관문을 통과해야 하는 '상황' 속에서, 출제자에 의해 일방적으로 부과된 '쟁점'에 대해, 채점자를 유일한 '대상(독자)'으로 하여, 점수를 더 높게 받기 위한 '목적'으로 쓰는 것"이란 말은 대입 논술고사의 위상을 잘 표현하고 있다. 류수열, 「문학을 활용한 논술문항 구성 전략」, 『국어문학』 43, 국어문학회, 2007, 296~297면.

4) 이 말은 논증이 논술의 뼈대를 이루는 필요조건이라는 뜻이지, 논증이 논술의 필요충분조건이라는 뜻은 아니다.

을 활용한 논술 관련 연구 성과물과 이를 집약한 단행본5)이 시선을 끈다. 국어교육 연구자들의 논문 생산은 논술고사 비중 및 시행 대학 증가6)와 철학 전공자들의 논술 관련 논문7) 및 그 문제점에 기인한 바 크다. 논문 가운데 현행 논술고사가 논술 주체인 학생의 삶과 유리되어 있다는 문제8)와 철학 연구자들이 논술을 논리로 여기는 문제9) 등에 대한 지적이 특히 주목된다.10)

통합 교과형 논술이 지향하는 창의적 사고 능력은 모든 개별 교과 교사가 학교 수업 현장에서 길러주어야 할 능력이다. 이를 위해서는 개별 교과 교사가 모두 논술형 수업을 하는 것이 바람직하다.11) 그렇다면 문

---

5) 우한용 외, 『문학과 논술, 어떻게 할 것인가』, 푸른사상, 2008.

6) 2009년 대학 입시에는 논술의 비중과 논술을 실시하는 대학이 현저히 줄어들었지만, 2006년부터 꾸준히 증가해 왔다.

7) 전통적으로 논술은 국어 교과 영역으로 인식되어 왔는데, 논술의 비중과 논술에 대한 관심이 증폭되면서 철학연구자들의 논문이 쏟아져 나왔다. 특히 『철학과 현실』(철학문화연구소)에 2005년 가을호(제66호)부터 2~3편의 글이 매호 게재되고 있다.

8) 이 문제에 대해 원진숙, 박윤우의 논문과 우한용 외(2008)에 수록된 다음 논문에서 공통으로 지적하고 있다.
원진숙, 「논술 개념의 다층성과 대입 통합 교과 논술 시험에 관한 비판적 고찰」, 『국어교육』 122, 국어교육학회, 2007 ; 박윤우, 「인지적 과업으로서 '문학논술'과 비평 교육의 지평」, 『문학교육학』 24, 문학교육학회, 2007 ; 우한용, 「문학과 논술, 그리고 삶」 ; 최인자, 「'서사적 사고력'과 논술 교육의 방향성 탐색」 ; 김성진, 「문학 논술의 현실태와 가능태」.

9) 원진숙의 위의 논문과 다음 논문이 대표적 예이다.
양정실, 「문학을 활용한 논술고사에 대한 비판적 검토」, 『문학교육학』 23, 문학교육학회, 2007.

10) 논술에 대한 정의를 둘러싼 국어과와 철학과의 입장 차이를 비롯해 논술 교육 현장의 쟁점에 대한 분석은 다음 논문을 참고할 수 있다. 한금윤, 「의사소통 활동으로서 논술 교육의 방향 연구」, 『현대문학의 연구』 32, 한국문학연구학회, 2007, 47~57면.

11) 원만희는 논술형 수업을 "개별 교과 지도 과정 안에 글읽기와 글쓰기를 포함시켜 진행하는 수업"으로 정의하고, 모든 교과가 논술형 수업을 하는 것이 바람직하다는 견해를 제시했다.
원만희, 「'논술형 수업' 모형 : 개별 교과 심화 학습을 위한 '비판적 읽기와 쓰기'」,

학 교사로서 논술형 수업을 어떻게 모색할 것인가. 그 모색의 출발은 문학 수업 현장에서 문학과 논술의 접점을 찾는 일이 될 것이다. 문학과 논술의 특성에 대한 검토를 바탕으로 문학과 논술의 접점을 찾아 그 양상을 유형화해 보기로 한다. 이를 위해 대입 논술고사나 모의 논술고사 기출 문제를 활용할 것이다. 문학 기반 논술을 통해 통합 교과형 논술이 요구하는 능력을 기를 수 있는가, 그리고 문학과 논술을 접목시켜 학교 수업 현장에서 어떻게 실현시킬 것인가에 대한 결론을 요구한다. 문학은 인문 학문의 한 대상이면서 인문, 사회, 자연 학문을 포괄하는 문제를 다룬다. 학문의 경계를 허물고 학문 통합을 지향하는 오늘날, 문학 기반 논술 교육의 유형과 방법에 대한 논의는 의미 있는 일이 될 것이다. 특히 고전문학의 경우 현대적 의의를 찾는 하나의 길이 될 수 있다는 점에 방점을 찍고자 한다.

2. 문학과 논술의 접점

　현행 논술고사는 문학을 읽기 자료로 활용하여 어떤 문제에 대하여 논술하도록 하고 있는데, 이것은 문학을 제재적 차원에서 논술과 접목시키는 데 머물고 있다.[12] 그리하여 문학과 논술의 접점을 문학의 특성에서 찾기도 했다. 우한용은 문학과 논술의 접점을 논술의 주제가 문학에서 추구하는 삶의 총체성과 연관된다는 점, 문학이 주인공들의 갈등과 논쟁의 마당이라는 점, 문학은 통념을 깨고 새롭게 생각하는 발상의

　『철학과 현실』 72, 철학문화연구소, 2007, 195면.
12) 이 점은 김성진, 2008, 117면 참고.

전환을 형상화한다는 점, 문학은 다양한 가치 체계의 정당성에 대해 물음을 제기한다는 점 등에서 찾고 있다.13) 한편, 남민우는 사고력 차원에서 상호 관련성을 찾고 있다. 즉, 문학은 심미적 사고력의 산물인데, 심미적 사고력은 논술에서 요구되는 창의적 문제해결력과 관계된다는 것이다.14) 이들의 논의를 통해 문학과 논술을 제재적 차원에서 접목시키는 데 머물지 않아야 함과, 문학과 논술의 본질적 속성에 기반하여 둘의 접목이 이루어질 때 문학 기반 논술의 존재 의의가 커진다는 점을 발견할 수 있다. 그러므로 문학과 논술의 본질에 대한 검토를 통해 둘을 접점을 찾아 어떻게 접목시킬 것인가에 대한 논의가 필요하다. 필자는 이들의 성과를 수용하면서 문학의 본질적 속성을 원론적 차원에서 검토함으로써 문학과 논술의 접점을 찾아보기로 한다.

문학은 형상으로 이루어져 있고, 논술은 논리를 갖추고 있다. 문학의 형상성과 논술의 논리성은 문학과 논술이 이질성을 띠게 한다. 논술은 논리를 갖추어야 하는데, 문학은 논리적 틀을 갖추어 언술하기 보다는 형상을 창조하는 데 주력한다. 문학의 본질적 속성은 형상을 창조하는 것이고, 형상은 형식논리를 넘어서는 심층의 논리를 가진다.15) 역설과 같은 모순 어법이나 논리의 비약, 비유와 상징을 자주 사용하는 것도 심층의 논리를 창조하기 위함이다. 문학 비평가나 연구자는 문학의 심층적·창조적 논리를 명료하게 이해되는 형식논리 또는 일상 언어로 논리화해내려 한다. 문학의 이러한 논리를 형식논리를 넘어선 논리, 고차원

---

13) 우한용, 2008, 25~29면.
14) 남민우, 「논술 능력 신장을 위한 사고력 중심의 문학 교육」, 우한용 외, 2008, 194면.
15) 문학과 논리에 관한 간명한 글은 다음 책을 참고할 수 있다.
   김일렬, 『문학의 본질』, 새문사, 2006.

의 논리라 할 수 있다. 고차원의 논리는 형식논리에 갇힌 사고의 지평을 넓히고 대상을 새롭게 바라볼 수 있게 한다.

형상과 인식의 언어 예술인 문학은 형상성으로 인해 수용자에게 서로 다른 인식을 갖게 한다. 문학 읽기는 오독(誤讀)의 역사라는 말이 있듯이, 문학 텍스트는 수용자에게 다르게 읽힐 가능성이 어떤 텍스트보다 크다. 논술고사에서 문학 텍스트가 제시문이라면 제시문 읽기의 오류가 발생할 가능성이 크다. 제시문 읽기가 정확하지 않으면 논술이 제대로 이루어질 수 없다. 논술고사에서 좋은 점수를 얻기 위해서는 문학 텍스트의 형상성으로 인한 다양한 의미 해석 가능성과 논술의 명료성 요구 사이의 거리 좁히기가 필요하다.

이와 같은 문학과 논술의 접목 가능성은 우선 문학과 논술이 대상 세계에 대한 인식을 추구한다는 공통점에서 찾아야 할 것이다.[16] 문학은 형상을 통해 인식에 이르고, 논술은 논리를 통해 인식에 이른다. 문학과 논술은 대상에 대한 인식 과정과 방법이 다를 뿐이다. 그러므로 문학의 형상성이 갖는 애매성의 담론을 명료한 인식의 담론으로 논리화해내는 글쓰기 자체가 논술이 될 수 있다. 문학 공부에서 학생들이 문학 텍스트의 의미를 논증의 형식을 갖추어 서술해내는 비평 능력을 기르는 것 또한 중요하기 때문이다. 즉, 문학이 형상을 통해 만들어낸 고차원의 논리를 논술이 요구하는 명료한 형식논리로 논리화해내는 것 자체가 대상 세계에 대한 인식의 지평을 넓히고 새롭게 하는 논술이 된다.

이와 같이 문학과 논술의 접목이 가능하다면, 문학 기반 논술의 외연

---

16) 우한용은 소설을 예로 들어, 삶의 총체성 추구, 주인공들의 갈등과 논쟁, 발상의 전환 형상화, 다양한 가치체계의 정당성에 대한 물음 등의 측면에서 논술과 맺어질 수 있다고 하였다. 우한용, 2008, 25~29면.

과 내포를 분명히 하면서 문학 기반 논술의 활용 가능성을 점검해 볼
수 있다.

 '문학논술'17)은 문학에 관한 논술로 의미가 한정되는 인상을 주고,
'문학을 활용한 논술'18)은 문학 텍스트에 관한 논술을 배제하는 인상을
주므로 '문학 기반 논술'이란 용어를 사용한다. 문학 기반 논술은 논술
을 통해 문학에 대한 이해를 심화시키는 '논술을 통한 문학'과 문학 텍
스트를 제시문으로 삼아 어떤 문제에 대해 논술하는 '문학을 통한 논술'
을 포괄한다. 이에 따라 문학 기반 논술은 문학 텍스트를 기반으로 한
텍스트의 심층적 이해 능력과 비판적 평가 능력, 창의적 적용 능력을 기
르기 위한, 논증을 중심으로 하는 글쓰기19)로 규정할 수 있다. 논증을
중심으로 한다는 것은 논증의 과정에서 설명이나 인과적 서술이 포함될
수 있으며, 설득의 목적이 부가될 수 있기 때문이다.20)

 문학 기반 논술에서 '문학'은 텍스트의 범위에 문학을, 평가 영역에
문학 읽기 능력을 반드시 포함시키는 구실을 한다. 논술에서 제시문이
반드시 필요한 것은 아니지만, 문학 기반 논술은 문학 텍스트를 제시문
으로 요구하거나 특정 문학 텍스트를 읽었다는 것을 전제한다. 문학 기

---

17) 권종분은 장 파브·다니엘 로쉬(1995)의 *La dissertation littéraire*를 '문학논술'로
   번역했다. 장 파브의 이 저서는 문학에 관한 비평적 논술을 다루고 있다. 여기에서
   보듯, '문학논술'은 문학작품 내부의 문제에 관한 비평적 논술로 이해될 수 있는 용
   어이다. 권종분 옮김, 『문학논술』, 동문선, 2001.
18) 개념의 외연이 같지 않은 경우가 있지만, 우한용 외(2008)에서 4명은 '문학논술', 2
   명은 '문학을 통한(활용한) 논술'이란 용어를 사용하였다.
19) 서울대 입학관리본부에서 낸 「모의 논술 고사 결과 공지」(2004년 4월 21일자) 보고
   서를 수정함.
20) 임경순은 의사소통 행위의 맥락을 강조하면서 논술을 '설득적 글쓰기'로 규정하였다.
   임경순, 「문학 논술 교육 방안 연구」, 『현대문학의 연구』 32, 한국문학연구학회,
   2007, 10~11면.

반 논술에서 문학은 텍스트 읽기 행위를 통해 수용되는 요소이고, 논술은 그 수용된 문학 텍스트에 대해 또는 문학 텍스트를 활용하여 표현하는(쓰는) 행위이다. 그러므로 문학 기반 논술은 다음과 같은 이유에서 유리한 조건을 갖추고 있다.

문학은 인문, 사회, 자연 학문 영역에 속하는 모든 문제를 포괄한다. 문학이 다룰 수 없는 주제는 없다. 이 점에서는 논술도 마찬가지이다. 그러므로 인문, 사회, 자연 학문 영역에 속하는 모든 문제를 다룰 수 있는 문학 텍스트를 제시문으로 삼아 인간과 사회와 자연의 모든 문제에 대해 논술할 수 있다. 이것이 문학 기반 논술의 첫 번째 유리한 조건이다.

문학 작품은 문제 해결형 텍스트라기보다는 문제 제기형 텍스트로서의 성격이 강하다. 논술에서 창의적 문제 해결 능력과 더불어, 문제 발견 능력을 기르는 것 또한 중요하다. 스스로 문제를 발견하고 인식하는 능력이 없으면 문제 해결을 기대하기도 어렵다. 그러므로 문학 기반 논술로 문학 텍스트에서 형상을 통해 제기하는 문제를 인지하는 능력을 기를 수 있다. 나아가 작품이 제기하거나 내포한 문제를 바탕으로 이에 대한 해결책 제시형 논술과 쉽게 접목시킬 수 있다.[21] 문학 작품이 문제 해결 방안을 제시하고 있다면, 그것을 찾게 하는 글쓰기가 가능하며, 유사한 문제를 제기하면서 다른 해결 방안을 제시하는 작품과 대비거나 한 입장에서 다른 입장을 비판적으로 평가할 수 있다. 이렇게 하면 비판

---

21) 다음 논문에서 '문제—원인—해결책의 방법'으로 시 감상과 논술을 연결시키고 있어, 참고할 만하다.
김성란, 「현대시 감상을 통한 논술 능력 향상」, 『새국어교육』 76, 한국국어교육학회, 2007.

적 평가 능력과 창의적 적용 능력을 기를 수 있다. 이러한 점이 문학 논술의 두 번째 유리한 조건이다.

문학 작품에는 자아와 세계의 대립이나 갈등이 존재하는데, 그 핵심은 가치관 대립과 갈등이다. 논술 또한 가치 판단을 요구한다. 그러므로 한쪽 입장에서 다른 쪽 입장을 비판하거나 이런 사고를 기반으로 하는 찬반 논의형 논술과 쉽게 접목시킬 수 있다. 이 찬반 논의형 논술로 비판적 평가 능력을 기를 수 있다. 이것이 문학 논술의 세 번째 유리한 조건이다.

문학 작품은 분석과 이해의 대상이다. 심층적 분석과 이해 없이는 문학 작품의 의미를 파악하기 어렵다. 이러한 문학의 특성은 요약, 분석, 비교와 대조 등 이해 분석력을 요구하는 논술과 접목시킬 수 있다. 돌려 말한 것을 원래대로 되돌리고 생략한 것을 복원하는 과정에서 문학 텍스트는 사람에 따라 다르게 분석·이해될 가능성이 커서 모범 답안의 범위가 비문학 텍스트보다 넓다. 답안의 범위를 제한할 수도 있지만 열어두면 창의적 적용 능력을 강화할 수 있는 바탕이 된다. 분석적 이해 능력을 평가하는 문학 기반 논술은 문학 텍스트의 이해 능력을 기를 수 있다. 이것이 네 번째 유리한 조건이다.

이처럼 문학 기반 논술은 문학 텍스트를 기반으로 하여 분석적·심층적 이해 능력, 비판적 평가 능력, 창의적 적용 능력, 논리적 서술 능력을 모두 성취할 수 있다. 현행 대입 논술고사가 문학 작품을 비문학 텍스트와 함께 제시문으로 활용하고 있으므로 이 논의가 새삼스러운 것처럼 여겨질 수도 있다. 그러나 논술고사는 이러한 능력을 평가할 수는 있어도 기를 수는 없다.

현행 논술고사에서 문학 텍스트를 활용할 때 비문학 텍스트를 부가하여 기존의 문학 텍스트의 해석 방향을 제한함으로써 애매성을 소거·약화시키고 있다. 독자의 독서 방향선이 존재하기는 하지만, 독자는 문학 텍스트를 자신의 관점에 따라 다른 방향으로 이해할 수 있는데, 이를 부가 텍스트로 더욱 제한하는 것이다.

> 제시문 : (가) 김승옥의 <무진기행>
>   (나) 다카시다 데츠야, 『일본의 전후 책임을 묻는다』
> 논　제 : 제시문 (가)의 '나'와 제시문 (나)의 '역사수정주의자'의 차이점
>   을 설명하시오.

> 제시문 : (가) 요리후지 가츠히로, 『현명한 이기주의』
>   (나) 윤동주, <서시>
> 논　제 : 제시문 (가)의 입장에서 제시문 (나)의 화자가 보여주는 한계를
>   비판하시오.[22]

첫 번째 예시에서 (가)는 '나'가 서울로 돌아오면서 사랑을 고백하는 편지를 썼다가 찢어버리고 부끄러움을 고백하는 부분이다. 앞부분의 맥락이나 상황이 완전히 제거된 (가)를 처음 대하는 학생이라면 작품의 의미 해석에 상당한 어려움을 겪을 것이다. 여기에 (나)가 부가됨으로써 '나'와 '역사수정주의자'와의 차이점 비교가 가능해졌다. 즉, (나)에서는 침략과 식민지 지배의 책임을 부정하고 반성하지 않는 일본 '역사수정주의자'의 태도가 분명히 드러나므로, (가)의 '나'에 대해서도 과거에 대한 태도 측면에서 문제 삼아야 함을 유추할 수 있다. 그리하여 이 논제

---

22) 오해의 소지가 있으므로 기출문제나 모의문제를 출제한 대학의 실명을 밝히지 않는다. 일관성을 위해 기호를 변경한 경우도 있음을 밝혀 둔다. 이하 같다.

는 (가)의 '나'와 (나)의 '역사수정주의자'를 두고 그들이 자신의 과거에 대해 보이는 상반된 태도를 비교 분석하기를 요구하고 있다. (나)가 부가됨으로써 논제가 성립되고 모호하기만 했던 (가)를 어떤 관점에서 접근해야 할지 그 윤곽이 드러나는 것이다.

두 번째 예시 문항은 우리가 알고 있는 작품에 대해 새로운 시각으로 접근하도록 유도한다. 윤동주의 <서시>는 식민지 지식인으로 살아가는 부끄러움과 올바른 삶의 자세를 가다듬으려는 의지를 보여주는 작품이다. 그러나 위의 논제는 지나친 자책, 부끄러움, 반성이 오히려 병이나 비겁함일 수 있음을 지적하고 있는 (가)의 입장에서 (나)의 화자가 보여주는 한계를 비판하라는 제한을 두었다. 대부분의 학생이 이 관점에서 생각해 보지 않았을 가능성이 크므로, 이를 통해 문학 텍스트에 새로운 관점으로 접근하도록 유도할 수 있고, 새로운 관점에서의 접근은 문학 텍스트에 대한 이해의 폭과 깊이를 더할 수 있다.

그러나 문제가 있다. 앞의 예는 작품에 대한 배경지식 정도가 논술 능력에 크게 작용한다. (가)의 '나'가 사랑을 고백하는 편지를 쓰고 나서 찢어버리는 이유가 무엇인지, '나'가 부끄러움을 느끼는 이유가 무엇인지, 팻말에 쓰인 문구와 '나'의 부끄러움이 어떤 관계가 있는지, 심지어 '나'가 찢어버린 편지가 누구에게 보내기 위한 어떤 내용의 편지인지조차도 인용문만으로 이해하는 것은 불가능에 가깝다. 이 작품 전체를 읽었거나 배경지식으로 이 작품에 대해 알고 있는 사람이라면 이런 의문은 쉽게 풀린다. (가)는 반드시 읽어야 할 작품이고, (가)의 독서 여부가 대학에서 학생의 수학 능력과 직결된다는 전제를 받아들일 수 없는 한, 이 제시문과 논제로 구성된 논술 문항은 적절하지 않은 것으로 판단된다.

두 번째 예시의 새로운 시각이라는 것도 학생 자신의 주체적·독창적으로 설정한 시각이 아니라 출제자에 의해 강요된 것이다. 즉, 논술고사가 학생의 창의적 사고력을 평가하기 위해서는 학생 스스로 <서시>를 새로운 관점으로 논술할 수 있도록 개방해 두어야 할 것이다. 위 논제로는 학생이 <서시>의 화자에 대해 어떤 생각과 관점을 갖고 있는지 전혀 알 수 없다. 물론 출제자는 이 논제를 통해서 학생의 분석적 이해 능력을 평가하려 했을 것이고, 이것이 사고력의 중요한 부분임은 분명하다. 다만 필자가 지적하고자 하는 것은 논술고사로는 학생의 능력을 평가할 수는 있지만 기를 수는 없다는 점과 평가할 수 있는 능력 또한 제한적이라는 점이다. 이것은 논술 교육이 학교 수업 현장에서 이루어져야 논술고사에서 평가하고자 하는 능력을 온전히 기를 수 있음을 시사한다.

지금까지 논의 과정에서 문학 텍스트를 제시문으로 활용하는 현행 논술고사의 문제점을 발견하였다. 그것은 문학을 보는 다양한 관점을 배제하고 출제자가 의도하는 관점으로만 문학을 보도록 제한하는 점, 학생 스스로 관점을 설정하는 능력을 제한하는 점이다. 논제와 관점이 주어져 있고 학생은 주어진 논제와 관점에 따라 기계적으로 접근해야 한다. 이렇게 되면 문학 텍스트를 논술에 가져온 의의는 제재적 특성에 국한되고 만다. 이것은 논술고사 체제 자체의 한계로 보아야 할 것이다. 논술 능력에는 학생 스스로 문제를 제기하고, 관점을 설정하고, 문제를 해결하는 능력이 모두 포함된다. 논술고사라는 특수한 상황을 떠난 문학 수업 현장이라면, 이러한 다양한 의미 해석은 창조적 읽기로 권장되어야 할 일이다. 여기서 문학 텍스트를 활용한 논술고사의 한계가 드러나고, 문학 수업에 논술을 끌어들어야 할 이유가 분명해진다.[23]

3. 문학 기반 논술의 유형

문학 텍스트를 활용하는 현행 대입 논술고사는 문학 텍스트와 비문학 텍스트를 제시문으로 활용하여 인문, 사회, 자연 학문의 통합 학문적 문제 해결을 요구하는 문제를 출제하는 경향을 보이고 있다. 그러나 문학과 논술의 접목이 이런 방식으로만 가능한 것이 아니며, 대입 논술을 대비하는 것이 논술 교육의 전부는 아니다. 여기서는 문학과 논술의 가능한 접점을 모색해 보고자 한다.

문학논술의 유형을 문학 내부에서 이루어지는 학문형 논술, 문학과 관련된 사회·문화적 문제를 다루는 문학을 통한 논술, 문학이 다른 학문들과 더불어 어떤 통합적인 문제 해결을 위한 자료로 활용되는 문학을 포함한 통합 논술로 나눈 사례[24]가 있어 참고할 만하다. 이를 필자의 관점으로 재정리하면, 문학 기반 논술은 논술문이 문학 텍스트 내부의 문제로 수렴되는가, 문학 텍스트 외부의 문제로 확산되는가에 따라 구심형 논술과 원심형 논술로 대별할 수 있다. 그리고 구심형 논술과 원심형 논술은 각각 텍스트의 수에 따라 단수형과 복수형으로 구분할 수 있으며, 복수형은 문학 텍스트만으로 이루어지는 순수형과 문학 텍스트와 비문학 텍스트로 이루어지는 혼합형으로 다시 구분할 수 있다. 이에 따라 가능한 유형을 제시하고, 각 유형에 해당하는 예를 차례로 들어, 그 특성을 살펴보기로 한다.

---

23) 정규 수업에서 논술을 가르쳐야 한다는 주장과 근거는 다음 논문을 참고할 수 있다. 최인영, 「정규교과에서 통합논술 가르치기」, 『국어교육학연구』 29, 국어교육학회, 2007, 93~125면.
24) 임경순, 2007, 19면.

지향성＼텍스트	단수	복수	
		순수	혼합
구심적	①	②	③
원심적	④	⑤	⑥

[예시 1]

제시문 : 북소리 둥둥 울려 사람 목숨 재촉하네./ 고개 돌려 바라보니
　　　　해도 지려 하는구나.
　　　　황천에는 주막 한 곳 없다 하니,/ 오늘 밤은 어느 집에 묵고 간담?
　　　　(擊鼓催人命 回頭日欲斜 黃泉無一店 今夜宿誰家)

논　제 : 위의 시는 성삼문(成三問)이 죽기 전에 쓴 절명시(絶命詩)이다.
　　　　이 시에 나타난 삶과 죽음 그리고 죽음 이후 세계에 대한 작가
　　　　의 생각을 기술하시오.

[예시 2]

제시문 : (가) 도스토예프스키, 『죄와 벌』
　　　　(나) 이청준, 『당신들의 천국』

논　제 : 제시문 (가), (나)는 각각 다른 두 부류의 인간형이 대비되어 있
　　　　다. 두 인간형의 대비가 어떻게 이루어져 있는가를 기술하라.

[예시 3]

제시문 : (가) 마인하르트 미켈, 『성장의 종말』
　　　　(나) 최정례, <빵집이 다섯 개 있는 동네>

논　제 : (가)의 논지를 밝히고, 이것을 참고하여 제시문 (나)를 해설하
　　　　시오.

[예시 4]

제시문 : 생텍쥐페리, <어린왕자>

논　제 : 이 글에서 다루고 있는 문제가 어떠한 사회적 조건에서 비롯

된 것인가를 밝히고, 그러한 사회적 조건에 비추어 볼 때 참다
운 인간관계를 형성하는 데에 이 글에서 암시하고 있는 개인
적 차원의 노력이 어떠한 의의와 한계를 지니고 있으며, 그 한
계를 극복할 수 있는 방안이 무엇인가에 대해 자신의 견해를
논술하라.

[예시 5]

제시문 : (가) 신동엽, <그 사람에게>

　　　　 (나) 도연명, <잡시>

　　　　 (다) 김춘수, <꽃>

　　　　 (라) 김관식, <거산호(居山好)>

논　제 : 네 제시문에 드러나는 삶을 바라보는 시각을, '관계' 개념을
　　　　 중심으로 두 가지 유형으로 구분하여 대비해 보고, 그 중 한
　　　　 관점에서 다른 관점을 비판하라.

[예시 6]

제시문 : (가) '인성 시장'에 관한 설명문

　　　　 (나) '감정 노동'에 관한 설명문

　　　　 (다) 김기택, <사무원>

　　　　 (라) 통계 자료 '산업별 종사자 수의 변화'

논　제 : (라)의 [표]에 나타난 보건 및 사회복지 사업 종사자 수의 추이
　　　　 를 한국 사회의 변화와 관련하여 설명하시오. 그리고 제시문들
　　　　 을 참고하여 이들 종사자들의 사회적 삶에 관해 논하시오.

　①은 문학 및 문학 작품에 대한 비평적 논술문을 생산하는 유형이다.
[예시 1]의 논제는 성삼문의 절명시에 대한 이해를 심화시키는 구실을
한다는 점에서 이 유형에 귀속된다. 박완서의 <그 여자네 집>의 주인
공은 누구인지 논술하라는 과제가 있다면, 이 과제도 ① 유형에 속한다.

이 과제에 대한 서술이 논술문이 되기 위해서는 ‘주인공’에 대한 개념 분석과 규정이 필요하고, 이에 따라 행위와 인식의 중심 주체, 작품에서 차지하는 비중, 독자의 동일시 가능성, 주제 구현 참여도 등을 주인공 판단 근거로 삼아, 작품 및 작중 인물을 분석하여 주인공의 개념에 가장 부합하는 인물이 누구인지를 논증해낼 수 있다.[25] 박지원의 <민옹전>을 주고 작품 속에 등장하는 민옹과 ‘나’의 관계를 분석하라는 논제가 있다면, 이 논제도 ① 유형이다. 민옹과 ‘나’를 의사와 환자의 관계로 보고 심리치료의 관점으로 접근하거나,[26] 작가와 독자의 관계로 보고 문학의 본질에 관한 작품으로 분석할 수도 있고, 또 다른 관점으로 분석 가능하다. 이처럼 ① 유형은 작품 자체에 대한 이해를 심화시키는 논술 유형으로, 비교적 짧은 논술문을 생산하는 데 적합하다.

②는 복수의 문학 텍스트를 서로 관련시켜 문학 및 문학 작품에 대한 이해를 심화시키는 유형이다. [예시 2]에서 (가)는 평범한 사람과 비범한 사람, (나)는 환자와 인간을 대비시키고 있다. 각 작품에서 두 인간형이 어떤 특성이 있는가, (가)와 (나)를 견주어 어떻게 같고 다른가를 기술하는 일은 두 작품에 대한 이해를 심화시키는 구실을 한다. 다른 예로, 박지원의 <허생전>에서 허생과 이완이 만나 북벌(北伐)에 관한 담론을 나

---

25) 장 파브·다니엘 로쉬(1995)는 문학논술의 주제를 소설의 주인공 찾기, 소설 속에 표현된 특정 의견에 대해 논평하기, 평론문 속 희극과 비극의 특징에 대해 논평하기, 특정 시구를 통해 시에 대해 정의 가능성 판정하기, 시에 대한 비유적 비평 제시 후 시학적 언어에 대한 정의가 적절한지 평가하기, 자서전 속에 언급된 특정 부분에 대해 구체적 실례 들어 논평하기, 누구를 위해 작품을 쓰는가에 대한 비평문에 대한 의견 서술하기, 연극 등장 인물의 대사 중 특정 어휘의 의미 서술하기 등을 제시하고 있다. 권종분 옮김, 2001, 67~159면.

26) 이에 관해서는 이민희, 「심리치료 측면에서 본 <민옹전> 소고」(『고전문학연구』 31, 한국고전문학회, 2007)를 참고할 수 있다.

누는 부분을 제시하고 이 부분을 북벌 문제와 관련된 야담이나 구전설화를 끌어들여 대비 논술할 수 있다. 이렇게 하면 <허생전>에 대한 박지원의 탁월한 작품 형상화 능력과 그것이 빚어낸 <허생전>의 심층적 의미 층위를 읽어냄으로써 <허생전> 이해의 폭과 깊이를 더할 수 있다. 이처럼 ② 유형은 문학의 텍스트상호성을 활용한 비평적 논술이라 할 수 있다.

③은 비문학 텍스트를 활용하여 문학 텍스트의 이해를 심화시키는 비평적 논술이다. [예시 3]에서 비문학 텍스트의 논지를 바탕으로 문학 텍스트를 해설하라는 논제는 문학 텍스트의 이해를 심화시키는 데 초점을 두고 있다. 다른 예로, <민옹전>에서 우울증과 이로 인한 불면증 및 식욕 부진으로 고통 받는 '나'의 모습을 제시하고, 그 질병의 원인을 추론에 도움을 주는 박지원 또는 그에 관한 비문학 텍스트를 활용하면 ③ 유형의 논술이 된다.27) 이처럼 ③ 유형은 문학 텍스트에 비문학 텍스트를 부가하여, 비문학 텍스트의 관점이나 비문학 텍스트를 근거로 문학 텍스트에 대한 해설이나 비평을 하도록 하는 비평적 논술이다.

④는 문학 작품에 나타난 인문, 사회, 자연 학문 영역에 속하는 문제에 관한 논술로 확산되는 유형이다. [예시 4]에서 문제의 사회적 조건, 해결 방법의 의의와 한계, 극복 방안 등을 찾는 것은 사회 학문 차원에서 확산적으로 접근하는 일이 된다. 다른 예로, 서얼 신분이라는 이유로 세상에 쓰이지 못하고 불우한 삶을 살다 간 인물의 이야기인 허균의 <손곡산인전(蓀谷山人傳)>을 주고 "이 작품에 나타난 문제적 현실을 경

---

27) 질병의 원인을 작품 그 자체로 추론하면 ① 유형이 되고, 문학 텍스트를 부가 텍스트로 활용하면 ② 유형이 된다. <민옹전>과 관련하여 문학 텍스트보다는 『과정록(過庭錄)』 등 비문학 텍스트 자료가 더 풍부하다.

영학의 관점에서 진단하고 처방하는 글을 쓰라."거나, 조지 오웰의 <동물농장>을 주고 "인간 사회에서 일어날 수 있는 어떤 문제들이 이 글에 암시돼 있는지 글의 내용에 근거해 밝히고, 복서의 죽음에 대해 자신의 견해를 논하라"는 논제도 이 유형에 속한다. 논제는 문학 작품의 의미망과 다양한 층위로 맺어질 수 있으므로, 논제와 문학 작품의 긴밀성에 다양한 스펙트럼이 존재할 수 있다.

⑤는 텍스트상호성이 있는 복수의 문학 텍스트를 서로 관련시켜 인문, 사회, 자연 학문 영역에서 다루는 문제를 논술하는 유형이다. [예시 5]에서 '삶을 바라보는 시각'과 '관계'는 네 작품을 특정한 관점으로 묶는 구실을 한다. 이렇게 함으로써 다양한 관점으로 개별 작품을 분석하고 이해할 수 있는 가능성을 극히 제한한다. 다른 예로, 박지원의 <일야구도하기>와 이와 텍스트상호성이 있는 우화를 주고 <일야구도하기>에 드러나 있는 사물의 인식 방법에 대하여 자신의 견해를 밝히고, 이에 근거하여 우화의 내용을 논하라는 논제나, (가) 황현의 <절명시>, (나) 김승옥의 <무진기행>, (다) 프로스트의 <가지 않은 길>을 주고 (가)와 (나) 중 한 상황에서 (다)와 같은 선택을 해야 한다고 할 때 그 선택은 어떤 것인지 구체적으로 밝히고, 그렇게 선택한 이유를 논술하라는 논제도 여기에 해당한다. 이 유형의 논제는 동일 작가의 다른 작품이나 동서고금의 유사한 작품을 서로 관련시켜 만들 수 있다.

⑥은 문학 텍스트에 비문학 텍스트를 추가하여 인문, 사회, 자연 학문에서 다루는 문제를 논술하는 유형이다. [예시 6]의 논제는 일차적으로 통계 자료에 대한 정확한 해석 능력을 요구한다. 그리고 나서 문학 텍스트와 설명 텍스트에 나타난 산업별 종사자들의 삶을 이것과 관련시켜 논하도록 하고 있다. 이 논제에서 문학 텍스트는 다른 두 설명 텍스트와

함께 통계 자료를 이해하는 근거 자료로서의 구실을 한다. (라)의 해석에 (가), (나), (다)가 대등한 자격으로 참여하므로 문학 텍스트의 위상은 현저히 줄어든다. 이 논제는 제시문을 연관 지어 창조적으로 문제를 해결하는 능력을 평가할 수 있다. 이처럼 ⑥은 문학 작품을 비롯한 여러 학문 분야의 텍스트를 활용하여 통합 학문적인 문제 해결 능력을 이끌어내기에 적합한 논술 유형이다. 창조력은 개별 학문 영역에 갇히지 않고 학문 간의 경계를 넘어 통합적으로 사고할 때 발현될 수 있다. 현재 대학들이 지향하는 통합 교과형 논술은 문학 텍스트가 선택 사항이라는 점이 다르지만, 이 유형과 가장 가깝다.

이상에서 개별 검토한 유형을 대비하면서 특징을 드러내기로 한다.

①, ②, ③은 문학 및 문학 작품에 대한 이해를 심화시키는 방향으로 수렴되는 특성이 있다. 이를 구심형 논술이라 명명한다. 구심형 논술은 논증의 구조를 갖춘 비평문 쓰기에 가깝다.[28] 문학 기반 논술의 개념을 문학 텍스트를 통한 논술로 제한할 수 없는 이유가 ①, ②, ③ 유형이 논술의 한 축을 이루기 때문이다.[29]

④, ⑤, ⑥은 문학 텍스트가 담지하고 있는 인문, 사회, 자연 학문에서 다루는 문제에 대한 이해를 심화시키는 방향으로 확산되는 특성이 있다. 이를 원심형 논술이라 명명한다. 원심형 논술은 궁극적으로 문학 외부 세계를 지향하지만, 문학 텍스트에 대한 이해를 바탕으로 한다. 즉 ④, ⑤, ⑥은 각각 ①, ②, ③ 유형을 부분적으로 내포하는 경우가 많다.

---

28) 논술 교육의 문제점을 비평 교육의 부재에서 찾고 있는 다음 논문을 주목할 만하다. 김수이, 「논술교육 토대로서 비평교육의 필요성과 방안」, 『국어교육』 125, 한국어교육학회, 2008.

29) 문학 기반 논술에서는 "문학과 더불어 논술로 가기"(우한용, 2008 : 38)뿐만 아니라 '논술과 더불어 문학으로 오기'도 필요하다.

예컨대, 『장자』 중 혜자와 장자의 대화 부분과 박지원의 <예덕선생전>을 주고 두 제시문에 공통적으로 나타나는 삶의 태도 또는 사유 방식을 추출하고(ⓐ), 그것이 인류의 역사와 문화의 발전에 어떠한 기여를 했는지 구체적인 사례를 들어 논술하라(ⓑ)는 논제를 줄 수 있다. 여기서 ⓐ는 구심형 논술에 해당하지만, 이 논제의 무게중심과 궁극적 지향점은 원심형 논술인 ⓑ에 있다. 원심형 논술은 통합 교과형 논술이 요구하는 교과 간의 영역 전이성[30]을 핵심 요소로 하는 창의적 적용 능력을 요구하는 경우가 많다.

①, ④는 문학 작품만을 텍스트로 삼는다는 점에서 ②, ⑤와 같고 ⑤, ⑥과 다르다. ①, ④는 문학 작품 자체의 대립적 성격을, ②, ⑤는 텍스트상호성을 활용하여 논제를 구성할 수 있다. ②, ⑤는 복수 텍스트를 사용한다는 점에서 ③, ⑥과 같고 ①, ④와 다르다. 단일 텍스트를 사용하는 것보다 복수 텍스트를 사용하는 것이 통합적 사고를 하게 하는 데 유리하지만, 텍스트의 수가 많아질수록 텍스트 해석의 개방성은 줄어든다. ④, ⑥은 문학과 비문학 혼합 텍스트를 사용한다는 점에서 ②, ⑤와 다르다. ②, ⑤는 문학 텍스트들의 다양한 해석 가능성을 문학 텍스트들끼리 서로 제한하는 반면, ③, ⑥은 문학 텍스트의 다양한 의미 해석 가능성을 비문학 텍스트가 제한하거나 규정하여 쟁점화하는 방식이다. ③의 경우, 문학 텍스트를 근거로 비문학 텍스트를 판단하게 하면 개방성이 상대적으로 커진다.[31] ⑥은 비문학 텍스트를 활용하여 문학 작품의

---

30) 김영정은 통합교과형 논술의 특징으로 암기 중심에서 사고력 중심, 결과 중심에서 과정 중심, 교과 간 소통 교육 중심(영역 전이성 강조), 주입식 교육에서 자기주도적 교육을 들고 있다. 김영정, 「통합교과형 논술의 특징」, 『철학과 현실』 69, 철학문화연구소, 2006.

31) 예를 들어 (가) R. 퍼시그, 『선을 찾는 늑대』, (나) 임옥희, 「경계 위반으로서 떠도는

내적 상황에서 벗어나 현대 사회의 문제와 연결시켜 창의적으로 적용하게 한다.

4. 문학 기반 논술의 교육 방법

앞 장의 유형 논의는 논술이 정규 교과 과정에 포함되지 않는다는 현실적 맥락을 고려하지 않고 이루어졌다. 통합 교과형 논술은 학생 선발의 일환으로 시행되는 태생적 한계 때문에 문학 텍스트의 다양한 해석 가능성을 원천적으로 제한하는 문제점이 있었다. 문학교육의 입장에서 본다면 이것은 결코 바람직하지 않은 일이다. 이 장에서는 논술이 정규 교과에 포함되지 않는다는 점을 감안하면서 앞 장의 유형 논의 성과를 토대로 수업형 문학 기반 논술 교육의 가능한 방법을 찾아보기로 한다.

문학 수업 현장에서 문학 텍스트를 다루면서 다양한 해석 가능성을 열어두고 학습한 후 특정 관점으로 제한하는 방법으로 논술이 가능하다. 그러기 위해서 문학 제재 수업의 큰 틀을 '읽기−토론하기−글쓰기'의 과정으로 전개함으로써 문학 수업이 글쓰기로 귀착되도록 한다.[32] '읽기' 과정을 통해 특정 문학 작품에 대한 독서 체험을 공유하고, 이에 대한 다양한 반응을 '토론하기'를 통해 이끌어낼 수 있다. 이를 모태로 '글쓰기'로 연결시켜 논술로 이어지도록 하자는 것이다.[33] 이렇게 하면

여성의 몸」, (다) 이원, '사이보그3−정비용 데이터 B'를 제시문으로 하여 (가)의 입장에서 (다)를 근거로 (나)를 비판하라는 논제는 (가)와 (나)가 바뀐 논제보다 개방성이 강하다.
32) 이것은 문학 작품을 매개로 한 읽기와 쓰기, 말하기와 듣기의 통합 교육이 가능한 방식이다.

수업형 문학 기반 논술은 문학을 문학답게 학습하는 활동 그 자체이거나, 문학을 문학답게 학습하는 활동을 심화·발전시키며 마무리하는 형태를 띠게 된다. 문학 기반 논술에서 구심형 논술이 그 토대가 되는 이유는 이 때문이다. 논술을 배제한 문학 수업은 논술고사가 평가하고자 하는 능력을 배양하기 어렵고, 논술고사는 구심형 논술을 통한 심도 있는 문학 작품 이해를 성취하기 어렵다. 그러므로 수업형 문학 기반 논술에서 구심형 논술과 원심형 논술을 포괄하자는 것이다.

수업형 문학 기반 논술을 위한 몇 가지 전제가 필요하다. 첫째, ① 유형 논술에서 출발한다. 이렇게 함으로써 문학 수업을 문학 수업답게 할 수도 있고, 문학 제재 수업의 성취를 심화시킬 수도 있다. 둘째, 구심형 논술에서 원심형 논술로 나아간다. 원심형 논술은 문학 작품에 대한 이해를 기반으로 하기 때문에 구심형 논술을 선행 논술로 삼을 수 있다. 논술을 통한 문학 이해를 충실히 한 뒤, 문학을 통한(활용한) 논술로 접근하는 것이 바람직하다. 셋째, 단수 텍스트 활용에서 복수 텍스트 활용으로, 문학 텍스트 활용에서 비문학 텍스트 활용으로 나아간다. 이렇게 함으로써 개방성이 큰 논술에서 시작하여 점차 개방성을 줄여나가는 방법이 바람직하다.

이와 같은 전제에 따라 논술 유형을 다시 살펴보면, ①과 ④는 문학 제재 수업 마지막 단계에서 활용할 수 있다. ②와 ⑤는 교과서에 수록된 작품을 학습한 후, 이 작품과 텍스트상호성이 있는 문학 작품을 가져

---

33) 찬반 토론과 논증적 글쓰기를 결합한 실제 수업 사례에 대한 보고 논문이 있어 참고가 된다.
박승억, 「논증적 글쓰기를 위한 토론 수업」, 『철학과 현실』 76, 철학문화연구소, 2008.

와 대비적 관점에서 다룰 수 있다. ③과 ⑥은 교과서로 학습한 문학 작품에 비문학 텍스트를 추가하여 문학 작품의 이해를 심화시키거나 서로 관련시켜 대비하는 방법으로 논술할 수 있다. 대체로 구심형 논술 중 ①, ②와 원심형 논술 중 ④는 문학 제재 수업의 단위 수업 범위 안에서 이루어질 수 있다. 구심형 논술 중 ③과 원심형 논술 중 ⑤, ⑥은 단위 수업의 한 부분으로 이루어지기 어렵고, 문학 수업 한두 차시를 확보하는 등, 논술을 위한 시간을 확보해야 충분한 효과를 얻을 수 있다.

문학 기반 논술에서 ①~⑥ 유형은 각각 단독 논제를 구성할 수 있고, 몇 유형을 묶어 단계화해서 논제를 구성할 수도 있다. 위의 전제에 따라 논제 구성 방법을 그림으로 간략히 구현하면 다음과 같다. 중간 단계는 생략될 수 있으므로 총 16가지 논제 구성 방식이 나올 수 있다.[34]

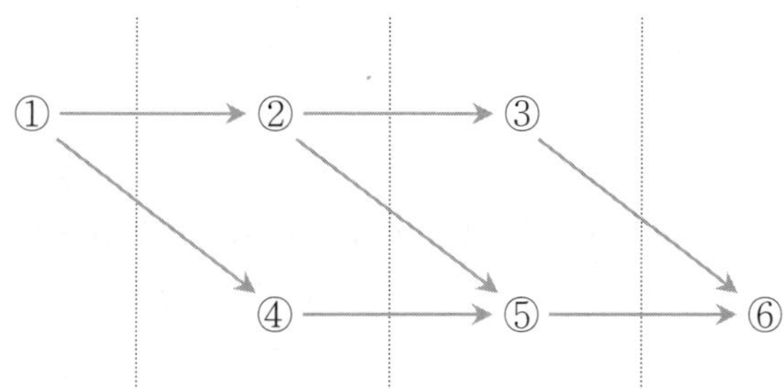

수업형 문학 기반 논술은 문학 수업의 일환으로 이루어지므로 ① 유

---

34) 한 단계로 구성된 ①, 두 단계로 구성된 ①②/①③/①④/①⑤/①⑥, 세 단계로 구성된 ①②③/①②⑤/①②⑥/①③⑥/①④⑤/①④⑥/①⑤⑥, 네 단계로 구성된 ①②③⑥/①②⑤⑥/①④⑤⑥이 그것이다. 한편, ①④② 등은 구심형 → 원심형 → 구심형으로 논제가 구성되어, 논술을 통한 문학에서 문학을 통한 논술로 전개한다는 전제에 위배된다.

형에서 출발해야 한다. 몇 유형을 묶어서 논제를 구성하는 것은 사고의 과정을 단계화하는 데 유리하다. 텍스트들의 상호 관계는 다양하게 설정할 수 있지만, 초기 단계일수록 문학 제재 수업에 활용한 텍스트의 위상이 높고, 뒷 단계로 가면서 점차 낮아지게 하는 것이 자연스럽다. 아울러 구심형 논술은 교과서 수록 작품의 본질에 접근하는 논제로 설정하는 것이 바람직하다.

그러면 문학 수업 상황을 가정하고 논제 구성 방법의 가능성을 검증해 보기로 한다. 문학 수업 시간에 이근삼의 <국물 있사옵니다>를 배웠다고 가정하면 다음과 같은 논제를 구성할 수 있다.

제시문 : (가) 이근삼, <국물 있사옵니다>
　　　　 (나) 이문열, <우리들의 일그러진 영웅>
　　　　 (다) 내부 고발 문제에 관한 신문기사
논　제 : 1. (가)의 상범과 상출의 삶의 태도를 비교하여 서술하라.
　　　　 2. (가)의 상범과 (나)의 병태의 내부 고발 행위의 차이점을 비
　　　　　　 교 평가하라.
　　　　 3. (가)와 (나)를 바탕으로 (다)를 참고하여 우리나라에서 내부
　　　　　　 고발 행위가 특히 어려운 이유를 논술하라.

'논제 1'은 문학 시간에 학습한 작품에 대한 이해를 심화시키기 위한 ① 유형의 논술이다. '논제 2'는 이 작품과 텍스트상호성이 있는 작품을 추가하여 비교 서술하게 한 ② 유형의 논술이다. 이렇게 하면 내부 고발의 상황, 동기나 원인, 결과 등의 측면에서 대비할 수 있다. '논제 3'은 여기에 비문학 텍스트를 추가하여 내부 고발 행위에 대한 인식을 사회 문화적 맥락에서 논술하게 하는 ⑥ 유형의 논술이다. 물론 (다)를 추가

하지 않고 (가)와 (나)만으로 이 문제에 관해 논술하게 하면 ⑤ 유형이 되고, (다)를 추가하여 (가)와 (나)에 대한 이해를 물으면 ③ 유형이 된다. (가)만으로 내부 고발 문제를 물어도 되지만, 다른 문학 텍스트를 추가하여 묻는 것이 비교 분석적 사고력과 비판적 평가 능력을 기르는 데 적합하다. 논술 주체의 공감적 읽기를 위해 논제 3 대신 (가), (나)를 제시문으로 삼아 "내가 상범과 병태의 상황에 처해 있다면 어떻게 행동할지 그 이유를 들어 논술하라"는 논제를 설정할 수 있다. 이것은 ⑤ 유형이 된다. 그리하여 ①②③, ①②⑤, ①②⑥으로 이루어진 문학 기반 논술 문항을 구성이 가능하며, 이 중에 어느 하나를 선택하여 학생들에게 제시할 수 있다. 논제의 단계화는 수업형 문학 기반 논술의 필연적 선택일 뿐만 아니라, 사고의 과정을 단계화함으로써 학생의 사고 과정이 적절하게 이루어졌는지 검증할 수 있어서 통글 쓰기의 맹점을 극복할 수 있다.

현행 통합 교과형 논술은 정상적인 학교 교육을 받은 학생이 대부분 쓸 수 없을 정도로 지나치게 어렵다.35) 일반적으로 논술이 어려운 이유는 텍스트 자체가 어렵거나, 높은 차원의 배경지식을 요구하거나, 텍스트끼리 연관 짓기가 어렵기 때문이다. 이 세 가지 모두에 난이도가 높으면 가장 어려운 논술이다. 수업형 문학 기반 논술의 경우 텍스트 자체의 난이도는 교육과정에 따라 편찬된 교과서 학생의 수준에 맞는 문학 텍스트가 선정되어 있다고 인정한다면 문제가 되지 않는다. 이와 텍스트 상호성이 있는 문학 텍스트는 학생에게 친숙한 작품이거나 교과서 수록

---

35) 최인자(2008 : 94)에서 "생활 맥락이나 삶의 경험과 유리되어 있기 때문에 의미 구성, 혹은 사고력보다는 배경지식의 유무가 결정적인 영향력을 행사할 수 있다."고 지적하고 있다.

작품 이하의 난이도를 가진 것이 바람직하다. 비문학 텍스트의 경우 일부 대학의 논술고사처럼 고등학교 교과서 자료를 활용하거나, 이와 비슷한 수준의 지문이나 도표 등의 자료를 활용하는 것이 적절한 방향이다. 문제는 높은 차원의 배경지식을 요구하는 논술, 특히 제시문의 범위를 벗어나는 작품 이해를 요구하는 논술이다. 그러므로 바람직한 논술의 방향은 쉬운 텍스트를 활용하여 높은 차원의 배경지식을 요구하지 않으면서 텍스트상호 연관 짓기로 난이도를 조절하는 것이 바람직하다. 문학 기반 논술도 이런 맥락에서 벗어나지 않아야 한다. 인문, 사회, 자연 학문과 관련된 여러 텍스트를 제시하여 비교, 대조하면서 연관 짓고 문제를 발견하고 창의적으로 해결할 수 있는 능력을 기르게 하는 것이 최선의 길이다. 이렇게 하면 수업형 문학 기반 논술로 평가가 교육을 바꾸고 있는 현실을 극복하고 교육이 평가를 바꾸는 이상을 현실로 만드는 데 이바지할 수 있을 것이다.

5. 문학 기반 논술의 가능성

2007년 개정 교육과정에 따른 교과서에 논술 관련 활동이 반영되어 있다. 논술은 정규 교과 과정이 아니다. 모든 정규 교과에서 논술형 수업이 이루어지는 것이 이상적이다. 그러나 고등학교 작문 시간마저 대입 수학능력시험의 언어영역을 대비한 수업을 하는 것이 현실이다. 이런 맥락에서 대학은 본고사를 주장한다. 대학의 본고사 주장을 변별력 확보 차원으로 보는 것은 피상적이다. 문제의 핵심은 중등교육이 창의력 있는 학생을 기르지 못하고 있다고 대학이 판단하기 때문이다. 그렇다고 고등학교 교육과정 이상의 배경지식과 학습 능력을 요구하는 대학별 본고사가 중등교육을 정상화할 수 있는가도 의문이다. 대학별 본고사가 창의력이 있는 학생을 선발하기 한 것이라면 논술이 그 대안이 될 수 있다.

모든 교과에서 논술형 수업이 가능하고 이를 중등학교에서 평가할 수 있다면 대학은 본고사 주장의 명분을 잃게 될 것이다. 모든 교과의 모든 교사가 논술형 수업을 하고 학생을 평가하며, 대학이 고등학교의 평가를 그대로 인정할 때 공교육의 정상화가 가능하다. 여기에 문학 기반 논술이 기여할 수 있다는 판단 아래, 이 논문에서 논술을 문학 수업으로 끌어들이는 방법에 대해 논의하였다.

문학과 논술은 대상 세계에 대한 인식을 넓히고 새롭게 한다는 데서 접점을 찾을 수 있었다. 나아가 문학이 다루는 대상의 무제한성, 문학의 문제 제기형 텍스트로서의 특성, 문학의 대립적 성격, 문학의 형상성 등에서 문학과 논술의 접목이 유리한 조건을 갖추고 있음을 발견하였다. 문학 기반 논술의 유형으로는 논제의 지향성을 기준으로 구심형과 원심형, 제시문의 수를 기준으로 단수형과 복수형, 복수형의 경우 제시문의 성격에 따라 순수형과 혼합형으로 구분하여 모두 여섯 가지를 추출하였다. 문학 수업 현장에서 이 여섯 유형을 활용하여 논제를 구성하기 위해, ① 유형에서 출발한다, 구심형 논술에서 원심형 논술로 나아간다, 단수 텍스트 활용에서 복수 텍스트 활용으로, 문학 텍스트 활용에서 비문학 텍스트 활용으로 나아간다는 전제를 설정하여, 이들 유형 단독 또는 결합으로 16가지 논제 구성 방식이 가능함을 발견하였다.

참고문헌

자료 및 저서

2007년 개정 교육과정에 따른 중학교 1학년『국어』및『생활국어』23종(2009년 전
　　　시본).

강만길 외,『한국사8 — 중세사회의 발전』, 한길사, 1994㉠.

강만길 외,『한국사9 — 중세사회의 해체1』, 한길사, 1994㉡.

강한영,『신재효판소리사설집(전)』, 교문사, 1984.

고영근,『텍스트 이론』, 아르케, 1999.

고영근 외,『한국텍스트 과학의 제과제』, 역락, 2002.

과정록,『한국한문학연구』6~7, 한국한문학회, 1982~1984.

교육과학기술부,『중학교 교육과정 해설Ⅱ』, 미래앤 컬쳐그룹, 2008.

교육부,『고등학교 교육과정(Ⅰ)』, 대한교과서주식회사, 1992.

교육부,『중학교 국어 2-2』, 대한교과서주식회사, 1996.

교육부,『고등학교 교육과정(Ⅰ)』, 대한교과서주식회사, 1998.

교육부,『중학교 교육과정』, 대한교과서주식회사, 1998.

교육부,『초등학교 교육과정 해설(Ⅲ)』, 대한교과서주식회사, 1998.

교육부,『초등학교 국어 쓰기 2-2』, 대한교과서주식회사, 2000.

교육부,『고등학교 교육과정 해설(Ⅱ) 국어』, 대한교과서주식회사, 2001.

교육인적자원부,『고등학교 국어(상)』, 서울대학교국어교육연구소, 2002.

교육인적자원부,『중학교 3-1 국어・생활국어 교사용 지도서』, 교학사, 2003.

교육인적자원부,『국어과 교육과정』, 세원문화사, 2007.

구인환 외,『문학교육론』, 삼지원, 1988.

구인환 외,『문학교수학습방법론』, 삼지원, 1998.

권종분 옮김,『문학논술』, 동문선, 2001.

김경미,『소설의 매혹』, 월인, 2003.

김기창,『한국 구비문학 교육사』, 집문당, 1992.

김대행 역주,『시조Ⅰ』, 고려대 민족문화연구소, 1993.

김대행 외,『문학교육원론』, 서울대학교출판부, 2000.

김대행, 『문학교육 틀짜기』, 역락(개정판), 2006.
김도남, 『상호텍스트성과 텍스트 이해 교육』, 박이정, 2003.
김명호, 『박지원 문학 연구』, 성균관대 출판부, 2001.
김미영 외, 『문학 교과서 속에 숨어있는 논술』, 살림, 2006.
김상욱, 『소설교육의 방법 연구』, 서울대학교출판부, 1996.
김성배 외, 『주해 가사문학전집』, 집문당, 1980.
김영동, 『박지원소설연구』, 태학사, 1988.
김용옥, 『새츈향뎐』, 통나무, 1989.
김일렬, 『고전소설신론(개정판)』, 새문사, 2001.
김일렬, 『문학의 본질』, 새문사, 2006.
김중신, 『문학교육의 이해』, 태학사, 1997.
김진영 외 편저, 『토끼전 전집』 2, 박이정, 1998.
김진우, 『언어』, 탑출판사, 1985.
김혈조, 『열하일기(상)(중)(하)』, 돌베개, 2009.
노명완·이차숙, 『문식성 연구』, 박이정, 2002.
민족문학연구회 편, 『문학교육의 방법』, 한길사, 1991.
박기석, 『박지원문학연구』, 삼지원, 1984.
박을수 역주, 『시조Ⅱ』, 고려대 민족문화연구소, 1995.
박인기, 『문학 교육과정의 구조와 이론』, 서울대출판부, 1996.
박종채, 박희병 역, 『나의 아버지 박지원』, 돌베개, 1998.
신명균·김태준 교열, 『조선문학전집』 6, 중앙인서관, 1937.
『연암집』(박영철본), 경인문화사, 1989.
열상고전연구회 편, 『한국의 서발』, 바른글방, 1992.
우한용 외, 『소설교육론』, 평민사, 1993.
우한용 외, 『문학교육과정론』, 삼지원, 1997.
우한용 외, 『문학과 논술, 어떻게 할 것인가』, 푸른사상, 2008.
우한용 외, 『실용과 실천의 문학교육』, 새문사, 2009.
우한용, 『문학교육과 문화론』, 서울대학교출판부, 1997.
유창균, 『훈민정음』, 형설출판사, 1988.
이가원, 『연암소설연구』, 을유문화사, 1965.
이대규, 『문학교육과 수용론』, 이회문화사, 1998.
이문규, 『허균산문문학연구』, 삼지원, 1986.
이석규 외, 『텍스트언어학의 이론과 실제』, 박이정, 2001.

이성만 역, 『텍스트언어학의 이해』, 역락, 2004.
이윤석, 『홍길동전 연구』, 계명대학교출판부, 1997.
이은희, 『텍스트언어학과 국어교육』, 서울대출판부, 2000.
전형대, 『한국고전비평연구』, 책세상, 1987.
정　민, 『한시 미학 산책』, 솔, 1996.
정시호 역, 『텍스트학』, 아르케, 1980.
조규익, 『조선조 시문집 서발의 연구』, 숭실대 출판부, 1988.
조동일, 『한국문학사상사시론』, 지식산업사, 1978.
조동일, 『문학연구방법』, 지식산업사, 1980.
조동일, 『공동문어문학과 민족어문학』, 지식산업사, 1999.
조동일, 『소설의 사회사 비교론』, 지식산업사, 2001.
조동일, 『지방문학사』, 서울대학교출판, 2003.
조동일, 『한국문학통사(제4판)』, 지식산업사, 2005.
조동일, 『세계·지방화 시대의 한국학 4』, 계명대출판부, 2006.
조동일, 『세계·지방화 시대의 한국학 5』, 계명대출판부, 2007.
차용주 편, 『연암연구』, 계명대 출판부, 1984.
최인훈 외, 『내가 훔친 소설』, 갑인출판사, 1991.
최철·안대회 공역, 『역주 균여전』, 새문사, 1986.
판소리학회 감수, 『판소리 다섯마당』, 한국브리태니커회사, 1982.
한국문학교육학회, 『문학교육의 새로운 구도와 실천』, 태학사, 2000.
한국텍스트언어학회, 『텍스트언어학의 이해』, 박이정, 2004.
한귀은, 『연행을 통한 문학교육』, 박이정, 2001.
홍인표, 『서포만필』, 일지사, 1987.
Halliday & Hasan, *Language, context, and text : aspect of language in a social-semiotic
　　　perspective*, Oxford University Press, 1989.

논문

강현모, 「민옹전 연구」, 『한국학논집』 15, 한양대 한국학연구소, 1989.
강현수, 「고등학교 고전문학 교육의 지도 연구」, 연세대학교 교육대학원 석사학위논
　　　문, 1996.
고미숙, 「조선후기 민족어문학론의 전개양상」, 『18세기에서 19세기초 한국시가사의
　　　구도』, 소명출판, 1998.
구현정, 「유머 담화의 구조와 생성 기제」, 『한글』 248, 한글학회, 2000.

김경주, 「국어교육의 입장에서 본 통합 논술 교육의 의의」, 『국어교육학연구』 31, 국어교육학회, 2008.

김대행, 「손가락과 달 : 시조 형식을 통해 본 문학교육의 지표론」, 『선청어문』 23, 서울대학교 국어교육과, 1995.

김대행, 「조선후기 악부의 시가관」, 『한국문화』 12, 서울대 한국문화연구소, 1991.

김동환, 「대학별 논술고사의 정체성과 방향성」, 『국어교육학 연구』 29, 국어교육학회, 2007.

김만수, 「대학수학능력시험이 문학교육에 미치는 영향」, 윤영천 외, 『문학의 교육, 문학을 통한 교육』, 지식산업사, 2009.

김봉순, 「국어교육을 위한 텍스트언어학」, 『국어교육학연구』 제12집, 국어교육학회, 2001㉠.

김봉순, 「구성주의적 읽기교육의 텍스트언어학적 기반」, 『텍스트언어학』 제11집, 한국텍스트언어학회, 2001㉡.

김상욱, 「2007 개정 국어과 교육과정 속 문학 영역의 비판적 검토」, 『국어교육』 128, 한국국어교육학회, 2009.

김선기, 「최행귀의 향가론 고찰」, 『한국언어문학』 38, 한국언어문학회, 1997.

김선기, 「서포 김만중의 우리말 시가 옹호론」, 『한국언어문학』 43, 한국언어문학회, 1999.

김성규, 「서포의 국문문학 예찬론의 성격」, 『수선논집』 11, 성균관대, 1986.

김성란, 「현대시 감상을 통한 논술 능력 향상」, 『새국어교육』 76, 한국국어교육학회, 2007.

김성진, 「문학 논술의 현실태와 가능태」, 『문학과 논술, 어떻게 할 것인가』, 푸른사상, 2008.

김수이, 「논술교육 토대로서 비평교육의 필요성과 방안」, 『국어교육』 125, 한국어교육학회, 2008.

김영정, 「통합교과형 논술의 특징」, 『철학과 현실』 69, 철학문화연구소, 2006.

김일렬, 「홍길동전의 구조와 의미」, 『국어국문학』 99, 국어국문학회, 1998.

김일영, 「현대 문학에서의 '허생 이야기' 변용 양상 연구」, 경북대학교 박사학위논문, 1992.

김재봉, 「2007 개정 국어과 교육과정과 맥락의 수용 문제」, 『새국어교육』 77, 한국국어교육학회, 2007.

김정우, 「2007년 개정 국어과 교육과정의 개정 방향과 특징」, 『한말연구』 20, 한말연구학회, 2007.

김정자, 「텍스트언어학과 작문교육」, 『텍스트언어학』 17, 한국텍스트언어학회, 2004.
김종철, 「춘향가」 교육의 시각(Ⅰ)」, 『고전문학과 교육』 1, 청관고전문학회, 1999.
김종철, 「소설의 이본 파생과 창작 교육의 한 방향」, 『고소설 연구』 7, 고소설학회, 1999.
김주한, 「'진안'논쟁과 인문정신」, 『영남어문학』 28, 영남어문학회, 1995.
김진곤, 「고전소설 교육의 개선 방안 연구」, 연세대학교 교육대학원 석사학위논문, 1999.
김진권, 「상호텍스트성」, 『텍스트언어학』 4, 한국텍스트언어학회, 1997.
김학성, 「<황조가>의 작품 성격」, 『한국고전시가작품론1』, 집문당, 2002.
김현주, 「'일상경험담'과 '민담'의 구술성 연구」, 『구비문학연구』 4, 한국구비문학회, 1997.
김혜영, 「문학 독서와 논술」, 『문학과 논술, 어떻게 할 것인가』, 푸른사상, 2008.
김흥규, 「조선후기와 애국계몽기 비평의 인정물태론」, 『한국문학연구』 13, 동국대 한국문학연구소, 1990.
김흥규, 「고전문학 이해의 역사적 원근법」, 『대학의 문학교육』, 지식산업사, 1993.
남민우, 「논술 능력 신장을 위한 사고력 중심의 문학교육」, 『문학과 논술, 어떻게 할 것인가』, 푸른사상, 2008.
두옥신, 「동화의 교재수용 양상 연구」, 연세대학교 교육대학원 석사학위논문, 1999.
두창구, 「민옹전 구성고」, 『세종어문학』 3, 세종대 국어국문학회, 1987.
류덕제, 「문학 교육의 방법」, 한국초등국어교육학회, 『문학수업방법』, 박이정, 2000.
류덕제, 「<국어과 국민 공통 교육 과정 개정안>에 대한 비판적 검토」, 『국어교육연구』 40, 국어교육학회, 2007.
류수열, 「춘향가를 가르치는 몇 가지 풍경」, 『판소리와 매체언어의 국어교과학』, 역락, 2001.
류수열, 「문학을 활용한 논술 문항 구성 전략」, 『국어문학』 43, 국어문학회, 2007.
문영오, 「연암소설에서의 한의 굴절 양상(2)-<민옹전>과 <우상전>을 중심으로」, 『한국문화연구』 2, 한국문화연구소, 1985.
박기석, 「민옹전 연구」, 『고전문학과 교육』 6, 한국고전문학교육학회, 2003.
박승억, 「논증적 글쓰기를 위한 토론 수업」, 『철학과 현실』 76, 철학문화연구소, 2008.
박여성, 「간텍스트성의 문제」, 『텍스트언어학』 3, 한국텍스트언어학회, 1996.
박영목, 「쓰기 교육과 읽기 교육에 대한 텍스트언어학적 연구의 동향」, 『텍스트언어학』 10, 한국텍스트언어학회, 2001.

박영주, 「고전문학 교육의 현실과 방향 정립」, 『국어교육』 90, 한국국어교육연구학
　　회, 1995.
박윤우, 「인지적 과업으로서 '문학논술'과 비평 교육의 지평」, 『문학교육학』 24, 문
　　학교육학회, 2007.
박을수, 『시조Ⅱ』, 고려대학교 민족문화연구소, 1995.
박정하, 「통합 교과형 논술과 논술 교육의 방향」, 『국어교육학연구』 29, 국어교육학
　　회, 2007.
박종훈, 「지식 중심의 국어교육 내용 범주 설정 시론」, 『국어교육』 117, 국어교육학
　　회, 2005.
박혜숙, 「<서경별곡> 연구의 쟁점」, 『한국고전시가작품론1』, 집문당, 2002.
서　혁, 「국어교육적 관점에서의 텍스트분석」, 『텍스트언어학』 5, 한국텍스트언어학
　　회, 1998.
서유경, 「고전문학 연구의 새로운 방향」, 『국어교육연구』 123, 한국어교육학회, 2007.
서유경, 「고전문학교육의 실행 현황과 향후 과제」, 『국어교육연구』 43, 국어교육학
　　회, 2008.
서인석, 「고전산문 연구와 국어교육」, 『고전소설 연구의 방향과 과제』, 월인, 2005.
서종문, 「홍길동전에 나타난 현실인식」, 김동욱 해설, 『허균의 문학과 혁신사상』, 새
　　문사, 1981.
서종문, 「고전문학 교육의 과제와 전망」, 『국어교육연구』 33, 국어교육학회, 2001.
선주원, 「사회·문화 맥락을 반영한 문학 교육 지향」, 『문학교육학』 22, 문학교육학
　　회, 2007.
송성욱, 「고등학교 교과서 구성과 고전소설 교육의 문제점」, 『고전소설 연구의 방향
　　과 과제』, 월인, 2005.
심경호, 「한국 고전문학 교육의 현황과 과제」, 『문학교육학』 6, 한국문학교육학회,
　　2000.
안대회, 「17세기 비평사의 시각에서 본 김만중의 복고주의 문학론」, 『민족문학사연
　　구』 20, 민족문학사연구회, 2002.
안대회, 「조선후기 가요론」, 『문헌과 해석』 17, 문헌과해석사, 2001.
안대회, 「한국문학에서 민족적인 것과 세계적인 것」, 『국문학과 문화』, 월인, 2000.
양정실, 「문학을 활용한 논술고사에 대한 비판적 검토」, 『문학교육학』 23, 문학교육
　　학회, 2007.
염은열, 「고전문학의 교육적 대상화에 대한 연구」, 『고전문학과 교육』 3, 중앙교육진
　　흥연구소, 2001.

염은열, 「문학능력의 신장을 위한 문학교육 지식론의 방향 탐색」, 『문학교육학』 28, 한국문학교육학회, 2009.

우한용, 「문학과 논술, 그리고 삶」, 『문학과 논술, 어떻게 할 것인가』, 푸른사상, 2008.

원만회, 「'논술형 수업' 모형」, 『철학과 현실』 72, 철학문화연구소, 2007.

원진숙, 「논술 개념의 다층성과 대입 통합 교과 논술 시험에 관한 비판적 고찰」, 『국어교육』 122, 국어교육학회, 2007.

유영희, 「2007 개정 교육과정 '문학' 영역의 특징 및 지향점」, 『청람어문교육』 36, 청람어문교육학회, 2007.

유영희, 「문학논술 교육의 필요성과 방법」, 『국어교육학연구』30, 국어교육학회, 2007.

윤호진, 「김만중 문학론 연구」, 한국정신문화연구원 한국학대학원 석사학위논문, 1982.

이광숙, 「문학작품 분석에서 텍스트언어학적 접근 가능성」, 『텍스트언어학』 1, 한국텍스트언어학회, 1994.

이도영, 「유모어 텍스트의 웃음 유발 장치」, 『텍스트언어학』 7, 한국텍스트언어학회, 1999.

이민희, 「심리치료 측면에서 본 <민옹전> 소고」, 『고전문학연구』 31, 한국고전문학회, 2007.

이성영, 「작문교육을 위한 텍스트 분석 방법」, 『텍스트언어학』 11, 한국텍스트언어학회, 2001.

이승우, 「민옹전의 장르 재고」, 『전농어문연구』 20, 서울시립대 인문대 국어국문학과, 2008.

이원수, 「<양반전>과 <허생전>, 그 설문과 해답」, 『연민학지』 3, 연민학회, 1995.

이재기, 「맥락 중심 문식성 교육의 방법론 고찰」, 『청람어문교육』 34, 청람어문교육학회, 2006.

이재기, 「2007 개정 국어과 교육과정의 특징과 실행 방안」, 『청람어문교육』 36, 청람어문교육학회, 2007.

이정애, 「텍스트언어학의 국어교육적 의의」, 『새국어교육』 59, 한국국어교육학회, 2000.

이창근, 「2007년 개정 국어과 교육과정 실행 방안」, 『국어교육연구』 43, 국어교육학회, 2008.

임경순, 「문학 논술 교육 방안 연구」, 『현대문학의 연구』 32, 한국문학연구학회,

2007.

임성규, 「개정 국어과 교육과정 문학 영역에 대한 비판적 검토-문학 영역의 위상과 변화 그리고 실천」, 『국어교육』 124, 한국국어교육학회, 2007.

임성규, 「비평적 글쓰기를 통한 문학 교수·학습 방법 탐구」, 『국어교육연구』 42, 국어교육학회, 2008.

임유경, 「위항시집 서발에 나타난 문학론」, 『태동고전연구』 4, 한림대 태동고전연구소, 1988.

임천택, 「새 국어과 교육과정의 내용 선정 범주 '맥락'의 현장 소통 방안」, 『청람어문교육』 36, 청람어문교육학회, 2007.

임치균, 「고전소설의 이해 확산을 위한 교육 방안」, 한국고소설학회, 『고전소설 교육의 과제와 방향』, 월인, 2005.

임형택, 「국문시의 전통과 도산십이곡」, 『퇴계학보』 19, 퇴계학연구원, 1978.

장경학, 『법률 춘향전』, 법률출판사, 1997.

장석규, 「구비문학 교육 현실의 진단과 처방(Ⅰ)」, 『문학과 언어』 21, 문학과언어학회, 1999.

장성수, 「자연환경의 위기와 문학」, 김준선 외, 『문학과 삶의 발견』, 태학사, 2003.

전형대, 「시조집에 나타난 문학의식」, 『관악어문연구』 4, 관악어문연구회, 1979.

정　민, 「서포만필을 통해 본 김만중의 비평 관점」, 『한국언어문화』 21, 한국언어문화학회, 2002.

정동현, 「텍스트언어학의 현장교육 과제」, 『중등교육연구』 53-1, 경북대학교 사범대학부속 중등교육연구소, 2005.

정재찬, 「사회·문화적 맥락 중심의 문학교육과정 내용체계」, 『문학교육과정론』, 삼지원, 1997.

정재호, 「가집 서발에 관한 소고」, 『어문논집』 12, 고려대, 1970.

정충권, 「판소리계 작품의 문학교육적 성찰」, 『문학교육학』 28, 문학교육학회, 2009.

정현주, 「중학교 고전문학 교육 연구」, 연세대학교 교육대학원 석사학위논문, 1990.

조대현, 「고전문학 교과서의 흐름 연구」, 경상대학교 교육대학원 석사학위논문, 1990.

조연숙, 「최행귀의 한역시 연구」, 『고시가연구』 16, 한국고시가문학회, 2005.

조은심, 「불안과 우울 증세에 대한 문학치료의 사례」, 『문학치료연구』 1, 한국문학치료학회, 2004.

진대연, 「한국어 쓰기 능력 평가에 대한 연구-텍스트 생산 능력 평가를 중심으로」, 『국어교육학연구』 19, 국어교육학회, 2004.

진선희, 「개정교육과정(2007) 국어과 교육 내용 <맥락>의 교재화 방향」, 『학습자중심교과교육연구』 7-2, 학습자중심교과교육학회, 2007.

진선희, 「문학 소통 '맥락'의 교육적 탐색」, 『문학교육학』 26, 한국문학교육학회, 2008.

진선희, 「국어과 교육 내용 '맥락'의 구현 방향」, 『국어교육연구』 45, 국어교육학회, 2009.

최광석, 「북벌계획의 설화화와 그 의미」, 『국어교육연구』 27, 국어교육학회, 1995.

최광석, 「<토끼전> 이본 계열의 구조와 근대지향 의식」, 경북대학교 박사학위논문, 2001.

최광석, 「<허생전>의 형상화 방향과 현실인식의 층위」, 『문학과 언어』 24, 문학과 언어학회, 2002.

최신호, 「김만중의 비평세계」, 김열규·신동욱 해설, 『김만중 연구』, 새문사, 1990.

최인영, 「정규교과에서 통합논술 가르치기」, 『국어교육학연구』 29, 국어교육학회, 2007.

최인자, 「'서사적 사고력'과 논술 교육의 방향성 탐색」, 『문학과 논술, 어떻게 할 것인가』, 푸른사상, 2008㉠.

최인자, 「문학 독서의 사회·문화적 모델과 '맥락' 중심 문학교육의 원리」, 『문학교육학』 25, 한국문학교육학회, 2008㉡.

최홍원, 「고전시가 모호성의 교육적 이해」, 『국어교육연구』 44, 국어교육학회, 2009㉠.

최홍원, 「고전시가 관계 치환의 교육 내용 연구」, 『문학교육학』 28, 문학교육학회, 2009㉡.

한금윤, 「의사소통 활동으로서 논술 교육의 방향 연구」, 『현대문학의 연구』 32, 한국문학연구학회, 2007.

허원기, 「서포 김만중의 삼국지 평설」, 『정신문화연구』 80, 한국정신문화연구원, 2000.

황인덕, 「'이야기꾼'으로 본 <민옹전>의 '민옹'」, 『구비문학연구』 8, 한국구비문학회, 1999.

찾아보기

▮▮▮ ㄱ

ㅂ

저자 최광석(崔光晳)

경북대 사범대 국어교육과를 졸업하고 경북대 대학원에서 박사학위를 받았다. 경북대, 대구교대, 울산대, 금오공대 등에 출강하였으며 현재 중등학교에서 학생들을 가르치고 있다.
논문으로는 「토끼전 이본 계열의 존재 양상」(2001), 「신재효 판소리사설의 서술자 개입 양상과 지평전환」(2006), 「고전문학 교육의 진단과 방법론적 설계」(2009), 「맥락을 활용한 고전문학 교수·학습 방법론」(2009) 등 20여 편이 있다.

고전문학 교육의 방법과 실천

초판 인쇄 2010년 10월 1일
초판 발행 2010년 10월 8일

지은이 최광석
펴낸이 이대현
편 집 권분옥
펴낸곳 도서출판 역락
　　　　서울시 서초구 반포4동 577-25 문창빌딩 2층
　　　　전화 02-3409-2058(영업부), 2060(편집부)
　　　　팩시밀리 02-3409-2059
　　　　이메일 youkrack@hanmail.net
　　　　등록 1999년 4월 19일 제303-2002-000014호

ISBN 978-89-5556-858-5 93370
정 가 20,000원

* 잘못된 책은 교환해 드립니다.